INDICATIVO (reality)	SUBJUNCTIVO (speculation)

Present ('Bello Presente' = simple tenses;
'Bello Antepresente' compound tenses)

Past (preterito perfecto)
(Use verb 'Haber' + Participio [stem + -ado/-ido]

Yo **he**
Tu **has**
El/ella/Ud **ha**   eg. **Hemos comido**
Nosotros **hemos**
Vosotros **habeis**
Uds/ellas/ellos **han**

Ir - ido
Ver - visto
Oir - oido
hacer - hecho
decir - dicho
dar - dado
Ser - sido

Irregulas Future
caber - cabr   tener -
decir - dir   tendr
hacer - har   valer -
poder - podr   valdr
poner - pondr   venir -
querer - querr   vendr
saber - sabr
salir - saldr

(oR+)

Future
-ar/er/ir <u>infinitive plus</u>
yo **é**
tu **ás**
el/ella/Ud **á**   L
nosotros **emos**
vosotros **éis**
ellos/ellas/Uds **án**

IMPERATIVO (commands)

-er: drop ending & add: (comer/com-)
tu **e**
el/ella/Ud **a**
nosotros **amos**
vosotros **ed**
ellos/ellas/Uds **an**

-ir: (vivir/viv-)
tu **e**
el/ella/Ud **a**
nosotros **amos**
vosotros **id**
ellas/ellos/Ud

Conditional

...os/ellas/Uds **en**

COLLECTION BESCHERELLE

El arte de conjugar en español

DICCIONARIO DE 12 000 VERBOS

FRANCIS MATEO
ANTONIO J. ROJO SASTRE

HURTUBISE

HMH

© 1998 Hurtubise HMH ISBN 2-89428-332-6

Éditions Hurtubise HMH ltée
1815, avenue De Lorimier
Montréal (Quebec)
H2K 3W6 Canada
Téléphone : (514) 523-1523
Télécopieur : (514) 523-9969

Abreviaturas

vivir	verbo que figura en un cuadro de conjugación
78	llamadas a los cuadros de conjugación
t.	verbo transitivo
i.	verbo intransitivo
p.	verbo pronominal
irr.	verbo irregular
def.	verbo defectivo
imp.	verbo impersonal
amer.	americanismo
p.p.	participio pasivo irregular

1. La gramática del verbo

El verbo

El **verbo** es la parte de la oración que expresa:
— existencia de los seres: *Juan* **vive.**
— estado de los seres: *Los animales* **enfermaron.**
— acción de los seres: *El caballo* **corre.**
— pasión de los seres: *Todos los alumnos* **han sido suspendidos.**
— los sucesos: *Ayer* **llovió** bastante.

El **verbo,** por sus caracteres formales, es la parte de la oración que presenta más variaciones. Por ejemplo, cuando decimos: *Escribo una carta,* **escribieron** *un libro* o **escribirá** *una novela,* las palabras **escribo, escribieron** y **escribirá** son tres formas de las muchas que tiene el verbo **escribir,** que indican **quién** realiza la acción, **cuándo** la realiza y si está acabada o no.

Los accidentes verbales

El **verbo** consta de una parte, casi siempre invariable, que se llama *raíz* o *radical,* y de una parte, que varía según las formas, llamada *terminación* o *desinencia.* En las formas citadas del verbo **escribir** *(escrib-o, escrib-ieron* y *escrib-irá),* se distinguen claramente las dos partes citadas.

Todas las variaciones que el verbo sufre en sus diferentes formas indican los distintos **accidentes verbales,** que son: la *voz,* el *modo,* el *tiempo,* el *número,* la *persona* y el *aspecto* o forma de presentarse la acción verbal.

La voz indica si la acción del verbo la realiza el sujeto o es éste quien la recibe.
Cuando el sujeto realiza la acción, el verbo está en **voz activa:** *Los alumnos* **estudian** *la lección.*
Cuando el sujeto recibe la acción, el verbo está en **voz pasiva:** *La lección* **es estudiada** *por los alumnos.*

El modo indica las distintas maneras generales de expresar la significación del verbo. En español o castellano **los modos** son cinco: **infinitivo, indicativo, potencial, subjuntivo** e **imperativo,** aunque actualmente los gramáticos los reducen a cuatro, ya que consideran que el **potencial,** llamado **condicional,** es un tiempo del modo indicativo.

1. El modo infinitivo indica la significación del verbo sin expresar tiempo, número ni persona, y comprende las llamadas *formas no personales* o *nombres verbales,* que son el *infinitivo* propiamente dicho *(tomar, beber, decir),* el *gerundio (tomando, bebiendo, diciendo)* y el *participio (tomado, bebido, dicho).*

2. El modo indicativo expresa la acción del verbo de forma real: *Juan* **toma** *el autobús; María* **leyó** *la novela; Luis y Antonio* **irán** *al cine.*

3. El modo potencial presenta la acción del verbo como posible dependiendo, casi siempre, de una condición: *Si estudiaras más,* **aprobarías** *el curso.*

4. El modo subjuntivo expresa una acción subordinada a otro verbo que indica suposición, deseo, temor, etc.: *Quieren que* **vayamos** *a su casa; Luis teme que* **llueva** *hoy.*

5. El modo imperativo expresa un deseo, una orden, una petición, un ruego o un·consejo: **Venid** *cuando queráis; Ana,* **estudia**.

El tiempo indica cuándo se realiza la acción verbal y puede ser: *presente*, cuando se realiza en el momento *(José* **come** *pan); pasado* o *pretérito*, cuando ya se ha realizado *(Julio* **comió** *pan),* o *futuro*, cuando se va a realizar *(Juan* **comerá** *pan).*

Desde el punto de vista de su estructura, **los tiempos verbales** pueden ser *simples*, formados por una sola palabra *(canta, bebían, subirán),* y **compuestos**, formados por dos o más palabras *(ha cantado, había bebido, han sido subidos).*

Cada **modo verbal** contiene uno o varios **tiempos**:

1. Infinitivo

infinitivo	simple	*cantar*
	compuesto	*haber cantado*
gerundio	simple	*cantando*
	compuesto	*habiendo cantado*
participio	simple	*cantado*

2. Indicativo

tiempos simples	presente	*canto*
	pretérito imperfecto	*cantaba*
	pretérito perfecto simple	*canté*
	futuro	*cantaré*
	condicional	*cantaría*
tiempos compuestos	pretérito perfecto compuesto	*he cantado*
	pretérito pluscuamperfecto	*había cantado*
	pretérito anterior	*hube cantado*
	futuro perfecto	*habré cantado*
	condicional perfecto	*habría cantado*

3. Subjuntivo	tiempos simples	presente pretérito imperfecto futuro	*cante* *cantara o cantase* *cantare*
	tiempos compuestos	pretérito perfecto pretérito pluscuamperfecto futuro perfecto	*haya cantado* *hubiera o hubiese cantado* *hubiere cantado*

4. Imperativo	presente	*canta, cantad*

El número y la persona: Cada uno de los tiempos verbales anteriores puede tener varias formas:

1. En el **infinitivo** son formas únicas en todos los casos.

2. En el **indicativo** y el **subjuntivo** hay seis formas distintas para cada tiempo, simple o compuesto, que corresponden a las tres **personas gramaticales** del **número singular** *(yo, tú, él o ella)* y a las tres del **número plural** *(nosotros o nosotras, vosotros o vosotras, ellos o ellas)*.

Estas tres **personas,** del **singular** o del **plural,** indican quien o quienes realizan la acción del verbo:

La **primera persona** *(yo, nosotros o nosotras)* se refieren a quien o a quienes hablan: **Yo** *hablo poco.* **Nosotros** *salimos de casa.* **Nosotras** *viajamos mucho.*

La **segunda persona** *(tú, vosotros o vosotras)* se refieren a quien o a quienes escuchan: **Tú** *hablas poco.* **Vosotros** *salís de casa.* **Vosotras** *viajáis mucho.*

La **tercera persona** *(él o ella, ellos o ellas)* indica de quien o de quienes se habla: **El** *habla poco.* **Ellos** *salen de casa.*

3. En el **imperativo** sólo hay cinco formas en su único tiempo, el presente, ya que carece de la **primera persona de singular:** *habla* **tú,** *hable* **él** o **ella,** *hablemos* **nosotros** o **nosotras,** *hablad* **vosotros** o **vosotras,** *hablen* **ellos** o **ellas.**

El aspecto indica cómo se desarrolla internamente la acción, expresando si tiene un carácter **instantáneo** *(morir),* **reiterativo** *(clavar),* **durativo** *(leer),* etc., y si está acabada, **aspecto perfecto** *(estudió la lección),* o inacabada, **aspecto imperfecto** *(estudiaba la lección).*

Todos los tiempos compuestos y el pretérito perfecto simple tienen **aspecto perfectivo,** mientras que todos los demás tiempos simples tienen **aspecto imperfectivo.**

Por otra parte, es necesario señalar que muchos aspectos pueden expresarse mediante **perífrasis verbales.**

10

Empleo de los tiempos verbales

Los tiempos indican el momento en que se realiza la acción *(presente)*, se ha realizado *(pasado o pretérito)* o si se va a realizar *(futuro)*. Estos tres tiempos son **absolutos**, cuando la acción se expresa en uno de los momentos citados *(Estudio la lección. **Estudié** la lección. **Estudiaré** la lección)* o **relativos**, cuando se tiene en cuenta la relación de un hecho con otro que no aparece en el discurso *(El lunes **iba** a Madrid. **Queria** pedirle un favor a usted)*.

Teniendo en cuenta que los **presentes, pasados** o **pretéritos** y **futuros gramaticales** no expresan siempre el mismo **tiempo cronológico**, respectivamente, y que, incluso, hay formas verbales que no se refieren a un **tiempo cronológico** determinado, sino que la acción sucede o no habitualmente *(El autobús **pasa** por mi calle)*, a continuación, se indican los usos más corrientes de los tiempos verbales y los diferentes matices que éstos introducen en la oración.

Tiempos del modo indicativo

Presente: El **presente de indicativo** es un tiempo **absoluto** que expresa una acción actual *(presente)* que no está acabada *(aspecto imperfectivo): Antonio **canta**.* No obstante, se emplea poco así y es sustituído por la perífrasis **estar** + **gerundio**: *Antonio **está cantando**.*
Otros empleos del **presente de indicativo** son:
1. El **presente habitual,** que se emplea para expresar acciones que pueden producirse o no en el momento actual, pero que se han producido antes y se van a producir después: *José **estudia** Medicina.*
2. El **presente histórico,** que se emplea para expresar acciones pasadas, que deberían expresarse en tiempo pasado o pretérito, pero que no pueden confundirse en cuanto al tiempo en que se realizaron y que así se presentan con mayor viveza: *Colón **descubre** América en 1492. María no quería verla y, apenas **sale** a la calle, se la **encuentra**.*
3. El **presente futuro,** que se emplea para expresar acciones que se tiene la seguridad o la intención de realizar: *El jueves **voy** a Toledo.*
4. El **presente de mandato** o **performativo,** que se emplea para mandar, incluso con más viveza que utilizando el imperativo: *Ahora mismo **tomas** el autobús y **vas** a su casa.*
5. El **presente intemporal,** que se emplea para enunciar verdades no sujetas a un tiempo determinado: *El ángulo recto **mide** noventa grados.*

Pretérito imperfecto: El **pretérito imperfecto de indicativo** es un tiempo **relativo** que expresa una acción pasada *(pretérito)* sin tener en cuenta su principio y su fin *(aspecto imperfectivo): El perro **ladraba** mucho por las noches.*

11

El **pretérito imperfecto de indicativo,** por su gran amplitud temporal, se utiliza mucho en las narraciones: *Cuando amanecía, volvían a casa.* En este caso, las dos acciones corren paralelas.

A veces, las dos acciones no transcurren paralelas: *Cuando llegaste, estaba ahí.* Entonces, la acción expresada por el pretérito imperfecto es interferida por la otra acción.

El **pretérito imperfecto de indicativo** se utiliza a veces para expresar acciones presentes, principalmente cuando queremos pedir algo cortésmente: *Quería pedirte un favor. ¿Podía dejarme su libro?*

Pretérito perfecto simple: El **pretérito perfecto simple,** llamado también **pretérito indefinido** es un tiempo **absoluto** que expresa una acción pasada *(pretérito)* y terminada *(aspecto perfectivo)* en un tiempo que el hablante considera acabado: *El domingo pasado vimos a Pedro.*

Pretérito perfecto compuesto: El **pretérito perfecto compuesto de indicativo** es un tiempo **absoluto** que expresa una acción pasada *(pretérito)* y terminada *(aspecto perfectivo)* en un tiempo que el hablante no considera acabado todavía: *Hoy han terminado las clases.*

La diferencia fundamental que existe entre el empleo de los **pretéritos perfectos, simple** y **compuesto,** está en si el hablante considera, respectivamente, que el tiempo en que se realiza la acción ha terminado o no. A pesar de esta clara diferencia, en algunas regiones se emplean indistintamente ambos pretéritos en el lenguaje coloquial.

Pretérito pluscuamperfecto: El **pretérito pluscuamperfecto de indicativo** es un tiempo **relativo** que expresa una acción pasada y que es anterior a otra acción pasada también *(pretérito)* que ya han terminado *(aspecto perfectivo): Cuando fuimos ya se habían ido.* La acción pasada *ya se habían ido* es anterior a la acción pasada también *cuando fuimos.*

Pretérito anterior: El **pretérito anterior** es un tiempo **relativo** que expresa una acción pasada *(pretérito)* y terminada *(aspecto perfectivo)* que es anterior a otra acción pasada y terminada también: *Apenas hubo terminado se marchó.*

El **pretérito anterior** se diferencia del **pretérito pluscuamperfecto de indicativo** en la proximidad de las acciones: el primero informa de que la acción es inmediatamente anterior a otra, mientras que el segundo no da esa información.

El **pretérito anterior** va siempre precedido por un adverbio de tiempo *(apenas, cuando, apenas...),* se utiliza muy poco y se sustituye por el **pretérito perfecto simple** o **indefinido** o por el **pretérito pluscuamperfecto de indicativo:** *Apenas terminó se marchó. Apenas había terminado se marchó.*

Futuro: El futuro de indicativo es un tiempo **absoluto** que expresa una acción venidera *(futuro)* y no acabada *(aspecto imperfectivo): Mañana iremos temprano.*

El **futuro de indicativo** se emplea poco en lengua hablada, sustituyéndose por perífrasis: *Mañana vamos a ir temprano.* Sin embargo, se emplea con otros usos:

1. El **futuro de obligación**, que se emplea en sustitución del imperativo para expresar un deber: *Amarás a tus padres.*
2. El **futuro de exigencia**, que se emplea en sustitución del imperativo para dar una orden: *Usted hará lo que le digo.*
3. El **futuro de cortesía**, que se emplea en sustitución del imperativo para expresar un ruego: *¿Me dejará el libro, por favor?*
4. El **futuro de probabilidad**, que se emplea para expresar una opinión de la que no se tiene completa seguridad: *Creo que vendrá.*

Futuro perfecto: El **futuro perfecto de indicativo** es un tiempo **relativo** que expresa una acción venidera *(futuro)* y acabada *(aspecto perfectivo)* que es anterior a otra acción también futura: *Cuando vengas ya habré terminado.*

También se emplea el **futuro perfecto de probabilidad** para expresar una opinión aproximada de un hecho pasado: *Habrá venido tarde.*

Condicional: El **condicional simple** es un tiempo **relativo** que expresa una acción venidera *(futuro)* y no acabada *(aspecto imperfectivo)* en relación con el pasado. Se trata, pues, de un futuro del pasado, llamado también **futuro hipotético:** *El hombre del tiempo dijo que llovería hoy.*

El **condicional simple** se emplea también con otros usos:
1. El **condicional de cortesía**, que se emplea para expresar un ruego, una invitación, etc.: *¿Querría acompañarme?*
2. El **condicional de consejo**, que se emplea para aconsejar algo: *Deberías estudiar más.*
3. El **condicional de probabilidad**, que se emplea para expresar una opinión aproximada de un hecho pasado: *Valdría un millón por lo menos.*

Condicional perfecto: El **condicional perfecto** es un tiempo **relativo** que expresa una acción venidera *(futuro)* y acabada *(aspecto perfectivo)* en relación con otra acción pasada que se considera punto de partida: *Me dijeron que cuando vinieses ya habrían terminado.*

El **condicional perfecto** se emplea también como:
1. **Condicional de cortesía**, para expresar un ruego, un deseo, etc.: *¿Habría venido usted?*
2. **Condicional de probabilidad**, para expresar una opinión aproximada de un hecho pasado: *Habría valido un millón por lo menos.*

Los **condicionales, simple** y **perfecto**, se utilizan en la proposición principal de las oraciones compuestas subordinadas condicionales: *Si estudiaras más, aprobarías. Si hubieras estudiado más, habrías aprobado.*

Tiempos del modo subjuntivo

Las formas verbales del **subjuntivo**, por su carácter de irrealidad, expresan el **tiempo** (generalmente, determinado por el contexto) con menor precisión que las formas del **indicativo**. Por otra parte, los **tiempos del subjuntivo** sólo son seis (frente a los diez del **indicativo**), habiendo quedado reducidos en la práctica a cuatro, ya que los dos futuros apenas se usan actualmente.

Presente: El **presente de subjuntivo** es un tiempo **relativo** que expresa una acción no acabada *(aspecto imperfectivo)*:

1. En el momento actual *(presente): No creo que **venga** ahora.*

2. En un tiempo venidero *(futuro): Es posible que **venga** mañana.*

El **presente de subjuntivo**, por su capacidad para expresar acción futura, se usa frecuentemente para construir oraciones:

— **dubitativas**: *Acaso **vaya** hoy.*

— **desiderativas**: *¡Ojalá **vaya** hoy!*

— **exhortativas**: *Vaya usted tranquilo.*

— **imperativas**: *Vaya usted temprano.*

Pretérito imperfecto: El **pretérito imperfecto de subjuntivo** es un tiempo **relativo** que expresa una acción no acabada *(aspecto imperfectivo)*:

1. En el momento actual *(presente): Si **tuviera** dinero, compraría la casa ahora. Si **tuviese** dinero, habría comprado la casa ahora.*

2. En un tiempo pasado *(pretérito): Me dijeron que **callase**.*

3. En un tiempo venidero *(futuro): Decían que **volviera** mañana.*

Generalmente, su empleo depende de otra forma verbal de los tiempos pretérito perfecto simple *(Me **dijeron** que callase)*, del pretérito imperfecto de indicativo *(**Decían** que volviera mañana)* o del condicional, simple o compuesto *(Si tuviera dinero, **compraría** la casa ahora mismo. Si tuviese dinero, **habría comprado** la casa ahora)*.

El **pretérito imperfecto de subjuntivo** también se emplea para construir oraciones:

— **dubitativas**: *Acaso **fuese** hoy.*

— **desiderativas**: *¡Ojalá **fuera** hoy!*

En ambos casos, expresa reforzados los mismos matices que el presente de subjuntivo.

Futuro: El **futuro de subjuntivo** es un tiempo **relativo** que expresa una acción no acabada *(aspecto imperfectivo)*:

1. En el momento actual *(presente): Si alguien **dudare** de mí, que lo diga ahora mismo.*

2. En un tiempo venidero *(futuro): En caso de que **estuvieres** aquí la semana próxima, avísame.*

Actualmente está en desuso, sustituyéndose por los presentes de indicativo *(Si alguien **duda** de mí, que lo diga ahora mismo)* o de subjuntivo *(En* *caso de que **estés** aquí la semana próxima, avísame).* El pretérito imperfecto y el futuro del subjuntivo son tiempos derivados directamente de la 3.ª persona del plural del pretérito perfecto simple de indicativo al suprimirse la desinencia **-ron** y añadiéndole las desinencias:

Pretérito imperfecto de subjuntivo:

1.ª forma: *-ra, -ras, -ra*   2.ª forma: *-se, -ses, -se*
         -ramos, -rais, -ran   *-semos, -seis, -sen*

Futuro de subjuntivo:

1.ª forma: *-re, -res, -re*
         -remos, -reis, -ren

Pretérito perfecto: El **pretérito perfecto de subjuntivo** es un tiempo relativo que expresa una acción acabada *(aspecto perfectivo):*
1. En un tiempo pasado *(pretérito):* Espero que no **haya llegado** todavía.
2. En un tiempo venidero *(futuro):* Saldré cuando **haya terminado**.
Como puede apreciarse en los ejemplos anteriores, su empleo suele depender de otra forma verbal en presente o en futuro de indicativo.

Pretérito pluscuamperfecto: El **pretérito pluscuamperfecto de subjuntivo** es un tiempo **relativo** que expresa una acción acabada *(aspecto perfectivo)* realizada en un tiempo también acabado *(pretérito): Si **hubieras venido**, te habrías divertido. No sabía que **hubieras venido** ayer.*

Futuro perfecto: El **futuro perfecto de subjuntivo** es un tiempo **relativo** que expresa una acción acabada *(aspecto perfectivo):*
1. En un tiempo pasado *(pretérito): Si **hubiere hablado** antes, no tendría problemas ahora.*
2. En un tiempo venidero *(futuro): Si no **hubiere hablado** a las siete, no esperéis más.*
Como el futuro imperfecto de subjuntivo, este tiempo verbal está actualmente en desuso, sustituyéndose por los pretéritos perfecto de indicativo *(Si no **ha hablado** antes de las siete, no esperéis más)* o pluscuamperfecto de subjuntivo *(Si **hubiese hablado** antes, no tendría problemas ahora).*

El modo imperativo

Presente: El **presente** es el único tiempo del modo imperativo. Es un tiempo **absoluto** que expresa una orden o un ruego que indica una acción terminada *(aspecto perfectivo)* en un tiempo venidero *(futuro):* ¡**Ven** *aquí!* **Sentaos** *junto a mí.*

El **presente de imperativo** se caracteriza por no poseer propiamente más que dos formas, correspondientes a la segunda persona de singular *(canta tú)* y de plural *(cantad vosotros)*, ya que sólo es posible dar **órdenes** o formular **ruegos directos** a quien nos oye.

Como nadie puede dirigirse a sí mismo en ninguno de los dos sentidos anteriores, el **presente de imperativo** carece de primera persona de singular. Sin embargo, sí es posible dar **órdenes** y formular **ruegos indirectos** que nos afecten a nosotros mismos (primera persona de plural), a vosotros (segunda persona de plural) y a él o a ellos (terceras personas de singular y plural). En estos casos, las formas empleadas no son propias del **presente de imperativo**, sino del **presente de subjuntivo** *(cante él, cantemos nosotros, canten ellos)*.

Cabe señalar que en el uso del **imperativo** suelen cometerse dos errores:
1. Utilizar la forma de **infinitivo** *(cantar vosotros)* por la segunda persona de plural del **imperativo** *(cantad vosotros)*.
2. Utilizar la forma de **infinitivo** unida al pronombre **os** *(callaros vosotros)* por la segunda persona del plural del **imperativo,** en la que se suprime la **d** final, unida al pronombre **os** *(callaos vosotros)*.

Sin embargo, las expresiones formadas por la preposición **a** más el **infinitivo** *(¡A cantar!, ¡A comer!, ¡A vivir!, etc.)* son correctas.

El modo infinitivo

El **infinitivo**, el **gerundio** y el **participio**, llamadas **formas no personales** del verbo, no expresan tiempo, sino aspecto y, por su doble valor, se sitúan entre el sintagma nominal y el verbal.

El infinitivo: El **infinitivo** expresa acción y va siempre formando parte de una oración que lleva un verbo en forma personal. En esa oración, el **infinitivo** funciona como **nombre:**
1. Sujeto, que puede llevar o no artículo: *Querer es poder. El comer y el rascar es hasta empezar.*
2. Atributo en una oración copulativa: *Querer es poder.*
3. Complemento directo: *Quiere estudiar.*
4. Complemento indirecto: *Vine para cantar.*
5. Complemento nominal o **verbal** de cualquier clase: *Va a cantar. No quiere acostarse sin cenar. Hablan de venir.*

El gerundio: El **gerundio** funciona como **adverbio,** que puede ser o no **complemento circunstancial** de un verbo, y, por tanto, no admite ningún tipo de determinantes aunque sí complementos verbales. El **gerundio** expresa acción simultánea *(Paseaba hablando)* o duración *(Estoy leyendo el periódico).*
El **gerundio** se emplea:
1. En **perífrasis:** *Estaba cantando. Seguí subiendo...*
2. Desempeñando una **función adjetiva:** *Los alumnos, que estaban leyendo, no le vieron. Vimos al niño llorando.*
3. Con valor **causal:** *Sabiendo que era Juan, le abrí la puerta.*
4. Con valor **condicional:** *Estando de acuerdo, iremos todos.*
5. Con valor **concesivo:** *Aunque esté lloviendo, saldremos.*
6. Con valor **copulativo:** *Madrid es la capital de España, siendo la primera ciudad por el número de sus habitantes.*

El participio: El **participio** funciona como un **adjetivo** y puede variar en género y número, siempre que no intervenga en la formación de un tiempo compuesto, en cuyo caso es invariable.
El **participio** se emplea:
1. Para formar con el auxiliar **haber** los **tiempos compuestos:** *Hemos venido a verte. Había comido mucho. Habrán tenido sueño...*
2. Para formar la **voz pasiva** con el auxiliar **ser:** *El ladrón fue detenido por la policía. Los alumnos han sido suspendidos.*
3. En **perífrasis:** *El presidente sigue enfadado.*
4. Como **sujeto independiente** en proposiciones subordinadas absolutas : *Terminada la película, salimos a la calle.*
5. Como **adjetivo verbal.** *Los niños están cansados* (atributo). *Comimos carne asada* (complemento de un nombre).

La conjugación

Se llama **conjugación** o **flexión** del verbo al conjunto de todas las formas que éste puede tomar al variar sus accidentes gramaticales. **Conjugar** un verbo es, por tanto, enunciar ordenadamente todas sus formas.

Las **desinencias** o **terminaciones** de las formas verbales varían de acuerdo con la **desinencia** o **terminación del infinitivo** de cada verbo, que puede ser **-ar, -er** o **-ir.** De aquí que todos los verbos españoles pertenezcan a los siguientes **tipos de conjugación:**

Primera conjugación: Verbos cuyo infinitivo termina en *-ar: cantar, tomar, andar...*

Segunda conjugación: Verbos cuyo infinitivo termina en *-er:· comer, beber, saber...*

Tercera conjugación: Verbos cuyo infinitivo termina en *-ir: partir, vivir, subir...*

17

Clases de verbos según su conjugación

Según su conjugación, los verbos pueden ser **auxiliares, regulares, irregulares, defectivos** e **impersonales.**

Verbos auxiliares son los que sirven para formar tiempos de otros verbos. Los verbos auxiliares más importantes son **haber** y **ser.**
El verbo **haber** sirve para formar los tiempos compuestos de todos los verbos.
El verbo **ser** sirve para formar los tiempos de la voz pasiva.
Se consideran auxiliares los verbos que, al iniciar una perífrasis, pierden su significado propio: *Vamos a trabajar. Tengo que subir. Estamos escribiendo...*

Verbos regulares son los que toman las desinencias comunes a los verbos de su conjugación y **no varían su raíz.**
Generalmente, se toman como modelos de verbos regulares *amar* o *cortar,* para la primera conjugación; *temer* o *deber,* para la segunda conjugación, y *partir* o *vivir,* para la tercera conjugación. Los demás verbos regulares se conjugan como éstos.

Verbos irregulares son los que, al ser conjugados, **varían su raíz** en alguna forma verbal; toman **terminaciones especiales,** o hacen ambas cosas a la vez, apartándose de la conjugación de los verbos modelos.
Así, varían su raíz: *jugar (juego), soñar (sueño), poder (pude, ... puedo)...;* toman terminaciones especiales: *andar (anduve,* no *andé), tener (tuve,* no *teni); decir (dije,* no *decí)...;* varían la raíz y la terminación: *hacer (hice,* no *haci); venir (vine,* no *veni)...*
Generalmente, los verbos irregulares no lo son en todos sus tiempos, sino que las irregularidades se dan por grupos de tiempos o temas, que son tres:
I. Al **tema de presente** pertenecen los presentes de indicativo, de subjuntivo y de imperativo.
II. Al **tema de pretérito** pertenecen el pretérito perfecto simple de indicativo, el pretérito imperfecto, el futuro de subjuntivo y, a veces, el gerundio.
III. Al **tema de futuro** pertenecen el futuro de indicativo y el condicional simple.
Por tanto, para saber si un verbo es irregular basta con ver si son irregulares el presente, el pretérito perfecto simple y el futuro de indicativo.

I. Irregularidades del tema de presente:

A. Diptongación de la vocal radical acentuada:

A.1. Cambian E por IE:

calentar	yo caliento	yo caliente	calienta tú
perder	yo pierdo	yo pierda	pierde tú
discernir	yo discierno	yo discierna	discierne tú

A.2. Cambian I por IE:

adquirir	yo adquiero	yo adquiera	adquiere tú
inquirir	yo inquiero	yo inquiera	inquiere tú

A.3. Cambian O por UE:

contar	yo cuento	yo cuente	cuenta tú
volver	yo vuelvo	yo vuelva	vuelve tú

A.4. Cambia U por UE:

jugar	yo juego	yo juegue	juega tú

A.5. Cambian E por IE / I:

sentir	yo siento	yo sienta	siente tú	sintiendo
mentir	yo miento	yo mienta	miente tú	mintiendo

A.6. Cambian O por UE / U:

morir	yo muero	yo muera	muere tú	muriendo
dormir	yo duermo	yo duerma	duerme tú	durmiendo

B. Debilitación de la vocal radical acentuada:

B.1. Cambian E por I:

pedir	yo pido	yo pida	pide tú	pidiendo
vestir	yo visto	yo vista	visto tú	vistiendo

B.2. Cambia O por U:

podrir	yo pudro	yo pudra	pudre tú	pudriendo

C. Aumento de consonantes:

C.1. Cambian C por ZC:

conocer	yo conozco	yo conozca	conozca él
nacer	yo nazco	yo nazca	nazca él

C.2. Cambian N por NG:

poner	yo pongo	yo ponga	ponga él
tener	yo tengo	yo tenga	tenga él

C.3. Cambian L por LG:

salir	yo salgo	yo salga	salga él
valer	yo valgo	yo valga	valga él

C.4. Cambia S por SG:

asir	yo asgo	yo asga	asga él

C.5. Cambian U por UY:

huir	yo huyo	yo huya	huye tú
concluir	yo concluyo	yo concluya	concluye tú

C.6. Añaden IG:

| caer | yo caigo | yo caiga | caigan ellos |
| oír | yo oigo | yo oiga | oigan ellos |

D. Otras irregularidades:

D.1. El verbo haber cambia B por Y en el presente de subjuntivo:

yo haya

D.2. Cambian C por G:

| hacer | yo hago | yo haga | hagamos nosotros |
| satisfacer | yo satisfago | yo satisfaga | satisfagamos nosotros |

D.3. Cambian AB por EP:

| caber | yo quepo | yo quepa | quepamos nosotros |
| saber | | yo sepa | sepamos nosotros |

D.4. Cambian EC por IG:

| decir | yo digo | yo diga | digamos nosotros |
| maldecir | yo maldigo | yo maldiga | maldigamos nosotros |

II. Irregularidades del tema de pretérito:

A. Debilitación de la vocal radical:

A.1. Cambio de E por I:

| gemir | él gimió | él gimiera / gimiese | él gimiere | gimiendo |
| servir | él sirvió | él sirviera / sirviese | él sirviere | sirviendo |

A.2. Cambio de O por U:

| dormir | él durmió | él durmiera / durmiese | él durmiere | durmiendo |
| morir | él murió | él muriera / muriese | él muriere | muriendo |

B. Pretéritos fuertes
(graves en su acentuación, en lugar de ser agudos)

andar	yo anduve	él anduvo
caber	yo cupe	él cupo
conducir	yo conduje	él condujo
dar	yo di	él dio
decir	yo dije	él dijo
estar	yo estuve	él estuvo
haber	yo hube	él hubo
hacer	yo hice	él hizo
placer [1]	—	plugo
poder	yo pude	él pudo
poner	yo puse	él puso
querer	yo quise	él quiso

(1) Las formas con **g** del verbo **placer** no se emplean hoy en la lengua hablada. Sólo tienen estado literario, a pesar de su carácter arcaico.

responder [2]	yo repuse	él repuso
saber	yo supe	él supo
ser / ir	yo fui	él fue
tener	yo tuve	él tuvo
traer	yo traje	él trajo
venir	yo vine	él vino
ver	yo vi	él vio

III. Irregularidades del tema de futuro y condicional:

A. Pérdida de vocal interior protónica:

haber	yo habré	yo habría
caber	yo cabré	yo cabría
saber	yo sabré	yo sabría
querer	yo querré	yo querría
poder	yo podré	yo podría

B. Pérdida de vocal y consonante:

hacer	yo haré	yo haría
decir	yo diré	yo diría

C. Pérdida de vocal y aumento de consonante:

poner	yo pondré	yo pondría
tener	yo tendré	yo tendría
valer	yo valdré	yo valdría
salir	yo saldré	yo saldría
venir	yo vendré	yo vendría

(2) El verbo **responder**, además de su pretérito perfecto simple **respondí**, conserva su pretérito fuerte originario **repuse, repusiste...** que coincide hoy con el pretérito fuerte del verbo **reponer**.

Modificaciones ortográficas

A. Verbos con modificaciones ortográficas para conservar la pronunciación:

A.1. Verbos de la primera conjugación:

1.1. Los verbos terminados en CAR cambian la C por QU delante de E:

buscar   *busqué*   *busquemos*

1.2. Los verbos terminados en GAR toman GU delante de E:

jugar   *jugué*   *juguemos*

1.3. Los verbos terminados en GUAR toman GÜ delante de E:

averiguar   *averigüé*   *averigüemos*

1.4. Los verbos terminados en ZAR cambian la Z por C delante de E:

cruzar   *crucé*   *crucemos*

A.2. Verbos de la segunda y la tercera conjugaciones:

2.1. Los verbos terminados en CER y CIR cambian la C por Z delante de A y de O:

vencer   *venzo*   *venza*
esparcir   *esparzo*   *esparza*

2.2. Los verbos terminados en GER y GIR cambian la G por J delante de A y de O:

encoger   *encojo*   *encoja*
dirigir   *dirijo*   *dirija*

2.3. Los verbos terminados en GUIR suprimen la U delante de A y de O:

conseguir   *consigo*   *consiga*

2.4. Los verbos terminados en QUIR cambian QU por C delante de A y de O:

delinquir   *delinco*   *delinca*

B. Verbos con modificaciones según las reglas ortográficas:

B.1. La i átona desaparece cuando está situada entre una l o las consonantes CH, LL y Ñ y una vocal:

reír	*riendo*	*rió*	*riera / riese*	*riere*
bullir	*bullendo*	*bulló*	*bullera / bullese*	*bullere*
bruñir	*bruñendo*	*bruñó*	*bruñera / bruñese*	*bruñere*

B.2. La i átona entre dos vocales se escribe Y:

caer	*cayendo*	*cayó*	*cayera / cayese*	*cayere*
oír	*oyendo*	*oyó*	*oyera / oyese*	*oyere*
huir	*huyendo*	*huyó*	*huyera / uyese*	*huyere*

C. Alteraciones del acento ortográfico de los verbos terminados en IAR y UAR:

Generalmente se acentúan ortográficamente la I y la U de la raíz cuando estas vocales son tónicas:

confío, confías, confía, confían
confíe, confíes, confíe, confíen
continúo, continúas, continúa, continúan
continúe, continúes, continúen

Algunos verbos terminados en IAR y todos los que terminan en CUAR y GUAR conservan el diptongo en todas las personas y no se acentúan nunca:

acaricio, acaricias, acaricia, acarician
apaciguo, apaciguas, apacigua, apaciguan

Tipo de verbos

Verbo copulativo es el que **une el sujeto con el atributo** en una oración, que puede ser un **sintagma nominal** *(José es médico)*, un **sintagma adjetivo** *(La fruta está verde)* o un **sintagma preposicional** *(María es de Valencia)*.

Los verbos copulativos son *ser* y *estar*, pero pueden funcionar como tales muchos verbos intransitivos: andar *(Juan **anda** despistado)*, dormir *(El enfermo **duerme** tranquilo)*, llegar *(Ana **llegó** cansada)*, seguir *(Luis **sigue** enfermo)*, etc., que se construyen con un **sintagma adjetivo**.

Verbo predicativo es el que desempeña la función de **núcleo del predicado** en una oración e indica estado *(La mujer **vivía** aún)*, acción *(El perro **ladra**)* o pasión *(El herido **fue llevado** al hospital)*. Estos verbos se dividen en dos grupos: intransitivos y transitivos.

Verbo intransitivo es aquél cuya acción, completa sin necesidad de complemento u objeto directo, no pasa del sujeto a otra persona, animal o cosa: *Sus amigos **viven** en aquella casa. Cervantes **nació** en Alcalá de Henares. Esta noche **ha nevado**.*

Verbo transitivo es aquél cuya acción, realizada por el sujeto, recae sobre una persona, animal o cosa que en la oración desempeña la función de **complemento u objeto directo**: *Ayer **vimos** A TU HERMANO. Juan **tiene** UN CABALLO. Luisa **escribió** UNA CARTA.* Para determinar si un verbo es transitivo, hay que preguntarse **qué cosa** o **cual** es el objeto de la acción.

Muchos verbos transitivos pueden funcionar como intransitivos: *Juan **habla**. El perro **ladra**. María **escribe**.* En los verbos transitivos se incluyen los verbos nominales y pronominales, y éstos se dividen a su vez en verbos reflexivos y recíprocos.

Verbo nominal es el verbo transitivo cuyo complemento u objeto directo es un **nombre**: *Antonio **ganó** LA CARRERA. José **felicitó** A PILAR. El caballo **bebe** AGUA.*

Verbo pronominal es el verbo transitivo cuyo complemento u objeto directo es un **pronombre**: *Juan SE **lava**. Lucía y yo NOS **encontramos** en la calle.*

Verbo reflexivo es el verbo pronominal cuya acción se refleja o recae sobre el sujeto que la realiza: *Antonio SE **lava**. Julio y yo NOS **levantamos** temprano.* El objeto se expresa mediante un pronombre personal *(ME, TE, SE, NOS, OS, SE)*.

Verbo recíproco es el verbo pronominal que tiene por sujeto a dos o más personas, animales o cosas que, al mismo tiempo que realizan la acción unos sobre otros, la reciben de los demás: *Los dos amigos SE **ayudaron**. Mónica y yo NOS **tuteamos**.*

La voz pasiva

El verbo está en **voz pasiva** cuando el sujeto **recibe la acción** *(sujeto paciente)* en vez de realizarla *(sujeto agente)*, como sucede cuando está en **voz activa.** En las oraciones *El Quijote* **fue escrito** *POR CERVANTES; Marta* **es estimada** *DE TODOS,* podemos observar que:
— **los sujetos** *(El Quijote* y *Marta)* reciben la acción de los verbos correspondientes *(escribir* y *estimar).* Son **sujetos pacientes:**
— **quienes** realizan las acciones *(Cervantes* y *todos)* son los **complementos agentes** y van acompañados de las preposiciones **por** y **de,** respectivamente;
— las **formas verbales** empleadas (fue escrito y es estimada) están compuestas por la correspondiente forma del verbo *ser (fue* y *es)* y el participio del verbo que indica la acción *(escrito* y *estimada).*

Las oraciones que, como las anteriores *(El Quijote fue escrito por Cervantes. Marta es estimada de todos)* constan de **sujeto paciente, verbo en voz pasiva** y **complemento agente,** reciben el nombre de **oraciones primeras de pasiva** y pueden transformarse en **oraciones activas** *(Cervantes* **escribió** *el Quijote. Todos* **estiman** *a Marta)* convirtiendo el sujeto paciente en complemento u objeto directo; transformando el complemento agente en sujeto agente, y poniendo el verbo en voz activa.

Las oraciones que, como *Luis* **es estimado;** *el puente* **ha sido construído,** constan de *sujeto paciente (Luis* y *puente)* y **verbo en voz pasiva,** pero no tienen complemento agente, son **oraciones segundas de pasiva** y pueden transformarse en **activas** *(Estiman a Luis; han construído el puente)* o en **pasivas impersonales** *(Se estima a Luis; se ha construído el puente).*

Oraciones de pasiva refleja

Las **oraciones de pasiva refleja** tienen su predicado en tercera persona, con *se,* y significación pasiva: *Se* **vende** *un piso (Un piso* **es vendido***); Se* **arreglan** *zapatos (Zapatos son arreglados),* concordando en número el verbo y el sujeto paciente.

Perífrasis verbales

Se llaman **perífrasis verbales** a los grupos verbales que contienen un **verbo auxiliar,** que no es *haber* ni *ser,* y una forma verbal no personal: **infinitivo, gerundio** o **participio.**
Las perífrasis verbales se utilizan para expresar con mayor precisión tanto los **modos** como los **aspectos** verbales.

Perífrasis verbales con infinitivo:

Son **perífrasis modales** que expresan **obligación**:
haber de + infinitivo: **Hemos de estudiar** la lección.
haber que + infinitivo: **Hay que aprovechar** el tiempo.
tener que + infinitivo: **Tengo que ir** a casa.
deber + infinitivo: **Debemos terminar** el trabajo.

Son **perífrasis modales** que expresan **duda o probabilidad**:
deber de + infinitivo: **Deben de ser** cuatro o cinco.
venir a + infinitivo: **Viene a durar** una semana.

Son **perífrasis aspectuales** que indican acción a punto de empezar **(ingresivas)**:
ir a + infinitivo: **Iba a escribir** una carta.
pasar a + infinitivo: Entendida su pregunta, **paso a contestarle**.
estar a punto de + infinitivo: **Estaba a punto** de empezar la novela.

Es una **perífrasis aspectual** que expresa **reiteración**:
volver a + infinitivo: **Volvió a empezar** su tarea.

Son **perífrases aspectuales** que indican acción en el momento de empezar **(incoativas)**:
echarse a + infinitivo: **Se echó a llorar** amargamente.
ponerse a + infinitivo: **Se puso a cantar** una jota.
liarse a + infinitivo: **Se lió a dar** golpes.
romper a + infinitivo: **Rompió a reír** nerviosamente.

Son **perífrasis aspectuales** que indican exageración **(hiperbólicas)**:
hartarse de + infinitivo: **Se hartó de comer** fruta.
hincharse de + infinitivo: **Se hinchó de llorar** en el teatro.
inflarse de + infinitivo: **Se infló de** beber agua.
darle (a uno) por + infinitivo: **Le dio por gastar** dinero.

Son **perífrasis aspectuales** que indican acción acabada como consecuencia de otra acción previa **(resultativas)**:
llegar a + infinitivo: Agobiado por las deudas, **llegó a vender** todo.
acabar de + infinitivo: Cuando llegamos, **acabó de comer**.
dejar de + infinitivo: Cuando se examinó, **dejó de estudiar**.
quedar en + infinitivo: **Quedó en venir** el domingo.

Perífrasis verbales con gerundio:

Son **perífrasis aspectuales** que indican **duración**:
seguir + gerundio: **Siguió cantando** toda la tarde.
estar + gerundio: **Estaba hablando** con Juan.
continuar + gerundio: **Continuó escribiendo** la carta.
ir + gerundio: **Iban llorando** por la calle.
andar + gerundio: **Andaba buscando** un libro.
llevar + gerundio: **Llevaban esperando** dos horas.
quedarse + gerundio: **Se quedaron esperando** la respuesta.

Es una **perífrasis aspectual incoativa**:
salir + gerundio: **Salió corriendo** de la casa.

Es una **perífrasis aspectual reiterativa**:
venir + gerundio: **Viene gastando** más dinero desde hace unos meses.

Son perífrasis aspectuales resultativas:
acabar + gerundio: *Por su mala cabeza, **acabó arruinando** el negocio.*
terminar + gerundio: *Con tantos trabajos **terminó ganando** una fortuna.*

Perífrasis verbales con participio:
Son perífrasis aspectuales durativas:
seguir + participio: *José **sigue sentado** allí.*
traer (a uno) + participio: *Los exámenes **me traen preocupado.***
quedar + participio: *El asunto **quedó decidido** durante la reunión.*
Son perífrasis aspectuales resultativas:
quedar + participio: *El asunto **quedó decidido** al final de la reunión.*
dar por + participio: ***Dio por finalizado** el partido antes de tiempo.*
Son perífrasis aspectuales que indican movimiento:
ir + participio: *María **iba preocupada.***
andar + participio: *María **andaba preocupada.***

Usos de *ser* y *estar*

Los verbos copulativos *ser* y *estar* pueden funcionar también como verbos predicativos en oraciones como *El baile **fue** en la plaza; Los animales **estaban** en el establo,* en las que no realizan ninguna unión y pueden llevar un complemento circunstancial.

Utilizados como verbos copulativos, su empleo presenta ciertas dificultades, por lo que es necesario señalar sus usos para evitar errores.

Ser se utiliza:
— Para unir el sujeto con el atributo expresado por un sustantivo *(María es una mujer),* un adjetivo *(María es alta),* un infinitivo *(Querer es poder),* un pronombre *(Este libro es mío)* o de + sustantivo *(La silla es de madera).*
— Seguido de la preposición de + nombre propio, para indicar origen *(Pedro es de Málaga)* o pertenencia *(Esa casa es de Juan).*
— Para expresar tiempo *(Son las cinco)* o cantidad *(Son mil pesetas; es mucho).*

Estar se utiliza:
— Con un adverbio de lugar, para indicar localización: *(José está allí).*
— Con un adverbio o locución adverbial de modo, para indicar estado transitorio: *(Ana está bien).*
— Con un adjetivo, para indicar una cualidad transitoria: *(El mar está azul).*
— Con la preposición de, para expresar una situación transitoria: *(Mis padres están de viaje).*
— Con la preposición en, para indicar lugar: *(María está en Madrid).*
— Con un participio, para expresar estado transitorio: *(El perro está cansado).*
— Con el gerundio, para expresar una acción transitoria: *(Mis hermanos están durmiendo).*

Expresiones que funcionan con *ser* y con *estar*:

*José **es vivo**.*	(José es **inteligente, rápido**).
*José **está vivo**.*	(José **vive**).
*Luis **es listo**.*	(Luis es **inteligente**).
*Luis **está listo**.*	(Luis está **preparado, dispuesto**).
*Juan **es bueno**.*	(Juan **se comporta bien, tiene buen carácter**).
*Juan **está bueno***(Juan **tiene salud**).
*Ana **es mala**.*	(Ana **se comporta mal, tiene mal carácter**).
*Ana **está mala**.*	(Ana **está enferma**).

El tratamiento entre personas

La comunicación en sociedad, entre dos o más personas, es uno de los aspectos más importantes en la utilización del lenguaje articulado. En estos casos, los verbos deben someterse, en su conjugación, a lo que llamamos *tratamiento* y que resulta de la costumbre, de las particularidades nacionales o regionales, de la mayor o menor familiaridad entre las personas que participan en la conversación o, por el contrario, del respeto a que están sometidas sus relaciones.

Las tres formas de tratamiento más frecuentes son: *el tuteo, el voseo* (en ciertas áreas de Hispanoamérica) y *el tratamiento con usted.*

1. El tuteo

Cuando existe familiaridad o amistad entre dos o varias personas, el tratamiento habitual es el *tuteo.* Consiste en el uso del pronombre *tú (2ª persona del singular)* para dirigirse a una sola persona y del pronombre *vosotros -as (2ª persona del plural)* para dirigirse a varias personas. Por ejemplo: *tú hablas, vosotros cantáis.*

Al nominativo *tú* corresponden una única forma para el dativo y el acusativo y dos formas para el preposicional.
Dativo y **acusativo**: *te estoy mirando.*
Casos preposicionales: *bailaré **contigo**, estas flores son para **ti**, se han vuelto contra **ti**.*

El nominativo plural *vosotros -as* no cambia en el caso preposicional, pero sí en el dativo y en el acusativo, aunque con una única forma para los dos géneros.
Dativo y **acusativo**: *os estoy mirando (a vosotros o a vosotras).*
Casos preposicionales: *estoy con **vosotros** (masc. pl.), estas flores son para **vosotras** (fem. pl.), se han vuelto contra **vosotros** (masc. pl.)*

La familiaridad y la intimidad no son las únicas causas que imponen el uso del *tuteo.* El desarrollo de la vida urbana, la modernización de las costumbres y, más particularmente, las relaciones entre colegas o entre jóvenes han generalizado el uso de *tú* y el desuso del tratamiento con *usted* que es, como lo veremos, marca de distanciamiento o respeto.

Como ocurre en otras lenguas, el hispanoparlante también *tutea* a Dios, a los santos, a las divinidades en general y a su patria. En estos casos, el uso de *tú* es marca de amor y reverencia. Así, el poeta nicaragüense Rubén Darío saluda reverenciosamente a Leonardo de Vinci:

«*Maestro, Pomona levanta su cesto. Tu*
estirpe saluda la Aurora, ¡Tu Aurora!...»

Pero el *tú* puede ser utilizado también en frases de enojo o de enemistad. El mismo Darío advierte en su poema a Roosevelt:

«*¡Es con voz de la Biblia, o verso de Walt Whitman,*
que habría que llegar a ti, Cazador!»

Los contextos, el tono empleado, los signos de puntuación permiten reconocer el significado del *tuteo* en cada uno de estos casos.

2. El voseo

Un muy amplio sector del mundo hispanoparlante utiliza el *voseo,* tratamiento que consiste en el empleo de la forma *vos* para dirigirse a una sola persona. El *voseo* se practica sobre todo en el Río de la Plata (Argentina, Uruguay y parte de Paraguay) así como en otras regiones de América del Sur y en ciertos países del Caribe y de América Central.

El verbo conjugado con *vos* adopta en este tratamiento, formas particulares para el presente de indicativo que se obtiene eliminando el diptongo de la segunda persona del plural: *vos sos, vos cantás, vos tenés, vos podés.* El imperativo del *voseo* parece provenir de la elisión de la consonante final. Así tendremos: *salí, cantá, poné* en vez de *salid, cantad, poned.* En el imperativo negativo coexisten dos formas, según se acentúe o no la última sílaba: *no cantes* o *no cantés, no digas* o *no digás.* Sin embargo la forma aguda es utilizada únicamente en los medios más populares.

Por lo general, en otros tiempos y modos, el *voseo* utiliza las formas correspondientes a la segunda persona del singular. En el pretérito perfecto simple de indicativo coexisten dos formas según se agregue o no una *s* final: *cantaste, cantastes; bailaste, bailastes; viniste, vinistes.*

El plural de *vos* es *ustedes* que se utiliza con la tercera forma verbal de la tercera persona del plural: *ustedes salen, ustedes están, ustedes tienen.*

Es difícil determinar el origen histórico del *voseo;* parece provenir, sin embargo, del *vos* español de la época de la Conquista, que se utilizaba como signo de gran respeto y reverencia. En la actualidad, por el contrario, la utilización del *voseo* es signo de familiaridad y de amistad.

Al uso de *vos* se agrega más particularmente en Uruguay y en Argentina, el empleo del vocativo *che: che, vos; che, Juan.*

En Uruguay, según las zonas geográficas y los sectores sociales se utiliza el *voseo,* o el *tuteo* o una fórmula ecléctica caracterizada por el empleo de *tú* asociado al verbo «*voseado*»: *tú tenés, tú venís, tú bailás.*

Durante un largo período, el *voseo* fue considerado como una variante dialectal que debía ser evitada. En la actualidad —y desde hace unos cincuenta años— su adopción por escritores de nombradía (Miguel Angel Asturias, Julio Cortázar, Jorge Luis Borges, Juan Carlos Onetti, Ernesto Sábato y tantos más) parece haberle dado una total validez como sustituto del **tuteo**. En Argentina, se utiliza, incluso, en la publicidad y en los periódicos.

3. El tratamiento con usted

El castellano antiguo adoptó como tratamiento de respeto la fórmula **vuestra merced** que introduce el verbo en tercera persona del singular: *si lo permite **vuestra merced***. Esta fórmula sufrió, con el paso de los siglos, varios cambios y ha terminado por dar, en nuestros días la forma **usted**, tras haber pasado por varias expresiones intermediarias *(**vuesarced**, **vusted**)*.

Usted se utiliza, pues, con la tercera persona del singular: *si **usted** lo permite*. Se emplea en todos los casos que, por razones de edad, de debido respeto o de mera deferencia, el **tuteo** resulta imposible.

El nominativo **usted** (ambos géneros) se confunde con el caso preposicional, pero se utilizan formas diferentes para el dativo y el acusativo.

Nominativo: **usted** *sale*
Dativo: *le traigo el correo*
    se lo traigo
Acusativo: *lo(le) veo (masc.)*
    la veo (fem.)
Caso preposicional: *salgo con **usted***

El plural de **usted** es **ustedes** *(masc. y fem.)*, que también varía según los casos gramaticales.

Nominativo: **ustedes** *salen*
Dativo: *les traigo el correo*
    se lo traigo
Acusativo: *los(les) veo (masc.)*
    las veo (fem.)
Caso preposicional: *salgo con **ustedes***

En el vocativo, **usted** precede el nombre de pila o el apellido, a los que se antepone el **Don** o la palabra **Señor,** según las áreas geográficas, los usos y el grado de respeto.

Los posesivos que corresponden a **usted** y **ustedes** son **su** *(masc. y fem. singular)*, **sus** *(masc. y fem. plural)*, **suyo** *(masc. singular)*, **suya** *(fem. singular)*, **suyos** *(masc. plural)* y **suyas** *(fem. plural)*.

4. Otras formas de tratamiento

El uso de **vosotros,** generalmente practicado en la Península Ibérica como plural de **tú,** es sustituido, en Canarias y en Hispanoamérica por **ustedes** seguido por el verbo conjugado en la tercera persona del plural: *tú tienes,* *ustedes tienen (en vez de **vosotros** tenéis).*

Por otra parte, es frecuente el empleo del plural **nosotros** o **nos** con valor de la 1ª persona del singular, en circunstancias especiales tales como la expresión de autoridad *«Ante **Nos**, Juez de Instrucción...»*, en actos académicos *«... **nos** permitiremos discrepar con nuestro colega...»* o en actos públicos.

2. Lista de los verbos conjugados

Conjugación pasiva
amar

Conjugación pronominal
levantarse

Verbos auxiliares
1	ser	3	haber
2	estar	4	tener

Verbos regulares
5 cortar (primera conjugación)
6 deber (segunda conjugación)
7 vivir (tercera conjugación)

Verbos irregulares

8	abolir	24	desosar	40	nacer	56	reñir
9	adquirir	25	discernir	41	oír	57	roer
10	agorar	26	dormir	42	oler	58	saber
11	andar	27	elegir	43	parecer	59	salir
12	asir	28	embaír	44	pedir	60	satisfacer
13	avergonzar	29	empezar	45	pensar	61	seguir
14	bruñir	30	encontrar	46	placer	62	sentir
15	caber	31	erguir	47	poder	63	soler
16	caer	32	errar	48	podrir o pudrir	64	tañer
17	cocer	33	forzar	49	poner	65	traer
18	colgar	34	hacer	50	predecir	66	trocar
19	conocer	35	influir	51	producir	67	valer
20	creer	36	ir	52	querer	68	venir
21	dar	37	jugar	53	raer	69	ver
22	decir	38	lucir	54	regar	70	volver
23	defender	39	mover	55	reír	71	yacer

Verbos con cambios de ortografía o prosodia

72	actuar	77	cabrahigar	82	distinguir	87	prohibir
73	ahincar	78	cazar	83	enraizar	88	reunir
74	airar	79	coger	84	guiar	89	sacar
75	aullar	80	delinquir	85	mecer	90	zurcir
76	averiguar	81	dirigir	86	pagar		

3. Cuadros de conjugación

amar conjugación pasiva

MODO INDICATIVO

Tiempos simples	Tiempos compuestos

Presente
(Bello : Presente)

Pretérito perfecto compuesto
(Bello : Antepresente)

soy	amado	he	sido amado
eres	amado	has	sido amado
es	amado	ha	sido amado
somos	amados	hemos	sido amados
sois	amados	habéis	sido amados
son	amados	han	sido amados

Pretérito imperfecto
(Bello : Copretérito)

Pretérito pluscuamperfecto
(Bello : Antecopretérito)

era	amado	había	sido amado
eras	amado	habías	sido amado
era	amado	había	sido amado
éramos	amados	habíamos	sido amados
erais	amados	habíais	sido amados
eran	amados	habían	sido amados

Pretérito perfecto simple
(Bello : Pretérito)

Pretérito anterior
(Bello : Antepretérito)

fui	amado	hube	sido amado
fuiste	amado	hubiste	sido amado
fue	amado	hubo	sido amado
fuimos	amados	hubimos	sido amados
fuisteis	amados	hubisteis	sido amados
fueron	amados	hubieron	sido amados

Futuro
(Bello : Futuro)

Futuro perfecto
(Bello : Antefuturo)

seré	amado	habré	sido amado
serás	amado	habrás	sido amado
será	amado	habrá	sido amado
seremos	amados	habremos	sido amados
seréis	amados	habréis	sido amados
serán	amados	habrán	sido amados

Condicional
(Bello : Pospretérito)

Condicional perfecto
(Bello : Antepospretérito)

sería	amado	habría	sido amado
serías	amado	habrías	sido amado
sería	amado	habría	sido amado
seríamos	amados	habríamos	sido amados
seríais	amados	habríais	sido amados
serían	amados	habrían	sido amados

MODO SUBJUNTIVO

Tiempos simples	Tiempos compuestos

Presente
(Bello : Presente)

Pretérito perfecto
(Bello : Antepresente)

sea	amado	haya	sido amado
seas	amado	hayas	sido amado
sea	amado	haya	sido amado
seamos	amados	hayamos	sido amados
seáis	amados	hayáis	sido amados
sean	amados	hayan	sido amados

Pretérito imperfecto
(Bello : Pretérito)

Pretérito pluscuamperfecto
(Bello : Antepretérito)

fuera	amado	hubiera	sido amado
fueras	amado	hubieras	sido amado
fuera	amado	hubiera	sido amado
fuéramos	amados	hubiéramos	sido amados
fuerais	amados	hubierais	sido amados
fueran	amados	hubieran	sido amados

fuese	amado	hubiese	sido amado
fueses	amado	hubieses	sido amado
fuese	amado	hubiese	sido amado
fuésemos	amados	hubiésemos	sido amados
fueseis	amados	hubieseis	sido amados
fuesen	amados	hubiesen	sido amados

Futuro
(Bello : Futuro)

Futuro perfecto
(Bello : Antefuturo)

fuere	amado	hubiere	sido amado
fueres	amado	hubieres	sido amado
fuere	amado	hubiere	sido amado
fuéremos	amados	hubiéremos	sido amados
fuereis	amados	hubiereis	sido amados
fueren	amados	hubieren	sido amados

MODO IMPERATIVO

Presente

sé (tú) amado (-a)	seamos (nosotros) amados (-as)
sea (él, usted) amado (-a)	sed (vosotros) amados (-as)
	sean (ellos, ustedes) amados (-as)

FORMAS NO PERSONALES

Tiempos simples	Tiempos compuestos
Infinitivo: ser amado	Infinitivo compuesto haber sido amado
Gerundio: siendo amado	Gerundio compuesto habiendo sido amado
Participio: sido amado	

N. B. Cada tiempo figura con la terminología de la Real Academia Española,
y en la parte inferior figura la terminología de Andrés Bello.

to raise/lift

levantarse conjugación pronominal

FORMAS PERSONALES

MODO INDICATIVO

Tiempos simples		Tiempos compuestos	

Presente
(Bello : Presente)

| me **levant** o |
| te **levant** as |
| se **levant** a |
| nos **levant** amos |
| os **levant** áis |
| se **levant** an |

Pretérito perfecto compuesto
(Bello : Antepresente)

me	he	levantado
te	has	levantado
se	ha	levantado
nos	hemos	levantado
os	habéis	levantado
se	han	levantado

Pretérito imperfecto
(Bello : Copretérito)

| me **levant** aba |
| te **levant** abas |
| se **levant** aba |
| nos **levant** ábamos |
| os **levant** abais |
| se **levant** aban |

Pretérito pluscuamperfecto
(Bello : Antecopretérito)

me	había	levantado
te	habías	levantado
se	había	levantado
nos	habíamos	levantado
os	habíais	levantado
se	habían	levantado

Pretérito perfecto simple
(Bello : Pretérito)

| me **levant** é |
| te **levant** aste |
| se **levant** ó |
| nos **levant** amos |
| os **levant** asteis |
| se **levant** a *ron* |

Pretérito anterior
(Bello : Antepretérito)

me	hube	levantado
te	hubiste	levantado
se	hubo	levantado
nos	hubimos	levantado
os	hubisteis	levantado
se	hubieron	levantado

Futuro
(Bello : Futuro)

| me **levantar** é |
| te **levantar** ás |
| se **levantar** á |
| nos **levantar** emos |
| os **levantar** éis |
| se **levantar** án |

Futuro perfecto
(Bello : Antefuturo)

me	habré	levantado
te	habrás	levantado
se	habrá	levantado
nos	habremos	levantado
os	habréis	levantado
se	habrán	levantado

Condicional
(Bello : Pospretérito)

| me **levantar** ía |
| te **levantar** ías |
| se **levantar** ía |
| nos **levantar** íamos |
| os **levantar** íais |
| se **levantar** ían |

Condicional perfecto
(Bello : Antepospretérito)

me	habría	levantado
te	habrías	levantado
se	habría	levantado
nos	habríamos	levantado
os	habríais	levantado
se	habrían	levantado

MODO SUBJUNTIVO

Tiempos simples		Tiempos compuestos	

Presente
(Bello : Presente)

| me **levant** e |
| te **levant** es |
| se **levant** e |
| nos **levant** emos |
| os **levant** éis |
| se **levant** en |

Pretérito perfecto
(Bello : Antepresente)

me	haya	levantado
te	hayas	levantado
se	haya	levantado
nos	hayamos	levantado
os	hayáis	levantado
se	hayan	levantado

Pretérito imperfecto
(Bello : Pretérito)

| me **levant** a *ra* |
| te **levant** a *ras* |
| se **levant** a *ra* |
| nos **levant** á *ramos* |
| os **levant** a *rais* |
| se **levant** a *ran* |

Pretérito pluscuamperfecto
(Bello : Antepretérito)

me	hubiera	levantado
te	hubieras	levantado
se	hubiera	levantado
nos	hubiéramos	levantado
os	hubierais	levantado
se	hubieran	levantado

| me **levant** a *se* |
| te **levant** a *ses* |
| se **levant** a *se* |
| nos **levant** á *semos* |
| os **levant** a *seis* |
| se **levant** a *sen* |

me	hubiese	levantado
te	hubieses	levantado
se	hubiese	levantado
nos	hubiésemos	levantado
os	hubieseis	levantado
se	hubiesen	levantado

Futuro
(Bello : Futuro)

| me **levant** a *re* |
| te **levant** a *res* |
| se **levant** a *re* |
| nos **levant** á *remos* |
| os **levant** a *reis* |
| se **levant** a *ren* |

Futuro perfecto
(Bello : Antefuturo)

me	hubiere	levantado
te	hubieres	levantado
se	hubiere	levantado
nos	hubiéremos	levantado
os	hubiereis	levantado
se	hubieren	levantado

MODO IMPERATIVO

Presente
levántate (tú)
levántese (él, usted)

levantémonos (nosotros)
levantaos (vosotros)
levántense (ellos, ustedes)

FORMAS NO PERSONALES

Tiempos simples	Tiempos compuestos
Infinitivo: **levantarse**	Infinitivo compuesto haberse levantado
Gerundio: levantándose	Gerundio compuesto habiéndose levantado
Participio: —	

1 **ser** verbos auxiliares

FORMAS PERSONALES

MODO INDICATIVO

Tiempos simples	Tiempos compuestos

Presente
(Bello : Presente)

Pretérito perfecto compuesto (Bello : Antepresente)	
soy	he	sido
eres	has	sido
es	ha	sido
somos	hemos	sido
sois	habéis	sido
son	han	sido

Pretérito imperfecto
(Bello : Copretérito)

Pretérito pluscuamperfecto (Bello : Antecopretérito)	
era	había	sido
eras	habías	sido
era	había	sido
óramoc	habíamos	sido
erais	habíais	sido
eran	habían	sido

Pretérito perfecto simple
(Bello : Pretérito)

Pretérito anterior (Bello : Antepretérito)	
fui	hube	sido
fuiste	hubiste	sido
fue	hubo	sido
fuimos	hubimos	sido
fulstels	hubisteis	sido
fueron	hubieron	sido

Futuro
(Bello : Futuro)

Futuro perfecto (Bello : Antefuturo)	
ser é	habré	sido
ser áo	habrás	sido
ser á	habrá	sido
ser emos	habremos	sido
ser éis	habréis	sido
ser án	habrán	sido

Condicional
(Bello : Pospretérito)

Condicional perfecto (Bello : Antepospretérito)	
ser ía	habría	sido
ser ías	habrías	sido
ser ía	habría	sido
ser íamos	habríamos	sido
ser íais	habríais	sido
ser ían	habrían	sido

MODO SUBJUNTIVO

Tiempos simples	Tiempos compuestos

Presente
(Bello : Presente)

Pretérito perfecto (Bello : Antepresente)	
sea	haya	sido
seas	hayas	sido
sea	haya	sido
seamos	hayamos	sido
seáis	hayáis	sido
sean	hayan	sido

Pretérito imperfecto
(Bello : Pretérito)

Pretérito pluscuamperfecto (Bello : Antepretérito)	
fuera	hubiera	sido
fueras	hubieras	sido
fuera	hubiera	sido
fuéramos	hubiéramos	sido
fuerais	hubierais	sido
fueran	hubieran	sido
fuese	hubiese	sido
fueses	hubieses	sido
fuese	hubiese	sido
fuésemos	hubiésemos	sido
fueseis	hubleseis	sido
fuesen	hubiesen	sido

Futuro
(Bello : Futuro)

Futuro perfecto (Bello : Antefuturo)	
fuere	hubiere	sido
fueres	hubieres	sido
fuere	hubiere	sido
fuéremos	hubiéremos	sido
fuereis	hubiereis	sido
fueren	hubieren	sido

MODO IMPERATIVO

Presente	
sé (tú)	**seamos** (nosotros)
sea (él, usted)	**s ed** (vosotros)
	sean (ellos, ustedes)

FORMAS NO PERSONALES

Tiempos simples	Tiempos compuestos
Infinitivo: **ser**	Infinitivo compuesto haber sido
Gerundio: **siendo**	Gerundio compuesto habiendo sido
Participio: **sido**	

2 estar verbos auxiliares

(handwritten: to be (temporary states, locations present) progressive)

FORMAS PERSONALES

MODO INDICATIVO		MODO SUBJUNTIVO	
Tiempos simples	Tiempos compuestos	Tiempos simples	Tiempos compuestos

Presente (Bello : Presente)	Pretérito perfecto compuesto (Bello : Antepresente)	Presente (Bello : Presente)	Pretérito perfecto (Bello : Antepresente)
estoy	he estado	**est é**	haya estado
est ás	has estado	**est és**	hayas estado
est á	ha estado	**est é**	haya estado
est amos	hemos estado	**est emos**	hayamos estado
est áis	habéis estado	**est éis**	hayáis estado
est án	han estado	**est én**	hayan estado

Pretérito imperfecto (Bello : Copretérito)	Pretérito pluscuamperfecto (Bello : Antecopretérito)	Pretérito imperfecto (Bello : Pretérito)	Pretérito pluscuamperfecto (Bello : Antepretérito)
est aba	había estado	**estuviera**	hubiera estado
est abas	habías estado	**estuvieras**	hubieras estado
est aba	había estado	**estuviera**	hubiera estado
est ábamos	habíamos estado	**estuviéramos**	hubiéramos estado
est abais	habíais estado	**estuvierais**	hubierais estado
est aban	habían estado	**estuvieran**	hubieran estado
		estuviese	hubiese estado
Pretérito perfecto simple (Bello : Pretérito)	Pretérito anterior (Bello : Antepretérito)	**estuvieses**	hubieses estado
estuve	hube estado	**estuviese**	hubiese estado
estuviste	hubiste estado	**estuviésemos**	hubiésemos estado
estuvo	hubo estado	**estuvieseis**	hubieseis estado
estuvimos	hubimos estado	**estuviesen**	hubiesen estado
estuvisteis	hubisteis estado		
estuvieron	hubieron estado	Futuro (Bello : Futuro)	Futuro perfecto (Bello : Antefuturo)
		estuviere	hubiere estado
Futuro (Bello : Futuro)	Futuro perfecto (Bello : Antefuturo)	**estuvieres**	hubieres estado
estar é	habré estado	**estuviere**	hubiere estado
estar ás	habrás estado	**estuviéremos**	hubiéremos estado
estar á	habrá estado	**estuviereis**	hubiereis estado
estar emos	habremos estado	**estuvieren**	hubieren estado
estar éis	habréis estado		
estar án	habrán estado		

MODO IMPERATIVO

Presente	
est á (tú)	**est emos** (nosotros)
est é (él, usted)	**est ad** (vosotros)
	est én (ellos, ustedes)

Condicional (Bello : Pospretérito)	Condicional perfecto (Bello : Antepospretérito)
estar ía	habría estado
estar ías	habrías estado
estar ía	habría estado
estar íamos	habríamos estado
estar íais	habríais estado
estar ían	habrían estado

FORMAS NO PERSONALES

Tiempos simples	Tiempos compuestos
Infinitivo: **estar**	Infinitivo compuesto haber estado
Gerundio: **est** ando	Gerundio compuesto habiendo estado
Participio: **est** ado	

38

3 haber verbos auxiliares

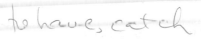
to have, catch

FORMAS PERSONALES

MODO INDICATIVO		MODO SUBJUNTIVO	
Tiempos simples	Tiempos compuestos	Tiempos simples	Tiempos compuestos

Presente (Bello : Presente)	Pretérito perfecto compuesto (Bello : Antepresente)	Presente (Bello : Presente)	Pretérito perfecto (Bello : Antepresente)
he	he habido	haya	haya habido
has	has habido	hayas	hayas habido
ha*	ha habido	haya	haya habido
hemos	hemos habido	hayamos	hayamos habido
hab éis	habéis habido	hayáis	hayáis habido
han	han habido	hayan	hayan habido

Pretérito imperfecto (Bello : Copretérito)	Pretérito pluscuamperfecto (Bello : Antecopretérito)	Pretérito imperfecto (Bello : Pretérito)	Pretérito pluscuamperfecto (Bello : Antepretérito)
hab ía	había habido	hubiera	hubiera habido
hab ías	habías habido	hubieras	hubieras habido
hab ía	había habido	hubiera	hubiera habido
hab íamos	habíamos habido	hubiéramos	hubiéramos habido
hab íais	habíais habido	hubierais	hubierais habido
hab ían	habían habido	hubieran	hubieran habido
		hubiese	hubiese habido
		hubieses	hubieses habido
		hubiese	hubiese habido
Pretérito perfecto simple (Bello : Pretérito)	Pretérito anterior (Bello : Antepretérito)	hubiésemos	hubiésemos habido
		hubieseis	hubieseis habido
hube	hube habido	hubiesen	hubiesen habido
hubiste	hubiste habido		
hubo	hubo habido		
hubimos	hubimos habido	Futuro (Bello : Futuro)	Futuro perfecto (Bello : Antefuturo)
hubisteis	hubisteis habido		
hubieron	hubieron habido	hubiere	hubiere habido
		hubieres	hubieres habido
		hubiere	hubiere habido
Futuro (Bello : Futuro)	Futuro perfecto (Bello : Antefuturo)	hubiéremos	hubiéremos habido
		hubiereis	hubiereis habido
habré	habré habido	hubieren	hubieren habido
habrás	habrás habido		
habrá	habrá habido		
habremos	habremos habido		
habréis	habréis habido	**MODO IMPERATIVO**	
habrán	habrán habido		

		Presente	hayamos (nosotros)
		he (tú)	hab ed (vosotros)
		haya (él, usted)	hayan (ellos, ustedes)

Condicional (Bello : Pospretérito)	Condicional perfecto (Bello : Antepospretérito)
habría	habría habido
habrías	habrías habido
habría	habría habido
habríamos	habríamos habido
habríais	habríais habido
habrían	habrían habido

FORMAS NO PERSONALES

Tiempos simples	Tiempos compuestos
Infinitivo: **haber**	Infinitivo compuesto haber habido
Gerundio: **hab** iendo	Gerundio compuesto habiendo habido
Participio: **hab** ido	

*Si se usa como impersonal, la 3ª persona del singular es **hay**

39

4 **tener** verbos auxiliares

FORMAS PERSONALES

MODO INDICATIVO

Tiempos simples	Tiempos compuestos

Presente
(Bello : Presente)

		Pretérito perfecto compuesto (Bello : Antepresente)	
tengo		he	tenido
tienes		has	tenido
tiene		ha	tenido
ten emos		hemos	tenido
ten éis		habéis	tenido
tienen		han	tenido

Pretérito imperfecto
(Bello : Copretérito)

Pretérito pluscuamperfecto
(Bello : Antecopretérito)

ten ía	había	tenido
ten ías	habías	tenido
ten ía	había	tenido
ten íamos	habíamos	tenido
ten íais	habíais	tenido
ten ían	habían	tenido

Pretérito perfecto simple
(Bello : Pretérito)

Pretérito anterior
(Bello : Antepretérito)

tuve	hube	tenido
tuviste	hubiste	tenido
tuvo	hubo	tenido
tuvimos	hubimos	tenido
tuvisteis	hubisteis	tenido
tuvieron	hubieron	tenido

Futuro
(Bello : Futuro)

Futuro perfecto
(Bello : Antefuturo)

tendré	habré	tenido
tendrás	habrás	tenido
tendrá	habrá	tenido
tendremos	habremos	tenido
tendréis	habréis	tenido
tendrán	habrán	tenido

Condicional
(Bello : Pospretérito)

Condicional perfecto
(Bello : Antepospretérito)

tendría	habría	tenido
tendrías	habrías	tenido
tendría	habría	tenido
tendríamos	habríamos	tenido
tendríais	habríais	tenido
tendrían	habrían	tenido

MODO SUBJUNTIVO

Tiempos simples	Tiempos compuestos

Presente
(Bello : Presente)

Pretérito perfecto
(Bello : Antepresente)

tenga	haya	tenido
tengas	hayas	tenido
tenga	haya	tenido
tengamos	hayamos	tenido
tengáis	hayáis	tenido
tengan	hayan	tenido

Pretérito imperfecto
(Bello : Pretérito)

Pretérito pluscuamperfecto
(Bello : Antepretérito)

tuviera	hubiera	tenido
tuvieras	hubieras	tenido
tuviera	hubiera	tenido
tuviéramos	hubiéramos	tenido
tuvierais	hubierais	tenido
tuvieran	hubieran	tenido
tuviese	hubiese	tenido
tuvieses	hubieses	tenido
tuviese	hubiese	tenido
tuviésemos	hubiésemos	tenido
tuvieseis	hubieseis	tenido
tuviesen	hubiesen	tenido

Futuro
(Bello : Futuro)

Futuro perfecto
(Bello : Antefuturo)

tuviere	hubiere	tenido
tuvieres	hubieres	tenido
tuviere	hubiere	tenido
tuviéremos	hubiéremos	tenido
tuviereis	hubiereis	tenido
tuvieren	hubieren	tenido

MODO IMPERATIVO

Presente
ten (tú)
tenga (él, usted)

tengamos (nosotros)
ten ed (vosotros)
tengan (ellos, ustedes)

FORMAS NO PERSONALES

Tiempos simples	Tiempos compuestos
Infinitivo: **tener**	Infinitivo compuesto haber tenido
Gerundio: **ten** iendo	Gerundio compuesto habiendo tenido
Participio: **ten** ido	

to cut

5 cortar verbos regulares

primera conjugación

FORMAS PERSONALES

MODO INDICATIVO		MODO SUBJUNTIVO	
Tiempos simples	Tiempos compuestos	Tiempos simples	Tiempos compuestos

Presente (Bello : Presente)	Pretérito perfecto compuesto (Bello : Antepresente)	Presente (Bello : Presente)	Pretérito perfecto (Bello : Antepresente)
cort o	he cortado	cort e	haya cortado
cort as	has cortado	cort es	hayas cortado
cort a	ha cortado	cort e	haya cortado
cort amos	hemos cortado	cort emos	hayamos cortado
cort áis	habéis cortado	cort éis	hayáis cortado
cort an	han cortado	cort en	hayan cortado

Pretérito imperfecto (Bello : Copretérito)	Pretérito pluscuamperfecto (Bello : Antecopretérito)	Pretérito imperfecto (Bello : Pretérito)	Pretérito pluscuamperfecto (Bello : Antepretérito)
cort aba	había cortado	cort a ra	hubiera cortado
cort abas	habías cortado	cort a ras	hubieras cortado
cort aba	había cortado	cort a ra	hubiera cortado
cort ábamos	habíamos cortado	cort á ramos	hubiéramos cortado
cort abais	habíais cortado	cort a rais	hubierais cortado
cort aban	habían cortado	cort a ran	hubieran cortado

Pretérito perfecto simple (Bello : Pretérito)	Pretérito anterior (Bello : Antepretérito)		
		cort a se	hubiese cortado
		cort a ses	hubieses cortado
cort é	hube cortado	cort a se	hubiese cortado
cort aste	hubiste cortado	cort á semos	hubiésemos cortado
cort ó	hubo cortado	cort a seis	hubieseis cortado
cort amos	hubimos cortado	cort a sen	hubiesen cortado
cort asteis	hubisteis cortado		
cort a ron	hubieron cortado	Futuro (Bello : Futuro)	Futuro perfecto (Bello : Antefuturo)

Futuro (Bello : Futuro)	Futuro perfecto (Bello : Antefuturo)		
		cort a re	hubiere cortado
		cort a res	hubieres cortado
cortar é	habré cortado	cort a re	hubiere cortado
cortar ás	habrás cortado	cort á remos	hubiéremos cortado
cortar á	habrá cortado	cort a reis	hubiereis cortado
cortar emos	habremos cortado	cort a ren	hubieren cortado
cortar éis	habréis cortado		
cortar án	habrán cortado		

MODO IMPERATIVO

Presente	
cort a (tú)	cort emos (nosotros)
cort e (él, usted)	cort ad (vosotros)
	cort en (ellos, ustedes)

Condicional (Bello : Pospretérito)	Condicional perfecto (Bello : Antepospretérito)
cortar ía	habría cortado
cortar ías	habrías cortado
cortar ía	habría cortado
cortar íamos	habríamos cortado
cortar íais	habríais cortado
cortar ían	habrían cortado

FORMAS NO PERSONALES

Tiempos simples	Tiempos compuestos
Infinitivo: cortar	Infinitivo compuesto haber cortado
Gerundio: cort ando	Gerundio compuesto
Participio: cort ado	habiendo cortado

to owe, be obliged

6 deber verbos regulares   segunda conjugación

FORMAS PERSONALES

MODO INDICATIVO

Tiempos simples	Tiempos compuestos

Presente
(Bello : Presente)

	Pretérito perfecto compuesto (Bello : Antepresente)	
deb o	he	debido
deb es	has	debido
deb e	ha	debido
deb emos	hemos	debido
deb éis	habéis	debido
deb en	han	debido

Pretérito imperfecto
(Bello : Copretérito)

	Pretérito pluscuamperfecto (Bello : Antecopretérito)	
deb ía	había	debido
deb ías	habías	debido
deb ía	había	debido
deb íamos	habíamos	debido
deb íais	habíais	debido
deb ían	habían	debido

Pretérito perfecto simple
(Bello : Pretérito)

	Pretérito anterior (Bello : Antepretérito)	
deb í	hube	debido
deb iste	hubiste	debido
deb ió	hubo	debido
deb imos	hubimos	debido
deb isteis	hubisteis	debido
deb ie *ron*	hubieron	debido

Futuro
(Bello : Futuro)

	Futuro perfecto (Bello : Antefuturo)	
deber é	habré	debido
deber ás	habrás	debido
deber á	habrá	debido
deber emos	habremos	debido
deber éis	habréis	debido
deber án	habrán	debido

Condicional
(Bello : Pospretérito)

	Condicional perfecto (Bello : Antepospretérito)	
deber ía	habría	debido
deber ías	habrías	debido
deber ía	habría	debido
deber íamos	habríamos	debido
deber íais	habríais	debido
deber ían	habrían	debido

MODO SUBJUNTIVO

Tiempos simples	Tiempos compuestos

Presente
(Bello : Presente)

	Pretérito perfecto (Bello : Antepresente)	
deb a	haya	debido
deb as	hayas	debido
deb a	haya	debido
deb amos	hayamos	debido
deb áis	hayáis	debido
deb an	hayan	debido

Pretérito imperfecto
(Bello : Pretérito)

	Pretérito pluscuamperfecto (Bello : Antepretérito)	
deb ie *ra*	hubiera	debido
deb ie *ras*	hubieras	debido
deb ie *ra*	hubiera	debido
deb ié *ramos*	hubiéramos	debido
deb ie *rais*	hubierais	debido
deb ie *ran*	hubieran	debido
deb ie *se*	hubiese	debido
deb ie *ses*	hubieses	debido
deb ie *se*	hubiese	debido
deb ié *semos*	hubiésemos	debido
deb ie *seis*	hubieseis	debido
deb ie *sen*	hubiesen	debido

Futuro
(Bello : Futuro)

	Futuro perfecto (Bello : Antefuturo)	
deb ie *re*	hubiere	debido
deb ie *res*	hubieres	debido
deb ie *re*	hubiere	debido
deb ié *remos*	hubiéremos	debido
deb ie *reis*	hubiereis	debido
deb ie *ren*	hubieren	debido

MODO IMPERATIVO

Presente
deb e (tú)
deb a (él, usted)
deb amos (nosotros)
deb ed (vosotros)
deb an (ellos, ustedes)

FORMAS NO PERSONALES

Tiempos simples	Tiempos compuestos
Infinitivo: **deber**	Infinitivo compuesto haber debido
Gerundio: **deb** iendo	
Participio: **deb** ido	Gerundio compuesto habiendo debido

7 vivir verbos regulares   tercera conjugación

FORMAS PERSONALES

MODO INDICATIVO		MODO SUBJUNTIVO	
Tiempos simples	Tiempos compuestos	Tiempos simples	Tiempos compuestos

Presente (Bello : Presente)	Pretérito perfecto compuesto (Bello : Antepresente)	Presente (Bello : Presente)	Pretérito perfecto (Bello : Antepresente)
viv o	he vivido	viv a	haya vivido
viv es	has vivido	viv as	hayas vivido
viv e	ha vivido	viv a	haya vivido
viv imos	hemos vivido	viv amos	hayamos vivido
viv ís	habéis vivido	viv áis	hayáis vivido
viv en	han vivido	viv an	hayan vivido

Pretérito imperfecto (Bello : Copretérito)	Pretérito pluscuamperfecto (Bello : Antecopretérito)	Pretérito imperfecto (Bello : Pretérito)	Pretérito pluscuamperfecto (Bello : Antepretérito)
viv ía	había vivido	viv ie *ra*	hubiera vivido
viv ías	habías vivido	viv ie *ras*	hubieras vivido
viv ía	había vivido	viv ie *ra*	hubiera vivido
viv íamos	habíamos vivido	viv ié *ramos*	hubiéramos vivido
viv íais	habíais vivido	viv ie *rais*	hubierais vivido
viv ían	habían vivido	viv ie *ran*	hubieran vivido

		viv ie *se*	hubiese vivido
		viv ie *ses*	hubieses vivido
		viv ie *se*	hubiese vivido
		viv ié *semos*	hubiésemos vivido
		viv ie *seis*	hubieseis vivido
		viv ie *sen*	hubiesen vivido

Pretérito perfecto simple (Bello : Pretérito)	Pretérito anterior (Bello : Antepretérito)		
viv í	hube vivido		
viv iste	hubiste vivido		
viv ió	hubo vivido	Futuro (Bello : Futuro)	Futuro perfecto (Bello : Antefuturo)
viv imos	hubimos vivido		
viv isteis	hubiotcio vivido	viv ie *re*	hubiere vivido
viv ie *ron*	hubieron vivido	viv ie *res*	hubieres vivido
		viv ie *re*	hubiere vivido
		viv ié *remos*	hubiéremos vivido
Futuro (Bello : Futuro)	Futuro perfecto (Bello : Antefuturo)	viv ie *reis*	hubiereis vivido
		viv ie *ren*	hubieren vivido
vivir é	habré vivido		
vivir ás	habrás vivido		
vivir á	habrá vivido		
vivir emos	habremos vivido		
vivir éis	habréis vivido		
vivir án	habrán vivido		

MODO IMPERATIVO

Presente	
viv e (tú)	viv amos (nosotros)
viv a (él, usted)	viv id (vosotros)
	viv an (ellos, ustedes)

Condicional (Bello : Pospretérito)	Condicional perfecto (Bello : Antepospretérito)
vivir ía	habría vivido
vivir ías	habrías vivido
vivir ía	habría vivido
vivir íamos	habríamos vivido
vivir íais	habríais vivido
vivir ían	habrían vivido

FORMAS NO PERSONALES

Tiempos simples	Tiempos compuestos
Infinitivo: **vivir**	Infinitivo compuesto haber vivido
Gerundio: **viv** iendo	Gerundio compuesto
Participio: **viv** ido	habiendo vivido

43

8 abolir verbos irregulares

to abolish

FORMAS PERSONALES

MODO INDICATIVO		MODO SUBJUNTIVO	
Tiempos simples	Tiempos compuestos	Tiempos simples	Tiempos compuestos

Presente (Bello : Presente)	Pretérito perfecto compuesto (Bello : Antepresente)	Presente (Bello : Presente)	Pretérito perfecto (Bello : Antepresente)
—	he abolido	—	haya abolido
—	has abolido	—	hayas abolido
—	ha abolido	—	haya abolido
abol imos	hemos abolido	—	hayamos abolido
abol ís	habéis abolido	—	hayáis abolido
—	han abolido	—	hayan abolido

Pretérito imperfecto (Bello : Copretérito)	Pretérito pluscuamperfecto (Bello : Antecopretérito)	Pretérito imperfecto (Bello : Pretérito)	Pretérito pluscuamperfecto (Bello : Antepretérito)
abol ía	había abolido	**abol** ie *ra*	hubiera abolido
abol ías	habías abolido	**abol** ie *ras*	hubieras abolido
abol ía	había abolido	**abol** ie *ra*	hubiera abolido
abol íamos	habíamos abolido	**abol** ié *ramos*	hubiéramos abolido
abol íais	habíais abolido	**abol** ie *rais*	hubierais abolido
abol ían	habían abolido	**abol** ie *ran*	hubieran abolido
		abol ie *se*	hubiese abolido
		abol ie *ses*	hubieses abolido
Pretérito perfecto simple (Bello : Pretérito)	Pretérito anterior (Bello : Antepretérito)	**abol** ie *se*	hubiese abolido
		abol ié *semos*	hubiésemos abolido
abol í	hube abolido	**abol** ie *seis*	hubieseis abolido
abol iste	hubiste abolido	**abol** ie *sen*	hubiesen abolido
abol ió	hubo abolido		
abol imos	hubimos abolido	Futuro (Bello : Futuro)	Futuro perfecto (Bello : Antefuturo)
abol isteis	hubisteis abolido		
abol ie *ron*	hubieron abolido	**abol** ie *re*	hubiere abolido
		abol ie *res*	hubieres abolido
Futuro (Bello : Futuro)	Futuro perfecto (Bello : Antefuturo)	**abol** ie *re*	hubiere abolido
		abol ié *remos*	hubiéremos abolido
abolir é	habré abolido	**abol** ie *reis*	hubiereis abolido
abolir ás	habrás abolido	**abol** ie *ren*	hubieren abolido
abolir á	habrá abolido		
abolir emos	habremos abolido		
abolir éis	habréis abolido		
abolir án	habrán abolido		

MODO IMPERATIVO

Presente			
—	(tú)	—	(nosotros)
—	(él, usted)	**abol** id	(vosotros)
		—	(ellos, ustedes)

Condicional (Bello : Pospretérito)	Condicional perfecto (Bello : Antepospretérito)
abolir ía	habría abolido
abolir ías	habrías abolido
abolir ía	habría abolido
abolir íamos	habríamos abolido
abolir íais	habríais abolido
abolir ían	habrían abolido

FORMAS NO PERSONALES

Tiempos simples	Tiempos compuestos
Infinitivo: **abolir**	Infinitivo compuesto haber abolido
Gerundio: **abol** iendo	
Participio: **abol** ido	Gerundio compuesto habiendo abolido

to acquire

9 adquirir verbos irregulares

FORMAS COMPUESTAS

MODO INDICATIVO		MODO SUBJUNTIVO	
Tiempos simples	Tiempos compuestos	Tiempos simples	Tiempos compuestos

Presente (Bello : Presente)	Pretérito perfecto compuesto (Bello : Antepresente)	Presente (Bello : Presente)	Pretérito perfecto (Bello : Antepresente)
adquiero	he adquirido	**adquiera**	haya adquirido
adquieres	has adquirido	**adquieras**	hayas adquirido
adquiere	ha adquirido	**adquiera**	haya adquirido
adquir imos	hemos adquirido	**adquir** amos	hayamos adquirido
adquir ís	habéis adquirido	**adquir** áis	hayáis adquirido
adquieren	han adquirido	**adquieran**	hayan adquirido

Pretérito imperfecto (Bello : Copretérito)	Pretérito pluscuamperfecto (Bello : Antecopretérito)	Pretérito imperfecto (Bello : Pretérito)	Pretérito pluscuamperfecto (Bello : Antepretérito)
adquir ía	había adquirido	**adquir** ie *ra*	hubiera adquirido
adquir ías	habías adquirido	**adquir** ie *ras*	hubieras adquirido
adquir ía	había adquirido	**adquir** ie *ra*	hubiera adquirido
adquir íamos	habíamos adquirido	**adquir** ié *ramos*	hubiéramos adquirido
adquir íais	habíais adquirido	**adquir** ie *rais*	hubierais adquirido
adquir ían	habían adquirido	**adquir** ie *ran*	hubieran adquirido
		adquir ie *se*	hubiese adquirido
		adquir ie *ses*	hubieses adquirido
		adquir ie *se*	hubiese adquirido
		adquir ié *semos*	hubiésemos adquirido
		adquir ie *seis*	hubieseis adquirido
		adquir ie *sen*	hubiesen adquirido

Pretérito perfecto simple (Bello : Pretérito)	Pretérito anterior (Bello : Antepretérito)		
adquir í	hube adquirido		
adquir iste	hubiste adquirido		
adquir ió	hubo adquirido		
adquir imos	hubimos adquirido		
adquir isteis	hubisteis adquirido		
adquir ie *ron*	hubieron adquirido		

		Futuro (Bello : Futuro)	Futuro perfecto (Bello : Antefuturo)
		adquir ie *re*	hubiere adquirido
		adquir ie *res*	hubieres adquirido
		adquir ie *re*	hubiere adquirido
		adquir ié *remos*	hubiéremos adquirido
		adquir ie *reis*	hubiereis adquirido
		adquir ie *ren*	hubieren adquirido

Futuro (Bello : Futuro)	Futuro perfecto (Bello : Antefuturo)
adquirir é	habré adquirido
adquirir ás	habrás adquirido
adquirir á	habrá adquirido
adquirir emos	habremos adquirido
adquirir éis	habréis adquirido
adquirir án	habrán adquirido

MODO IMPERATIVO

Presente	
adquiere (tú)	**adquir** amos (nosotros)
adquiera (él, usted)	**adquir** id (vosotros)
	adquieran (ellos, ustedes)

Condicional (Bello : Pospretérito)	Condicional perfecto (Bello : Antepospretérito)
adquirir ía	habría adquirido
adquirir ías	habrías adquirido
adquirir ía	habría adquirido
adquirir íamos	habríamos adquirido
adquirir íais	habríais adquirido
adquirir ían	habrían adquirido

FORMAS NO PERSONALES

Tiempos simples	Tiempos compuestos
Infinitivo: **adquirir**	Infinitivo compuesto haber adquirido
Gerundio: **adquir** iendo	Gerundio compuesto habiendo adquirido
Participio: **adquir** ido	

45

10 agorar verbos irregulares

FORMAS PERSONALES

MODO INDICATIVO		MODO SUBJUNTIVO	
Tiempos simples	Tiempos compuestos	Tiempos simples	Tiempos compuestos

Presente (Bello : Presente)		Pretérito perfecto compuesto (Bello : Antepresente)		Presente (Bello : Presente)		Pretérito perfecto (Bello : Antepresente)	
agüero		he	agorado	**agüere**		haya	agorado
agüeras		has	agorado	**agüeres**		hayas	agorado
agüera		ha	agorado	**agüere**		haya	agorado
agor amos		hemos	agorado	**agor** emos		hayamos	agorado
agor áis		habéis	agorado	**agor** éis		hayáis	agorado
agüeran		han	agorado	**agüeren**		hayan	agorado

Pretérito imperfecto (Bello : Copretérito)		Pretérito pluscuamperfecto (Bello : Antecopretérito)	
agor aba		había	agorado
agor abas		habías	agorado
agor aba		había	agorado
agor ábamos		habíamos	agorado
agor abais		habíais	agorado
agor aban		habían	agorado

Pretérito imperfecto (Bello : Pretérito)		Pretérito pluscuamperfecto (Bello : Antepretérito)	
agor a *ra*		hubiera	agorado
agor a *ras*		hubieras	agorado
agor a *ra*		hubiera	agorado
agor á *ramos*		hubiéramos	agorado
agor a *rais*		hubierais	agorado
agor a *ran*		hubieran	agorado
agor a *se*		hubiese	agorado
agor a *ses*		hubieses	agorado
agor a *se*		hubiese	agorado
agor á *semos*		hubiésemos	agorado
agor a *seis*		hubieseis	agorado
agor a *sen*		hubiesen	agorado

Pretérito perfecto simple (Bello : Pretérito)		Pretérito anterior (Bello : Antepretérito)	
agor é		hube	agorado
agor aste		hubiste	agorado
agor ó		hubo	agorado
agor amos		hubimos	agorado
agor asteis		hubisteis	agorado
agor a *ron*		hubieron	agorado

Futuro (Bello : Futuro)		Futuro perfecto (Bello : Antefuturo)	
agor a *re*		hubiere	agorado
agor a *res*		hubieres	agorado
agor a *re*		hubiere	agorado
agor á *remos*		hubiéremos	agorado
agor a *reis*		hubiereis	agorado
agor a *ren*		hubieren	agorado

Futuro (Bello : Futuro)		Futuro perfecto (Bello : Antefuturo)	
agorar é		habré	agorado
agorar ás		habrás	agorado
agorar á		habrá	agorado
agorar emos		habremos	agorado
agorar éis		habréis	agorado
agorar án		habrán	agorado

MODO IMPERATIVO

Presente	
agüera (tú)	**agor** emos (nosotros)
agüere (él, usted)	**agor** ad (vosotros)
	agüeren (ellos, ustedes)

Condicional (Bello : Pospretérito)		Condicional perfecto (Bello : Antepospretérito)	
agorar ía		habría	agorado
agorar ías		habrías	agorado
agorar ía		habría	agorado
agorar íamos		habríamos	agorado
agorar íais		habríais	agorado
agorar ían		habrían	agorado

FORMAS NO PERSONALES

Tiempos simples	Tiempos compuestos
Infinitivo: **agorar**	Infinitivo compuesto haber agorado
Gerundio: **agor** ando	
Participio: **agor** ado	Gerundio compuesto habiendo agorado

11 andar verbos irregulares

FORMAS PERSONALES

MODO INDICATIVO		MODO SUBJUNTIVO	
Tiempos simples	Tiempos compuestos	Tiempos simples	Tiempos compuestos

Presente (Bello : Presente)	Pretérito perfecto compuesto (Bello : Antepresente)	Presente (Bello : Presente)	Pretérito perfecto (Bello : Antepresente)
and o	he andado	and e	haya andado
and as	has andado	and es	hayas andado
and a	ha andado	and e	haya andado
and amos	hemos andado	and emos	hayamos andado
and áis	habéis andado	and éis	hayáis andado
and an	han andado	and en	hayan andado

Pretérito imperfecto (Bello : Copretérito)	Pretérito pluscuamperfecto (Bello : Antecopretérito)	Pretérito imperfecto (Bello : Pretérito)	Pretérito pluscuamperfecto (Bello : Antepretérito)
and aba	había andado	anduviera	hubiera andado
and abas	habías andado	anduvieras	hubieras andado
and aba	había andado	anduviera	hubiera andado
and ábamos	habíamos andado	anduviéramos	hubiéramos andado
and abais	habíais andado	anduvierais	hubierais andado
and aban	habían andado	anduvieran	hubieran andado
		anduviese	hubiese andado
		anduvieses	hubieses andado
Pretérito perfecto simple (Bello : Pretérito)	Pretérito anterior (Bello : Antepretérito)	anduviese	hubiese andado
		anduviésemos	hubiésemos andado
anduve	hube andado	anduvieseis	hubieseis andado
anduviste	hubiste andado	anduviesen	hubiesen andado
anduvo	hubo andado		
anduvimos	hubimos andado	Futuro (Bello . Futuro)	Futuro perfecto (Bello . Antefuturo)
anduvisteis	hubisteis andado		
anduvieron	hubieron andado	anduviere	hubiere andado
		anduvieres	hubieres andado
Futuro (Bello : Futuro)	Futuro perfecto (Bello : Antefuturo)	anduviere	hubiere andado
		anduviéremos	hubiéremos andado
andar é	habré andado	anduviereis	hubiereis andado
andar ás	habrás andado	anduvieren	hubieren andado
andar á	habrá andado		
andar emos	habremos andado		
andar éis	habréis andado	**MODO IMPERATIVO**	
andar án	habrán andado		

		Presente	
		and a (tú)	and emos (nosotros)
		and e (él, usted)	and ad (vosotros)
			and en (ellos, ustedes)

Condicional (Bello : Pospretérito)	Condicional perfecto (Bello : Antepospretérito)
andar ía	habría andado
andar ías	habrías andado
andar ía	habría andado
andar íamos	habríamos andado
andar íais	habríais andado
andar ían	habrían andado

FORMAS NO PERSONALES

Tiempos simples	Tiempos compuestos
Infinitivo: **andar**	Infinitivo compuesto haber andado
Gerundio: **and** ando	Gerundio compuesto habiendo andado
Participio: **and** ado	

47

to grasp, take hold

12 asir verbos irregulares

FORMAS PERSONALES

MODO INDICATIVO		MODO SUBJUNTIVO	
Tiempos simples	Tiempos compuestos	Tiempos simples	Tiempos compuestos

Presente (Bello : Presente)	Pretérito perfecto compuesto (Bello : Antepresente)	Presente (Bello : Presente)	Pretérito perfecto (Bello : Antepresente)
asgo	he asido	**asga**	haya asido
as es	has asido	**asgas**	hayas asido
as e	ha asido	**asga**	haya asido
as imos	hemos asido	**asgamos**	hayamos asido
as ís	habéis asido	**asgáis**	hayáis asido
as en	han asido	**asgan**	hayan asido

		Pretérito imperfecto (Bello : Pretérito)	Pretérito pluscuamperfecto (Bello : Antepretérito)
Pretérito imperfecto (Bello : Copretérito)	Pretérito pluscuamperfecto (Bello : Antecopretérito)	**as** ie *ra*	hubiera asido
as ía	había asido	**as** ie *ras*	hubieras asido
as ías	habías asido	**as** ie *ra*	hubiera asido
as ía	había asido	**as** ié *ramos*	hubiéramos asido
as íamos	habíamos asido	**as** ie *rais*	hubierais asido
as íais	habíais asido	**as** ie *ran*	hubieran asido
as ían	habían asido		
		as ie *se*	hubiese asido
		as ie *ses*	hubieses asido
Pretérito perfecto simple (Bello : Pretérito)	Pretérito anterior (Bello : Antepretérito)	**as** ie *se*	hubiese asido
as í	hube asido	**as** ié *semos*	hubiésemos asido
as iste	hubiste asido	**as** ie *seis*	hubieseis asido
as ió	hubo asido	**as** ie *sen*	hubiesen asido
as imos	hubimos asido		
as isteis	hubisteis asido	Futuro (Bello : Futuro)	Futuro perfecto (Bello : Antefuturo)
as ie *ron*	hubieron asido		
		as ie *re*	hubiere asido
		as ie *res*	hubieres asido
Futuro (Bello : Futuro)	Futuro perfecto (Bello : Antefuturo)	**as** ie *re*	hubiere asido
asir é	habré asido	**as** ié *remos*	hubiéremos asido
asir ás	habrás asido	**as** ie *reis*	hubiereis asido
asir á	habrá asido	**as** ie *ren*	hubieren asido
asir emos	habremos asido		
asir éis	habréis asido		
asir án	habrán asido	**MODO IMPERATIVO**	

		Presente	**asgamos** (nosotros)
Condicional (Bello : Pospretérito)	Condicional perfecto (Bello : Antepospretérito)	**as** e (tú)	**as** id (vosotros)
asir ía	habría asido	**asga** (él, usted)	**asgan** (ellos, ustedes)

Condicional (Bello : Pospretérito)	Condicional perfecto (Bello : Antepospretérito)
asir ía	habría asido
asir ías	habrías asido
asir ía	habría asido
asir íamos	habríamos asido
asir íais	habríais asido
asir ían	habrían asido

FORMAS NO PERSONALES

Tiempos simples	Tiempos compuestos
Infinitivo: **asir**	Infinitivo compuesto haber asido
Gerundio: **as** iendo	
Participio: **as** ido	Gerundio compuesto habiendo asido

48

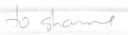

13 avergonzar verbos irregulares

FORMAS PERSONALES

MODO INDICATIVO		MODO SUBJUNTIVO	
Tiempos simples	Tiempos compuestos	Tiempos simples	Tiempos compuestos

Presente (Bello : Presente)	Pretérito perfecto compuesto (Bello : Antepresente)	Presente (Bello : Presente)	Pretérito perfecto (Bello : Antepresente)
avergüenzo	he avergonzado	avergüence	haya avergonzado
avergüenzas	has avergonzado	avergüences	hayas avergonzado
avergüenza	ha avergonzado	avergüence	haya avergonzado
avergonz amos	hemos avergonzado	avergoncemos	hayamos avergonzado
avergonz áis	habéis avergonzado	avergoncéis	hayáis avergonzado
avergüenzan	han avergonzado	avergüencen	hayan avergonzado

Pretérito imperfecto (Bello : Copretérito)	Pretérito pluscuamperfecto (Bello : Antecopretérito)	Pretérito imperfecto (Bello : Pretérito)	Pretérito pluscuamperfecto (Bello : Antepretérito)
avergonz aba	había avergonzado	avergonz a ra	hubiera avergonzado
avergonz abas	habías avergonzado	avergonz a ras	hubieras avergonzado
avergonz aba	había avergonzado	avergonz a ra	hubiera avergonzado
avergonz ábamos	habíamos avergonzado	avergonz á ramos	hubiéramos avergonzado
avergonz abais	habíais avergonzado	avergonz a rais	hubierals avergonzado
avergonz aban	habían avergonzado	avergonz a ran	hubieran avergonzado
		avergonz a se	hubiese avergonzado
		avergonz a ses	hubieses avergonzado
Pretérito perfecto simple (Bello : Pretérito)	Pretérito anterior (Bello : Antepretérito)	avergonz a se	hubiese avergonzado
		avergonz á semos	hubiésemos avergonzado
avergoncé	hube avergonzado	avergonz a seis	hubieseis avergonzado
avergonz aste	hubiste avergonzado	avergonz a sen	hubiesen avergonzado
avergonz ó	hubo avergonzado	Futuro (Bello . Futuro)	Futuro perfecto (Bello . Antefuturo)
avergonz amos	hubimos avergonzado		
avergonz asteis	hubisteis avergonzado		
avergonz a ron	hubieron avergonzado	avergonz a re	hubiere avergonzado
		avergonz a res	hubieres avergonzado
		avergonz a re	hubiere avergonzado
Futuro (Bello : Futuro)	Futuro perfecto (Bello : Antefuturo)	avergonz á remos	hubiéremos avergonzado
		avergonz a reis	hubiereis avergonzado
avergonzar é	habré avergonzado	avergonz a ren	hubieren avergonzado
avergonzar ás	habrás avergonzado		
avergonzar á	habrá avergonzado	**MODO IMPERATIVO**	
avergonzar emos	habremos avergonzado		
avergonzar éis	habréis avergonzado	Presente	avergoncemos (nosotros)
avergonzar án	habrán avergonzado	avergüenza (tú)	avergonz ad (vosotros)
		avergüence (él, usted)	avergüencen (ellos, ustedes)

Condicional (Bello : Pospretérito)	Condicional perfecto (Bello : Antepospretérito)
avergonzar ía	habría avergonzado
avergonzar ías	habrías avergonzado
avergonzar ía	habría avergonzado
avergonzar íamos	habríamos avergonzado
avergonzar íais	habríais avergonzado
avergonzar ían	habrían avergonzado

FORMAS NO PERSONALES

Tiempos simples	Tiempos compuestos
Infinitivo: **avergonzar**	Infinitivo compuesto haber avergonzado
Gerundio: **avergonz** ando	Gerundio compuesto
Participio: **avergonz** ado	habiendo avergonzado

to polish

14 bruñir   verbos irregulares

FORMAS PERSONALES

MODO INDICATIVO		MODO SUBJUNTIVO	
Tiempos simples	Tiempos compuestos	Tiempos simples	Tiempos compuestos

Presente (Bello : Presente)		Pretérito perfecto compuesto (Bello : Antepresente)		Presente (Bello : Presente)		Pretérito perfecto (Bello : Antepresente)	
bruñ	o	he	bruñido	bruñ	a	haya	bruñido
bruñ	es	has	bruñido	bruñ	as	hayas	bruñido
bruñ	e	ha	bruñido	bruñ	a	haya	bruñido
bruñ	imos	hemos	bruñido	bruñ	amos	hayamos	bruñido
bruñ	ís	habéis	bruñido	bruñ	áis	hayáis	bruñido
bruñ	en	han	bruñido	bruñ	an	hayan	bruñido

Pretérito imperfecto (Bello : Copretérito)		Pretérito pluscuamperfecto (Bello : Antecopretérito)		Pretérito imperfecto (Bello : Pretérito)	Pretérito pluscuamperfecto (Bello : Antepretérito)	
bruñ	ía	había	bruñido	bruñera	hubiera	bruñido
bruñ	ías	habías	bruñido	bruñeras	hubieras	bruñido
bruñ	ía	había	bruñido	bruñera	hubiera	bruñido
bruñ	íamos	habíamos	bruñido	bruñéramos	hubiéramos	bruñido
bruñ	íais	habíais	bruñido	bruñerais	hubierais	bruñido
bruñ	ían	habían	bruñido	bruñeran	hubieran	bruñido
				bruñese	hubiese	bruñido
				bruñeses	hubieses	bruñido
Pretérito perfecto simple (Bello : Pretérito)		Pretérito anterior (Bello : Antepretérito)		bruñese	hubiese	bruñido
bruñ	í	hube	bruñido	bruñésemos	hubiésemos	bruñido
bruñ	iste	hubiste	bruñido	bruñeseis	hubieseis	bruñido
bruñó		hubo	bruñido	bruñesen	hubiesen	bruñido
bruñ	imos	hubimos	bruñido			
bruñ	isteis	hubisteis	bruñido	Futuro (Bello : Futuro)	Futuro perfecto (Bello : Antefuturo)	
bruñeron		hubieron	bruñido			
				bruñere	hubiere	bruñido
				bruñeres	hubieres	bruñido
Futuro (Bello : Futuro)		Futuro perfecto (Bello : Antefuturo)		bruñere	hubiere	bruñido
bruñir	é	habré	bruñido	bruñéremos	hubiéremos	bruñido
bruñir	ás	habrás	bruñido	bruñereis	hubiereis	bruñido
bruñir	á	habrá	bruñido	bruñeren	hubieren	bruñido
bruñir	emos	habremos	bruñido			
bruñir	éis	habréis	bruñido			
bruñir	án	habrán	bruñido			

MODO IMPERATIVO

Presente	
bruñ e (tú)	bruñ amos (nosotros)
bruñ a (él, usted)	bruñ id (vosotros)
	bruñ an (ellos, ustedes)

Condicional (Bello : Pospretérito)		Condicional perfecto (Bello : Antepospretérito)	
bruñir	ía	habría	bruñido
bruñir	ías	habrías	bruñido
bruñir	ía	habría	bruñido
bruñir	íamos	habríamos	bruñido
bruñir	íais	habríais	bruñido
bruñir	ían	habrían	bruñido

FORMAS NO PERSONALES

Tiempos simples	Tiempos compuestos
Infinitivo: **bruñir**	Infinitivo compuesto haber bruñido
Gerundio: **bruñendo**	
Participio: **bruñ** ido	Gerundio compuesto habiendo bruñido

15 caber verbos irregulares

FORMAS PERSONALES

MODO INDICATIVO		MODO SUBJUNTIVO	
Tiempos simples	Tiempos compuestos	Tiempos simples	Tiempos compuestos

Presente (Bello : Presente)	Pretérito perfecto compuesto (Bello : Antepresente)	Presente (Bello : Presente)	Pretérito perfecto (Bello : Antepresente)
quepo	he cabido	quepa	haya cabido
cab es	has cabido	quepas	hayas cabido
cab e	ha cabido	quepa	haya cabido
cab emos	hemos cabido	quepamos	hayamos cabido
cab éis	habéis cabido	quepáis	hayáis cabido
cab en	han cabido	quepan	hayan cabido

Pretérito imperfecto (Bello : Copretérito)	Pretérito pluscuamperfecto (Bello : Antecopretérito)	Pretérito imperfecto (Bello : Pretérito)	Pretérito pluscuamperfecto (Bello : Antepretérito)
cab ía	había cabido	cupiera	hubiera cabido
cab ías	habías cabido	cupieras	hubieras cabido
cab ía	había cabido	cupiera	hubiera cabido
cab íamos	habíamos cabido	cupiéramos	hubiéramos cabido
cab íais	habíais cabido	cupierais	hubierais cabido
cab ían	habían cabido	cupieran	hubieran cabido
		cupiese	hubiese cabido
		cupieses	hubieses cabido
		cupiese	hubiese cabido
		cupiésemos	hubiésemos cabido
		cupieseis	hubieseis cabido
		cupiesen	hubiesen cabido

Pretérito perfecto simple (Bello : Pretérito)	Pretérito anterior (Bello : Antepretérito)		
cupe	hube cabido		
cupiste	hubiste cabido		
cupo	hubo cabido		
cupimos	hubimos cabido	Futuro (Bello : Futuro)	Futuro perfecto (Bello : Antefuturo)
cupisteis	hubisteis cabido	cupiere	hubiere cabido
cupieron	hubieron cabido	cupieres	hubieres cabido
		cupiere	hubiere cabido
Futuro (Bello : Futuro)	Futuro perfecto (Bello : Antefuturo)	cupiéremos	hubiéremos cabido
cabré	habré cabido	cupiereis	hubiereis cabido
cabrás	habrás cabido	cupieren	hubieren cabido
cabrá	habrá cabido		
cabremos	habremos cabido		
cabréis	habréis cabido	**MODO IMPERATIVO**	
cabrán	habrán cabido		

Presente	
cab e (tú)	quepamos (nosotros)
quepa (él, usted)	cab ed (vosotros)
	quepan (ellos, ustedes)

Condicional (Bello : Pospretérito)	Condicional perfecto (Bello : Antepospretérito)
cabría	habría cabido
cabrías	habrías cabido
cabría	habría cabido
cabríamos	habríamos cabido
cabríais	habríais cabido
cabrían	habrían cabido

FORMAS NO PERSONALES

Tiempos simples	Tiempos compuestos
Infinitivo: caber	Infinitivo compuesto haber cabido
Gerundio: cab iendo	Gerundio compuesto habiendo cabido
Participio: cab ido	

to fall, drop

16 caer verbos irregulares

FORMAS PERSONALES

MODO INDICATIVO		MODO SUBJUNTIVO	
Tiempos simples	Tiempos compuestos	Tiempos simples	Tiempos compuestos

Presente (Bello : Presente)	Pretérito perfecto compuesto (Bello : Antepresente)	Presente (Bello : Presente)	Pretérito perfecto (Bello : Antepresente)
caigo	he caído	caiga	haya caído
ca es	has caído	caigas	hayas caído
ca e	ha caído	caiga	haya caído
ca emos	hemos caído	caigamos	hayamos caído
ca éis	habéis caído	caigáis	hayáis caído
ca en	han caído	caigan	hayan caído

Pretérito imperfecto (Bello : Copretérito)	Pretérito pluscuamperfecto (Bello : Antecopretérito)	Pretérito imperfecto (Bello : Pretérito)	Pretérito pluscuamperfecto (Bello : Antepretérito)
ca ía	había caído	cayera	hubiera caído
ca ías	habías caído	cayeras	hubieras caído
ca ía	había caído	cayera	hubiera caído
ca íamos	habíamos caído	cayéramos	hubiéramos caído
ca íais	habíais caído	cayerais	hubierais caído
ca ían	habían caído	cayeran	hubieran caído
		cayese	hubiese caído
		cayeses	hubieses caído
		cayese	hubiese caído
		cayésemos	hubiésemos caído
		cayeseis	hubieseis caído
		cayesen	hubiesen caído

Pretérito perfecto simple (Bello : Pretérito)	Pretérito anterior (Bello : Antepretérito)
ca í	hube caído
caíste	hubiste caído
cayó	hubo caído
caímos	hubimos caído
caísteis	hubisteis caído
cayeron	hubieron caído

Futuro (Bello : Futuro)	Futuro perfecto (Bello : Antefuturo)
cayere	hubiere caído
cayeres	hubieres caído
cayere	hubiere caído
cayéremos	hubiéremos caído
cayereis	hubiereis caído
cayeren	hubieren caído

Futuro (Bello : Futuro)	Futuro perfecto (Bello : Antefuturo)
caer é	habré caído
caer ás	habrás caído
caer á	habrá caído
caer emos	habremos caído
caer éis	habréis caído
caer án	habrán caído

MODO IMPERATIVO

Presente	
ca e (tú)	caigamos (nosotros)
caiga (él, usted)	ca ed (vosotros)
	caigan (ellos, ustedes)

Condicional (Bello : Pospretérito)	Condicional perfecto (Bello : Antepospretérito)
caer ía	habría caído
caer ías	habrías caído
caer ía	habría caído
caer íamos	habríamos caído
caer íais	habríais caído
caer ían	habrían caído

FORMAS NO PERSONALES

Tiempos simples	Tiempos compuestos
Infinitivo: caer	Infinitivo compuesto haber caído
Gerundio: cayendo	Gerundio compuesto habiendo caído
Participio: caído	

52

FORMAS PERSONALES

MODO INDICATIVO

Tiempos simples	Tiempos compuestos

Presente
(Bello : Presente)

Pretérito perfecto compuesto
(Bello : Antepresente)

cuezo	he cocido
cueces	has cocido
cuece	ha cocido
coc emos	hemos cocido
coc éis	habéis cocido
cuecen	han cocido

Pretérito imperfecto
(Bello : Copretérito)

Pretérito pluscuamperfecto
(Bello : Antecopretérito)

coc ía	había cocido
coc ías	habías cocido
coc ía	había cocido
coc íamos	habíamos cocido
coc íais	habíais cocido
coc ían	habían cocido

Pretérito perfecto simple
(Bello : Pretérito)

Pretérito anterior
(Bello : Antepretérito)

coc í	hube cocido
coc iste	hubiste cocido
coc ió	hubo cocido
coc imos	hubimos cocido
coc isteis	hubisteis cocido
coc ie *ron*	hubieron cocido

Futuro
(Bello : Futuro)

Futuro perfecto
(Bello : Antefuturo)

cocer é	habré cocido
cocer ás	habrás cocido
cocer á	habrá cocido
cocer emos	habremos cocido
cocer éis	habréis cocido
cocer án	habrán cocido

Condicional
(Bello : Pospretérito)

Condicional perfecto
(Bello : Antepospretérito)

cocer ía	habría cocido
cocer ías	habrías cocido
cocer ía	habría cocido
cocer íamos	habríamos cocido
cocer íais	habríais cocido
cocer ían	habrían cocido

MODO SUBJUNTIVO

Tiempos simples	Tiempos compuestos

Presente
(Bello : Presente)

Pretérito perfecto
(Bello : Antepresente)

cueza	haya cocido
cuezas	hayas cocido
cueza	haya cocido
cozamos	hayamos cocido
cozáis	hayáis cocido
cuezan	hayan cocido

Pretérito imperfecto
(Bello : Pretérito)

Pretérito pluscuamperfecto
(Bello : Antepretérito)

coc ie *ra*	hubiera cocido
coc ie *ras*	hubieras cocido
coc ie *ra*	hubiera cocido
coc ié *ramos*	hubiéramos cocido
coc ie *rais*	hubierais cocido
coc ie *ran*	hubieran cocido
coc ie *se*	hubiese cocido
coc ie *ses*	hubieses cocido
coc ie *se*	hubiese cocido
coc ié *semos*	hubiésemos cocido
coc ie *seis*	hubieseis cocido
coc ie *sen*	hubiesen cocido

Futuro
(Bello : Futuro)

Futuro perfecto
(Bello : Antefuturo)

coc ie *re*	hubiere cocido
coc ie *res*	hubieres cocido
coc ie *re*	hubiere cocido
coc ié *remos*	hubiéremos cocido
coc ie *reis*	hubiereis cocido
coc ie *ren*	hubieren cocido

MODO IMPERATIVO

Presente
cuece (tú)
cueza (él, usted)

cozamos (nosotros)
coc ed (vosotros)
cuezan (ellos, ustedes)

FORMAS NO PERSONALES

Tiempos simples	Tiempos compuestos

Infinitivo: **cocer**

Infinitivo compuesto
haber cocido

Gerundio: **coc** iendo

Participio: **coc** ido

Gerundio compuesto
habiendo cocido

53

to hang up; decorate

18 colgar verbos irregulares

FORMAS PERSONALES

MODO INDICATIVO		MODO SUBJUNTIVO	
Tiempos simples	Tiempos compuestos	Tiempos simples	Tiempos compuestos

Presente (Bello : Presente)		Pretérito perfecto compuesto (Bello : Antepresente)		Presente (Bello : Presente)		Pretérito perfecto (Bello : Antepresente)	
cuelgo		he	colgado	cuelgue		haya	colgado
cuelgas		has	colgado	cuelgues		hayas	colgado
cuelga		ha	colgado	cuelgue		haya	colgado
colg amos		hemos	colgado	colguemos		hayamos	colgado
colg áis		habéis	colgado	colguéis		hayáis	colgado
cuelgan		han	colgado	cuelguen		hayan	colgado

Pretérito imperfecto (Bello : Copretérito)		Pretérito pluscuamperfecto (Bello : Antecopretérito)		Pretérito imperfecto (Bello : Pretérito)		Pretérito pluscuamperfecto (Bello : Antepretérito)	
colg aba		había	colgado	colg a ra		hubiera	colgado
colg abas		habías	colgado	colg a ras		hubieras	colgado
colg aba		había	colgado	colg a ra		hubiera	colgado
colg ábamos		habíamos	colgado	colg á ramos		hubiéramos	colgado
colg abais		habíais	colgado	colg a rais		hubierais	colgado
colg aban		habían	colgado	colg a ran		hubieran	colgado
				colg a se		hubiese	colgado
				colg a ses		hubieses	colgado
				colg a se		hubiese	colgado
				colg á semos		hubiésemos	colgado
				colg a seis		hubieseis	colgado
				colg a sen		hubiesen	colgado

Pretérito perfecto simple (Bello : Pretérito)		Pretérito anterior (Bello : Antepretérito)		Futuro (Bello : Futuro)		Futuro perfecto (Bello : Antefuturo)	
colgué		hube	colgado	colg a re		hubiere	colgado
colg aste		hubiste	colgado	colg a res		hubieres	colgado
colg ó		hubo	colgado	colg a re		hubiere	colgado
colg amos		hubimos	colgado	colg á remos		hubiéremos	colgado
colg asteis		hubisteis	colgado	colg a reis		hubiereis	colgado
colg a ron		hubieron	colgado	colg a ren		hubieren	colgado

Futuro (Bello : Futuro)		Futuro perfecto (Bello : Antefuturo)	
colgar é		habré	colgado
colgar ás		habrás	colgado
colgar á		habrá	colgado
colgar emos		habremos	colgado
colgar éis		habréis	colgado
colgar án		habrán	colgado

MODO IMPERATIVO

Presente	
cuelga (tú)	colguemos (nosotros)
cuelgue (él, usted)	colg ad (vosotros)
	cuelguen (ellos, ustedes)

Condicional (Bello : Pospretérito)		Condicional perfecto (Bello : Antepospretérito)	
colgar ía		habría	colgado
colgar ías		habrías	colgado
colgar ía		habría	colgado
colgar íamos		habríamos	colgado
colgar íais		habríais	colgado
colgar ían		habrían	colgado

FORMAS NO PERSONALES

Tiempos simples	Tiempos compuestos
Infinitivo: **colgar**	Infinitivo compuesto haber colgado
Gerundio: **colg** ando	Gerundio compuesto habiendo colgado
Participio: **colg** ado	

19 conocer — verbos irregulares

FORMAS PERSONALES

MODO INDICATIVO		MODO SUBJUNTIVO	
Tiempos simples	Tiempos compuestos	Tiempos simples	Tiempos compuestos

Presente
(Bello : Presente)

Pretérito perfecto compuesto
(Bello : Antepresente)

Presente
(Bello : Presente)

Pretérito perfecto
(Bello : Antepresente)

conozco	he conocido	conozca	haya conocido
conoc es	has conocido	conozcas	hayas conocido
conoc e	ha conocido	conozca	haya conocido
conoc emos	hemos conocido	conozcamos	hayamos conocido
conoc éis	habéis conocido	conozcáis	hayáis conocido
conoc en	han conocido	conozcan	hayan conocido

Pretérito imperfecto
(Bello : Copretérito)

Pretérito pluscuamperfecto
(Bello : Antecopretérito)

Pretérito imperfecto
(Bello : Pretérito)

Pretérito pluscuamperfecto
(Bello : Antepretérito)

conoc ía	había conocido
conoc ías	habías conocido
conoc ía	había conocido
conoc íamos	habíamos conocido
conoc íais	habíais conocido
conoc ían	habían conocido

conoc ie ra	hubiera conocido
conoc ie ras	hubieras conocido
conoc ie ra	hubiera conocido
conoc ié ramos	hubiéramos conocido
conoc ie rais	hubierais conocido
conoc ie ran	hubieran conocido
conoc ie se	hubiese conocido
conoc ie ses	hubieses conocido
conoc ie se	hubiese conocido
conoc ié semos	hubiésemos conocido
conoc ie seis	hubieseis conocido
conoc ie sen	hubiesen conocido

Pretérito perfecto simple
(Bello : Pretérito)

Pretérito anterior
(Bello : Antepretérito)

conoc í	hube conocido
conoc iste	hubiste conocido
conoc ió	hubo conocido
conoc imos	hubimos conocido
conoc isteis	hubisteis conocido
conoc ie ron	hubieron conocido

Futuro
(Bello : Futuro)

Futuro perfecto
(Bello : Antefuturo)

conoc ie re	hubiere conocido
conoc ie res	hubieres conocido
conoc ie re	hubiere conocido
conoc ié remos	hubiéremos conocido
conoc ie reis	hubiereis conocido
conoc ie ren	hubieren conocido

Futuro
(Bello : Futuro)

Futuro perfecto
(Bello : Antefuturo)

conocer é	habré conocido
conocer ás	habrás conocido
conocer á	habrá conocido
conocer emos	habremos conocido
conocer éis	habréis conocido
conocer án	habrán conocido

MODO IMPERATIVO

Presente

conoc e (tú)
conozca (él, usted)

conozcamos (nosotros)
conoc ed (vosotros)
conozcan (ellos, ustedes)

Condicional
(Bello : Pospretérito)

Condicional perfecto
(Bello : Antepospretérito)

conocer ía	habría conocido
conocer ías	habrías conocido
conocer ía	habría conocido
conocer íamos	habríamos conocido
conocer íais	habríais conocido
conocer ían	habrían conocido

FORMAS NO PERSONALES

Tiempos simples	Tiempos compuestos
Infinitivo: **conocer**	Infinitivo compuesto: haber conocido
Gerundio: **conoc** iendo	Gerundio compuesto: habiendo conocido
Participio: **conoc** ido	

55

20 **creer** verbos irregulares

FORMAS PERSONALES

MODO INDICATIVO	
Tiempos simples	Tiempos compuestos

MODO SUBJUNTIVO	
Tiempos simples	Tiempos compuestos

(to believe — handwritten at top)

MODO INDICATIVO

Presente
(Bello : Presente)

cre o
cre es
cre e
cre emos
cre éis
cre en

Pretérito perfecto compuesto
(Bello : Antepresente)

he creído
has creído
ha creído
hemos creído
habéis creído
han creído

Pretérito imperfecto
(Bello : Copretérito)

cre ía
cre ías
cre ía
cre íamos
cre íais
cre ían

Pretérito pluscuamperfecto
(Bello : Antecopretérito)

había creído
habías creído
había creído
habíamos creído
habíais creído
habían creído

Pretérito perfecto simple
(Bello : Pretérito)

cre í
creíste
creyó
creímos
creísteis
creyeron

Pretérito anterior
(Bello : Antepretérito)

hube creído
hubiste creído
hubo creído
hubimos creído
hubisteis creído
hubieron creído

Futuro
(Bello : Futuro)

creer é
creer ás
creer á
creer emos
creer éis
creer án

Futuro perfecto
(Bello : Antefuturo)

habré creído
habrás creído
habrá creído
habremos creído
habréis creído
habrán creído

Condicional
(Bello : Pospretérito)

creer ía
creer ías
creer ía
creer íamos
creer íais
creer ían

Condicional perfecto
(Bello : Antepospretérito)

habría creído
habrías creído
habría creído
habríamos creído
habríais creído
habrían creído

MODO SUBJUNTIVO

Presente
(Bello : Presente)

cre a
cre as
cre a
cre amos
cre áis
cre an

Pretérito perfecto
(Bello : Antepresente)

haya creído
hayas creído
haya creído
hayamos creído
hayáis creído
hayan creído

Pretérito imperfecto
(Bello : Pretérito)

creyera
creyeras
creyera
creyéramos
creyerais
creyeran

creyese
creyeses
creyese
creyésemos
creyeseis
creyesen

Pretérito pluscuamperfecto
(Bello : Antepretérito)

hubiera creído
hubieras creído
hubiera creído
hubiéramos creído
hubierais creído
hubieran creído

hubiese creído
hubieses creído
hubiese creído
hubiésemos creído
hubieseis creído
hubiesen creído

Futuro
(Bello : Futuro)

creyere
creyeres
creyere
creyéremos
creyereis
creyeren

Futuro perfecto
(Bello : Antefuturo)

hubiere creído
hubieres creído
hubiere creído
hubiéremos creído
hubiereis creído
hubieren creído

MODO IMPERATIVO

Presente

cre e (tú)
cre a (él, usted)
cre amos (nosotros)
cre ed (vosotros)
cre an (ellos, ustedes)

FORMAS NO PERSONALES

Tiempos simples	Tiempos compuestos
Infinitivo: **creer**	Infinitivo compuesto haber creído
Gerundio: **creyendo**	
Participio: **creído**	Gerundio compuesto habiendo creído

21 dar verbos irregulares

FORMAS PERSONALES

MODO INDICATIVO		MODO SUBJUNTIVO	
Tiempos simples	Tiempos compuestos	Tiempos simples	Tiempos compuestos

Presente
(Bello : Presente)

Pretérito perfecto compuesto
(Bello : Antepresente)

Presente
(Bello : Presente)

Pretérito perfecto
(Bello : Antepresente)

doy	he	dado		**dé**	haya	dado
d as	has	dado		**d** es	hayas	dado
d a	ha	dado		**dé**	haya	dado
d amos	hemos	dado		**d** emos	hayamos	dado
d ais	habéis	dado		**d** eis	hayáis	dado
d an	han	dado		**d** en	hayan	dado

Pretérito imperfecto
(Bello : Copretérito)

Pretérito pluscuamperfecto
(Bello : Antecopretérito)

Pretérito imperfecto
(Bello : Pretérito)

Pretérito pluscuamperfecto
(Bello : Antepretérito)

d aba	había	dado		diera	hubiera	dado
d abas	habías	dado		dieras	hubieras	dado
d aba	había	dado		diera	hubiera	dado
d ábamos	habíamos	dado		diéramos	hubiéramos	dado
d abais	habíais	dado		dierais	hubierais	dado
d aban	habían	dado		dieran	hubieran	dado

diese	hubiese	dado
dieses	hubieses	dado
diese	hubiese	dado
diésemos	hubiésemos	dado
dieseis	hubieseis	dado
diesen	hubiesen	dado

Pretérito perfecto simple
(Bello : Pretérito)

Pretérito anterior
(Bello : Antepretérito)

di	hube	dado
diste	hubiste	dado
dio	hubo	dado
dimos	hubimos	dado
disteis	hubisteis	dado
dieron	hubieron	dado

Futuro
(Bello : Futuro)

Futuro perfecto
(Bello : Antefuturo)

diere	hubiere	dado
dieres	hubieres	dado
diere	hubiere	dado
diéremos	hubiéremos	dado
diereis	hubiereis	dado
dieren	hubieren	dado

Futuro
(Bello : Futuro)

Futuro perfecto
(Bello : Antefuturo)

dar é	habré	dado
dar ás	habrás	dado
dar á	habrá	dado
dar emos	habremos	dado
dar éis	habréis	dado
dar án	habrán	dado

MODO IMPERATIVO

Presente	
	d emos (nosotros)
d a (tú)	**d** ad (vosotros)
dé (él, usted)	**d** en (ellos, ustedes)

Condicional
(Bello : Pospretérito)

Condicional perfecto
(Bello : Antepospretérito)

dar ía	habría	dado
dar ías	habrías	dado
dar ía	habría	dado
dar íamos	habríamos	dado
dar íais	habríais	dado
dar ían	habrían	dado

FORMAS NO PERSONALES

Tiempos simples	Tiempos compuestos
Infinitivo: **dar**	Infinitivo compuesto haber dado
Gerundio: **d** ando	Gerundio compuesto habiendo dado
Participio: **d** ado	

to say

22 decir verbos irregulares

FORMAS PERSONALES

MODO INDICATIVO		MODO SUBJUNTIVO	
Tiempos simples	Tiempos compuestos	Tiempos simples	Tiempos compuestos

Presente (Bello : Presente)	Pretérito perfecto compuesto (Bello : Antepresente)	Presente (Bello : Presente)	Pretérito perfecto (Bello : Antepresente)
digo	he dicho	**diga**	haya dicho
dices	has dicho	**digas**	hayas dicho
dice	ha dicho	**diga**	haya dicho
dec imos	hemos dicho	**digamos**	hayamos dicho
dec ís	habéis dicho	**digáis**	hayáis dicho
dicen	han dicho	**digan**	hayan dicho

Pretérito imperfecto (Bello : Copretérito)	Pretérito pluscuamperfecto (Bello : Antecopretérito)	Pretérito imperfecto (Bello : Pretérito)	Pretérito pluscuamperfecto (Bello : Antepretérito)
dec ía	había dicho	**dijera**	hubiera dicho
dec ías	habías dicho	**dijeras**	hubieras dicho
dec ía	había dicho	**dijera**	hubiera dicho
dec íamos	habíamos dicho	**dijéramos**	hubiéramos dicho
dec íais	habíais dicho	**dijerais**	hubierais dicho
dec ían	habían dicho	**dijeran**	hubieran dicho
		dijese	hubiese dicho
		dijeses	hubieses dicho
Pretérito perfecto simple (Bello : Pretérito)	Pretérito anterior (Bello : Antepretérito)	**dijese**	hubiese dicho
		dijésemos	hubiésemos dicho
dije	hube dicho	**dijeseis**	hubieseis dicho
dijiste	hubiste dicho	**dijesen**	hubiesen dicho
dijo	hubo dicho		
dijimos	hubimos dicho	Futuro (Bello : Futuro)	Futuro perfecto (Bello : Antefuturo)
dijisteis	hubisteis dicho		
dijeron	hubieron dicho	**dijere**	hubiere dicho
		dijeres	hubieres dicho
		dijere	hubiere dicho
Futuro (Bello : Futuro)	Futuro perfecto (Bello : Antefuturo)	**dijéremos**	hubiéremos dicho
		dijereis	hubiereis dicho
diré	habré dicho	**dijeren**	hubieren dicho
dirás	habrás dicho		
dirá	habrá dicho		
diremos	habremos dicho		
diréis	habréis dicho	**MODO IMPERATIVO**	
dirán	habrán dicho		

Condicional (Bello : Pospretérito)	Condicional perfecto (Bello : Antepospretérito)
diría	habría dicho
dirías	habrías dicho
diría	habría dicho
diríamos	habríamos dicho
diríais	habríais dicho
dirían	habrían dicho

MODO IMPERATIVO

Presente	
di (tú)	**digamos** (nosotros)
diga (él, usted)	**dec** id (vosotros)
	digan (ellos, ustedes)

FORMAS NO PERSONALES

Tiempos simples	Tiempos compuestos
Infinitivo: **decir**	Infinitivo compuesto haber dicho
Gerundio: **diciendo**	
Participio: **dicho**	Gerundio compuesto habiendo dicho

23 defender verbos irregulares

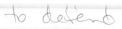

FORMAS PERSONALES

MODO INDICATIVO		MODO SUBJUNTIVO	
Tiempos simples	Tiempos compuestos	Tiempos simples	Tiempos compuestos

Presente (Bello : Presente)	Pretérito perfecto compuesto (Bello : Antepresente)	Presente (Bello : Presente)	Pretérito perfecto (Bello : Antepresente)
defiendo	he defendido	**defienda**	haya defendido
defiendes	has defendido	**defiendas**	hayas defendido
defiende	ha defendido	**defienda**	haya defendido
defend emos	hemos defendido	**defend** amos	hayamos defendido
defend éis	habéis defendido	**defend** áis	hayáis defendido
defienden	han defendido	**defiendan**	hayan defendido

Pretérito imperfecto (Bello : Copretérito)	Pretérito pluscuamperfecto (Bello : Antecopretérito)	Pretérito imperfecto (Bello : Pretérito)	Pretérito pluscuamperfecto (Bello : Antepretérito)
defend ía	había defendido	**defend** ie *ra*	hubiera defendido
defend ías	habías defendido	**defend** ie *ras*	hubieras defendido
defend ía	había defendido	**defend** ie *ra*	hubiera defendido
defend íamos	habíamos defendido	**defend** ié *ramos*	hubiéramos defendido
defend íais	habíais defendido	**defend** ie *rais*	hubierais defendido
defend ían	habían defendido	**defend** ie *ran*	hubieran defendido

		defend ie *se*	hubiese defendido
		defend ie *ses*	hubieses defendido
Pretérito perfecto simple (Bello : Pretérito)	Pretérito anterior (Bello : Antepretérito)	**defend** ie *se*	hubiese defendido
		defend ié *semos*	hubiésemos defendido
defend í	hube defendido	**defend** ie *seis*	hubieseis defendido
defend iste	hubiste defendido	**defend** ie *sen*	hubiesen defendido
defend ió	hubo defendido		
defend imos	hubimos defendido	Futuro (Bello : Futuro)	Futuro perfecto (Bello : Antefuturo)
defend isteis	hubisteis defendido		
defend ie *ron*	hubieron defendido	**defend** ie *re*	hubiere defendido
		defend ie *res*	hubieres defendido
Futuro (Bello : Futuro)	Futuro perfecto (Bello : Antefuturo)	**defend** ie *re*	hubiere defendido
		defend ié *remos*	hubiéremos defendido
defender é	habré defendido	**defend** ie *reis*	hubiereis defendido
defender ás	habrás defendido	**defend** ie *ren*	hubieren defendido
defender á	habrá defendido		
defender emos	habremos defendido		
defender éis	habréis defendido	## MODO IMPERATIVO	
defender án	habrán defendido		

Condicional (Bello : Pospretérito)	Condicional perfecto (Bello : Antepospretérito)

Presente	
defiende (tú)	**defend** amos (nosotros)
defienda (él, usted)	**defend** ed (vosotros)
	defiendan (ellos, ustedes)

defender ía	habría defendido
defender ías	habrías defendido
defender ía	habría defendido
defender íamos	habríamos defendido
defender íais	habríais defendido
defender ían	habrían defendido

FORMAS NO PERSONALES

Tiempos simples	Tiempos compuestos
Infinitivo: **defender**	Infinitivo compuesto haber defendido
Gerundio: **defend** iendo	Gerundio compuesto habiendo defendido
Participio: **defend** ido	

59

24 desosar verbos irregulares

FORMAS PERSONALES

MODO INDICATIVO		MODO SUBJUNTIVO	
Tiempos simples	Tiempos compuestos	Tiempos simples	Tiempos compuestos

Presente (Bello : Presente)	Pretérito perfecto compuesto (Bello : Antepresente)	Presente (Bello : Presente)	Pretérito perfecto (Bello : Antepresente)
deshueso	he desosado	**deshuese**	haya desosado
deshuesas	has desosado	**deshueses**	hayas desosado
deshuesa	ha desosado	**deshuese**	haya desosado
desos amos	hemos desosado	**desos** emos	hayamos desosado
desos áis	habéis desosado	**desos** éis	hayáis desosado
deshuesan	han desosado	**deshuesen**	hayan desosado

Pretérito imperfecto (Bello : Copretérito)	Pretérito pluscuamperfecto (Bello : Antecopretérito)	Pretérito imperfecto (Bello : Pretérito)	Pretérito pluscuamperfecto (Bello : Antepretérito)
desos aba	había desosado	**desos** a ra	hubiera desosado
desos abas	habías desosado	**desos** a ras	hubieras desosado
desos aba	había desosado	**desos** a ra	hubiera desosado
desos ábamos	habíamos desosado	**desos** á ramos	hubiéramos desosado
desos abais	habíais desosado	**desos** a rais	hubierais desosado
desos aban	habían desosado	**desos** a ran	hubieran desosado
		desos a se	hubiese desosado
		desos a ses	hubieses desosado
		desos a se	hubiese desosado
		desos á semos	hubiésemos desosado
		desos a seis	hubieseis desosado
		desos a sen	hubiesen desosado

Pretérito perfecto simple (Bello : Pretérito)	Pretérito anterior (Bello : Antepretérito)		
desos é	hube desosado		
desos aste	hubiste desosado		
desos ó	hubo desosado		
desos amos	hubimos desosado		
desos asteis	hubisteis desosado		
desos a ron	hubieron desosado		

		Futuro (Bello : Futuro)	Futuro perfecto (Bello : Antefuturo)
		desos a re	hubiere desosado
		desos a res	hubieres desosado
		desos a re	hubiere desosado
		desos á remos	hubiéremos desosado
		desos a reis	hubiereis desosado
		desos a ren	hubieren desosado

Futuro (Bello : Futuro)	Futuro perfecto (Bello : Antefuturo)
desosar é	habré desosado
desosar ás	habrás desosado
desosar á	habrá desosado
desosar emos	habremos desosado
desosar éis	habréis desosado
desosar án	habrán desosado

MODO IMPERATIVO

Presente	
	desos emos (nosotros)
deshuesa (tú)	**desos** sad (vosotros)
deshuese (él, usted)	**deshuesen** (ellos, ustedes)

Condicional (Bello : Pospretérito)	Condicional perfecto (Bello : Antepospretérito)
desosar ía	habría desosado
desosar ías	habrías desosado
desosar ía	habría desosado
desosar íamos	habríamos desosado
desosar íais	habríais desosado
desosar ían	habrían desosado

FORMAS NO PERSONALES

Tiempos simples	Tiempos compuestos
Infinitivo: **desosar**	Infinitivo compuesto haber desosado
Gerundio: **desos** ando	
Participio: **desos** ado	Gerundio compuesto habiendo desosado

25 discernir verbos irregulares

FORMAS PERSONALES

MODO INDICATIVO		MODO SUBJUNTIVO	
Tiempos simples	Tiempos compuestos	Tiempos simples	Tiempos compuestos

Presente (Bello : Presente)	Pretérito perfecto compuesto (Bello : Antepresente)	Presente (Bello : Presente)	Pretérito perfecto (Bello : Antepresente)
discierno	he discernido	discierna	haya discernido
disciernes	has discernido	disciernas	hayas discernido
discierne	ha discernido	discierna	haya discernido
discern imos	hemos discernido	discern amos	hayamos discernido
discern ís	habéis discernido	discern áis	hayáis discernido
disciernen	han discernido	disciernan	hayan discernido

Pretérito imperfecto (Bello : Copretérito)	Pretérito pluscuamperfecto (Bello : Antecopretérito)	Pretérito imperfecto (Bello : Pretérito)	Pretérito pluscuamperfecto (Bello : Antepretérito)
discern ía	había discernido	discern ie ra	hubiera discernido
discern ías	habías discernido	discern ie ras	hubieras discernido
discern ía	había discernido	discern ie ra	hubiera discernido
discern íamos	habíamos discernido	discern ié ramos	hubiéramos discernido
discern íais	habíais discernido	discern ie rais	hubierais discernido
discern ían	habían discernido	discern ie ran	hubieran discernido
		discern ie se	hubiese discernido
		discern ie ses	hubieses discernido
Pretérito perfecto simple (Bello : Pretérito)	Pretérito anterior (Bello : Antepretérito)	discern ie se	hubiese discernido
		discern ié semos	hubiésemos discernido
discern í	hube discernido	discern ie seis	hubieseis discernido
discern iste	hubiste discernido	discern ie sen	hubiesen discernido
discern ió	hubo discernido		
discern imos	hubimos discernido	Futuro (Bello : Futuro)	Futuro perfecto (Bello : Antefuturo)
discern isteis	hubisteis discernido		
discern ie ron	hubieron discernido	discern ie re	hubiere discernido
		discern ie res	hubieres discernido
		discern ie re	hubiere discernido
Futuro (Bello : Futuro)	Futuro perfecto (Bello : Antefuturo)	discern ié remos	hubiéremos discernido
		discern ie reis	hubiereis discernido
discernir é	habré discernido	discern ie ren	hubieren discernido
discernir ás	habrás discernido		
discernir á	habrá discernido		
discernir emos	habremos discernido	**MODO IMPERATIVO**	
discernir éis	habréis discernido		
discernir án	habrán discernido	Presente	discern amos (nosotros)
		discierne (tú)	discern id (vosotros)
		discierna (él, usted)	disciernan (ellos, ustedes)

Condicional (Bello : Pospretérito)	Condicional perfecto (Bello : Antepospretérito)
discernir ía	habría discernido
discernir ías	habrías discernido
discernir ía	habría discernido
discernir íamos	habríamos discernido
discernir íais	habríais discernido
discernir ían	habrían discernido

FORMAS NO PERSONALES

Tiempos simples	Tiempos compuestos
Infinitivo: **discernir**	Infinitivo compuesto haber discernido
Gerundio: **discern** iendo	Gerundio compuesto habiendo discernido
Participio: **discern** ido	

61

to sleep

26 dormir verbos irregulares

FORMAS PERSONALES

MODO INDICATIVO		MODO SUBJUNTIVO	
Tiempos simples	Tiempos compuestos	Tiempos simples	Tiempos compuestos

Presente (Bello : Presente)	Pretérito perfecto compuesto (Bello : Antepresente)	Presente (Bello : Presente)	Pretérito perfecto (Bello : Antepresente)
duermo	he dormido	duerma	haya dormido
duermes	has dormido	duermas	hayas dormido
duerme	ha dormido	duerma	haya dormido
dorm imos	hemos dormido	durmamos	hayamos dormido
dorm ís	habéis dormido	durmáis	hayáis dormido
duermen	han dormido	duerman	hayan dormido

Pretérito imperfecto (Bello : Copretérito)	Pretérito pluscuamperfecto (Bello : Antecopretérito)	Pretérito imperfecto (Bello : Pretérito)	Pretérito pluscuamperfecto (Bello : Antepretérito)
dorm ía	había dormido	durmiera	hubiera dormido
dorm ías	habías dormido	durmieras	hubieras dormido
dorm ía	había dormido	durmiera	hubiera dormido
dorm íamos	habíamos dormido	durmiéramos	hubiéramos dormido
dorm íais	habíais dormido	durmierais	hubierais dormido
dorm ían	habían dormido	durmieran	hubieran dormido
		durmiese	hubiese dormido
		durmieses	hubieses dormido
		durmiese	hubiese dormido
		durmiésemos	hubiésemos dormido
		durmieseis	hubieseis dormido
		durmiesen	hubiesen dormido

Pretérito perfecto simple (Bello : Pretérito)	Pretérito anterior (Bello : Antepretérito)		
dorm í	hube dormido		
dorm iste	hubiste dormido		
durmió	hubo dormido	Futuro (Bello : Futuro)	Futuro perfecto (Bello : Antefuturo)
dorm imos	hubimos dormido		
dorm isteis	hubisteis dormido	durmiere	hubiere dormido
durmieron	hubieron dormido	durmieres	hubieres dormido
		durmiere	hubiere dormido
		durmiéremos	hubiéremos dormido
Futuro (Bello : Futuro)	Futuro perfecto (Bello : Antefuturo)	durmiereis	hubiereis dormido
		durmieren	hubieren dormido
dormir é	habré dormido		
dormir ás	habrás dormido		
dormir á	habrá dormido		
dormir emos	habremos dormido	**MODO IMPERATIVO**	
dormir éis	habréis dormido		
dormir án	habrán dormido	Presente	durmamos (nosotros)
		duerme (tú)	dorm id (vosotros)
		duerma (él, usted)	duerman (ellos, ustedes)

Condicional (Bello : Pospretérito)	Condicional perfecto (Bello : Antepospretérito)

FORMAS NO PERSONALES

Tiempos simples	Tiempos compuestos

dormir ía	habría dormido	Infinitivo: **dormir**	Infinitivo compuesto haber dormido
dormir ías	habrías dormido		
dormir ía	habría dormido	Gerundio: **durmiendo**	
dormir íamos	habríamos dormido		Gerundio compuesto
dormir íais	habríais dormido	Participio: **dorm ido**	habiendo dormido
dormir ían	habrían dormido		

to select, prefer

27 elegir verbos irregulares

FORMAS PERSONALES

MODO INDICATIVO

Tiempos simples	Tiempos compuestos

Presente
(Bello : Presente)

elijo	
eliges	
elige	
eleg imos	
eleg ís	
eligen	

Pretérito perfecto compuesto
(Bello : Antepresente)

he	elegido
has	elegido
ha	elegido
hemos	elegido
habéis	elegido
han	elegido

Pretérito imperfecto
(Bello : Copretérito)

eleg ía	
eleg ías	
eleg ía	
eleg íamos	
eleg íais	
eleg ían	

Pretérito pluscuamperfecto
(Bello : Antecopretérito)

había	elegido
habías	elegido
había	elegido
habíamos	elegido
habíais	elegido
habían	elegido

Pretérito perfecto simple
(Bello : Pretérito)

eleg í	
eleg iste	
eligió	
eleg imos	
eleg isteis	
eligieron	

Pretérito anterior
(Bello : Antepretérito)

hube	elegido
hubiste	elegido
hubo	elegido
hubimos	elegido
hubisteis	elegido
hubieron	elegido

Futuro
(Bello : Futuro)

elegir é	
elegir ás	
elegir á	
elegir emos	
elegir éis	
elegir án	

Futuro perfecto
(Bello : Antefuturo)

habré	elegido
habrás	elegido
habrá	elegido
habremos	elegido
habréis	elegido
habrán	elegido

Condicional
(Bello : Pospretérito)

elegir ía	
elegir ías	
elegir ía	
elegir íamos	
elegir íais	
elegir ían	

Condicional perfecto
(Bello : Antepospretérito)

habría	elegido
habrías	elegido
habría	elegido
habríamos	elegido
habríais	elegido
habrían	elegido

MODO SUBJUNTIVO

Tiempos simples	Tiempos compuestos

Presente
(Bello : Presente)

elija	
elijas	
elija	
elijamos	
elijáis	
elijan	

Pretérito perfecto
(Bello : Antepresente)

haya	elegido
hayas	elegido
haya	elegido
hayamos	elegido
hayáis	elegido
hayan	elegido

Pretérito imperfecto
(Bello : Pretérito)

eligiera	
eligieras	
eligiera	
eligiéramos	
eligierais	
eligieran	
eligiese	
eligieses	
eligiese	
eligiésemos	
eligieseis	
eligiesen	

Pretérito pluscuamperfecto
(Bello : Antepretérito)

hubiera	elegido
hubieras	elegido
hubiera	elegido
hubiéramos	elegido
hubierais	elegido
hubieran	elegido
hubiese	elegido
hubieses	elegido
hubiese	elegido
hubiésemos	elegido
hubieseis	elegido
hubiesen	elegido

Futuro
(Bello : Futuro)

eligiere	
eligieres	
eligiere	
eligiéremos	
eligiereis	
eligieren	

Futuro perfecto
(Bello : Antefuturo)

hubiere	elegido
hubieres	elegido
hubiere	elegido
hubiéremos	elegido
hubiereis	elegido
hubieren	elegido

MODO IMPERATIVO

Presente

elige (tú)	**elijamos** (nosotros)
elija (él, usted)	**eleg** id (vosotros)
	elijan (ellos, ustedes)

FORMAS NO PERSONALES

Tiempos simples	Tiempos compuestos
Infinitivo: **elegir**	Infinitivo compuesto haber elegido
Gerundio: **eligiendo**	Gerundio compuesto habiendo elegido
Participio: **eleg** ido	

63

28 embaír verbos irregulares

FORMAS PERSONALES

MODO INDICATIVO		MODO SUBJUNTIVO	
Tiempos simples	Tiempos compuestos	Tiempos simples	Tiempos compuestos

Presente (Bello : Presente)	Pretérito perfecto compuesto (Bello : Antepresente)	Presente (Bello : Presente)	Pretérito perfecto (Bello : Antepresente)
—	he embaído	—	haya embaído
—	has embaído	—	hayas embaído
—	ha embaído	—	haya embaído
embaímos	hemos embaído	—	hayamos embaído
emba ís	habéis embaído	—	hayáis embaído
—	han embaído	—	hayan embaído

Pretérito imperfecto (Bello : Copretérito)	Pretérito pluscuamperfecto (Bello : Antecopretérito)	Pretérito imperfecto (Bello : Pretérito)	Pretérito pluscuamperfecto (Bello : Antepretérito)
emba ía	había embaído	embayera	hubiera embaído
emba ías	habías embaído	embayeras	hubieras embaído
emba ía	había embaído	embayera	hubiera embaído
emba íamos	habíamos embaído	embayéramos	hubiéramos embaído
emba íais	habíais embaído	embayerais	hubierais embaído
emba ían	habían embaído	embayeran	hubieran embaído
		embayese	hubiese embaído
		embayeses	hubieses embaído
		embayese	hubiese embaído
		embayésemos	hubiésemos embaído
		embayeseis	hubieseis embaído
		embayesen	hubiesen embaído

Pretérito perfecto simple (Bello : Pretérito)	Pretérito anterior (Bello : Antepretérito)		
emba í	hube embaído		
embaíste	hubiste embaído		
embayó	hubo embaído		
embaímos	hubimos embaído	Futuro (Bello : Futuro)	Futuro perfecto (Bello : Antefuturo)
embaísteis	hubisteis embaído		
embayeron	hubieron embaído	embayere	hubiere embaído
		embayeres	hubieres embaído
		embayere	hubiere embaído
Futuro (Bello : Futuro)	Futuro perfecto (Bello : Antefuturo)	embayéremos	hubiéremos embaído
		embayereis	hubiereis embaído
embair é	habré embaído	embayeren	hubieren embaído
embair ás	habrás embaído		
embair á	habrá embaído		
embair emos	habremos embaído	**MODO IMPERATIVO**	
embair éis	habréis embaído		
embair án	habrán embaído	Presente	— (nosotros)
		— (tú)	embaíd (vosotros)
		— (él, usted)	— (ellos, ustedes)

Condicional (Bello : Pospretérito)	Condicional perfecto (Bello : Antepospretérito)	FORMAS NO PERSONALES	
embair ía	habría embaído	Tiempos simples	Tiempos compuestos
embair ías	habrías embaído		
embair ía	habría embaído	Infinitivo: **embaír**	Infinitivo compuesto haber embaído
embair íamos	habríamos embaído	Gerundio: **embayendo**	
embair íais	habríais embaído		Gerundio compuesto
embair ían	habrían embaído	Participio: **embaído**	habiendo embaído

to begin, commence

29 empezar verbos irregulares

FORMAS PERSONALES

MODO INDICATIVO		MODO SUBJUNTIVO	
Tiempos simples	Tiempos compuestos	Tiempos simples	Tiempos compuestos

Presente (Bello : Presente)	Pretérito perfecto compuesto (Bello : Antepresente)	Presente (Bello : Presente)	Pretérito perfecto (Bello : Antepresente)
empiezo	he empezado	empiece	haya empezado
empiezas	has empezado	empieces	hayas empezado
empieza	ha empezado	empiece	haya empezado
empez amos	hemos empezado	empecemos	hayamos empezado
empez áis	habéis empezado	empecéis	hayáis empezado
empiezan	han empezado	empiecen	hayan empezado

Pretérito imperfecto (Bello : Copretérito)	Pretérito pluscuamperfecto (Bello : Antecopretérito)	Pretérito imperfecto (Bello : Pretérito)	Pretérito pluscuamperfecto (Bello : Antepretérito)
empez aba	había empezado	empez a ra	hubiera empezado
empez abas	habías empezado	empez a ras	hubieras empezado
empez aba	había empezado	empez a ra	hubiera empezado
empez ábamos	habíamos empezado	empez á ramos	hubiéramos empezado
empez abais	habíais empezado	empez a rais	hubierais empezado
empez aban	habían empezado	empez a ran	hubieran empezado
		empez a se	hubiese empezado
		empez a ses	hubieses empezado
Pretérito perfecto simple (Bello : Pretérito)	Pretérito anterior (Bello : Antepretérito)	empez a se	hubiese empezado
		empez á semos	hubiésemos empezado
empecé	hube empezado	empez a seis	hubieseis empezado
empez aste	hubiste empezado	empez a sen	hubiesen empezado
empez ó	hubo empezado		
empez amos	hubimos empezado	Futuro (Bello : Futuro)	Futuro perfecto (Bello : Antefuturo)
empez asteis	hubisteis empezado		
empez a ron	hubieron empezado	empez a re	hubiere empezado
		empez a res	hubieres empezado
Futuro (Bello : Futuro)	Futuro perfecto (Bello : Antefuturo)	empez a re	hubiere empezado
		empez á remos	hubiéremos empezado
empezar é	habré empezado	empez a reis	hubiereis empezado
empezar ás	habrás empezado	empez a ren	hubieren empezado
empezar á	habrá empezado		
empezar emos	habremos empezado		
empezar éis	habréis empezado		
empezar án	habrán empezado		

MODO IMPERATIVO

Presente	
	empecemos (nosotros)
empieza (tú)	empez ad (vosotros)
empiece (él, usted)	empiecen (ellos, ustedes)

Condicional (Bello : Pospretérito)	Condicional perfecto (Bello : Antepospretérito)
empezar ía	habría empezado
empezar ías	habrías empezado
empezar ía	habría empezado
empezar íamos	habríamos empezado
empezar íais	habríais empezado
empezar ían	habrían empezado

FORMAS NO PERSONALES

Tiempos simples	Tiempos compuestos
Infinitivo: **empezar**	Infinitivo compuesto haber empezado
Gerundio: **empez** ando	Gerundio compuesto habiendo empezado
Participio: **empez** ado	

to meet, find

30 encontrar verbos irregulares

FORMAS PERSONALES

MODO INDICATIVO

Tiempos simples	Tiempos compuestos

Presente
(Bello : Presente)

Pretérito perfecto compuesto
(Bello : Antepresente)

encuentro	he	encontrado
encuentras	has	encontrado
encuentra	ha	encontrado
encontr amos	hemos	encontrado
encontr áis	habéis	encontrado
encuentran	han	encontrado

Pretérito imperfecto
(Bello : Copretérito)

Pretérito pluscuamperfecto
(Bello : Antecopretérito)

encontr aba	había	encontrado
encontr abas	habías	encontrado
encontr aba	había	encontrado
encontr ábamos	habíamos	encontrado
encontr abais	habíais	encontrado
encontr aban	habían	encontrado

Pretérito perfecto simple
(Bello : Pretérito)

Pretérito anterior
(Bello : Antepretérito)

encontr é	hube	encontrado
encontr aste	hubiste	encontrado
encontr ó	hubo	encontrado
encontr amos	hubimos	encontrado
encontr asteis	hubisteis	encontrado
encontr a *ron*	hubieron	encontrado

Futuro
(Bello : Futuro)

Futuro perfecto
(Bello : Antefuturo)

encontrar é	habré	encontrado
encontrar ás	habrás	encontrado
encontrar á	habrá	encontrado
encontrar emos	habremos	encontrado
encontrar éis	habréis	encontrado
encontrar án	habrán	encontrado

Condicional
(Bello : Pospretérito)

Condicional perfecto
(Bello : Antepospretérito)

encontrar ía	habría	encontrado
encontrar ías	habrías	encontrado
encontrar ía	habría	encontrado
encontrar íamos	habríamos	encontrado
encontrar íais	habríais	encontrado
encontrar ían	habrían	encontrado

MODO SUBJUNTIVO

Tiempos simples	Tiempos compuestos

Presente
(Bello : Presente)

Pretérito perfecto
(Bello : Antepresente)

encuentre	haya	encontrado
encuentres	hayas	encontrado
encuentre	haya	encontrado
encontr emos	hayamos	encontrado
encontr éis	hayáis	encontrado
encuentren	hayan	encontrado

Pretérito imperfecto
(Bello : Pretérito)

Pretérito pluscuamperfecto
(Bello : Antepretérito)

encontr a *ra*	hubiera	encontrado
encontr a *ras*	hubieras	encontrado
encontr a *ra*	hubiera	encontrado
encontr á *ramos*	hubiéramos	encontrado
encontr a *rais*	hubierais	encontrado
encontr a *ran*	hubieran	encontrado
encontr a *se*	hubiese	encontrado
encontr a *ses*	hubieses	encontrado
encontr a *se*	hubiese	encontrado
encontr á *semos*	hubiésemos	encontrado
encontr a *seis*	hubieseis	encontrado
encontr a *sen*	hubiesen	encontrado

Futuro
(Bello : Futuro)

Futuro perfecto
(Bello : Antefuturo)

encontr a *re*	hubiere	encontrado
encontr a *res*	hubieres	encontrado
encontr a *re*	hubiere	encontrado
encontr á *remos*	hubiéremos	encontrado
encontr a *reis*	hubiereis	encontrado
encontr a *ren*	hubieren	encontrado

MODO IMPERATIVO

Presente

encuentra (tú)	encontr emos (nosotros)
encuentre (él, usted)	encontr ad (vosotros)
	encuentren (ellos, ustedes)

FORMAS NO PERSONALES

Tiempos simples	Tiempos compuestos
Infinitivo: **encontrar**	Infinitivo compuesto haber encontrado
Gerundio: **encontr** ando	Gerundio compuesto habiendo encontrado
Participio: **encontr** ado	

66

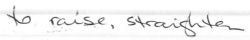

31 **erguir** verbos irregulares

FORMAS PERSONALES

MODO INDICATIVO		MODO SUBJUNTIVO	
Tiempos simples	Tiempos compuestos	Tiempos simples	Tiempos compuestos

Presente (Bello : Presente)	Pretérito perfecto compuesto (Bello : Antepresente)	Presente (Bello : Presente)	Pretérito perfecto (Bello : Antepresente)
irgo; yergo	he erguido	irga ;yerga	haya erguido
irgues;yergues	has erguido	irgas ;yergas	hayas erguido
irgue; yergue	ha erguido	irga ;yerga	haya erguido
ergu imos	hemos erguido	irgamos	hayamos erguido
ergu ís	habéis erguido	irgáis	hayáis erguido
irguen;yerguen	han erguido	irgan ;yergan	hayan erguido

Pretérito imperfecto (Bello : Copretérito)	Pretérito pluscuamperfecto (Bello : Antecopretérito)	Pretérito imperfecto (Bello : Pretérito)	Pretérito pluscuamperfecto (Bello : Antepretérito)
ergu ía	había erguido	irguiera	hubiera erguido
ergu ías	habías erguido	irguieras	hubieras erguido
ergu ía	había erguido	irguiera	hubiera erguido
ergu íamos	habíamos erguido	irguiéramos	hubiéramos erguido
ergu íais	habíais erguido	irguierais	hubierais erguido
ergu ían	habían erguido	irguieran	hubieran erguido
		irguiese	hubiese erguido
		irguieses	hubieses erguido
		irguiese	hubiese erguido
		irguiésemos	hubiésemos erguido
		irguieseis	hubieseis erguido
		irguiesen	hubiesen erguido

Pretérito perfecto simple (Bello : Pretérito)	Pretérito anterior (Bello : Antepretérito)		
ergu í	hube erguido		
ergu iste	hubiste erguido		
irguió	hubo erguido		
orgu imos	hubimos erguido		
ergu isteis	hubisteis erguido		
irguieron	hubieron erguido		

		Futuro (Bello : Futuro)	Futuro perfecto (Bello : Antefuturo)
		irguiere	hubiere erguido
		irguieres	hubieres erguido
		irguiere	hubiere erguido
		irguiéremos	hubiéremos erguido
		irguiereis	hubiereis erguido
		irguieren	hubieren erguido

Futuro (Bello : Futuro)	Futuro perfecto (Bello : Antefuturo)
erguir é	habré erguido
erguir ás	habrás erguido
erguir á	habrá erguido
erguir emos	habremos erguido
erguir éis	habréis erguido
erguir án	habrán erguido

MODO IMPERATIVO

Presente

irgue; yergue (tú) **irgamos;** (nosotros)
irga; yerga (él, usted) ergu id (vosotros)
  irgan; yergan (ellos, ustedes)

Condicional (Bello : Pospretérito)	Condicional perfecto (Bello : Antepospretérito)
erguir ía	habría erguido
erguir ías	habrías erguido
erguir ía	habría erguido
erguir íamos	habríamos erguido
erguir íais	habríais erguido
erguir ían	habrían erguido

FORMAS NO PERSONALES

Tiempos simples	Tiempos compuestos
Infinitivo: **erguir**	Infinitivo compuesto haber erguido
Gerundio: **irguiendo**	Gerundio compuesto habiendo erguido
Participio: **ergu** ido	

to wander, roan

32 errar verbos irregulares

FORMAS PERSONALES

MODO INDICATIVO		MODO SUBJUNTIVO	
Tiempos simples	Tiempos compuestos	Tiempos simples	Tiempos compuestos

Presente (Bello : Presente)	Pretérito perfecto compuesto (Bello : Antepresente)	Presente (Bello : Presente)	Pretérito perfecto (Bello : Antepresente)
yerro	he errado	yerre	haya errado
yerras	has errado	yerres	hayas errado
yerra	ha errado	yerre	haya errado
err amos	hemos errado	err emos	hayamos errado
err áis	habéis errado	err éis	hayáis errado
yerran	han errado	yerren	hayan errado

Pretérito imperfecto (Bello : Copretérito)	Pretérito pluscuamperfecto (Bello : Antecopretérito)	Pretérito imperfecto (Bello : Pretérito)	Pretérito pluscuamperfecto (Bello : Antepretérito)
err aba	había errado	err a ra	hubiera errado
err abas	habías errado	err a ras	hubieras errado
err aba	había errado	err a ra	hubiera errado
err ábamos	habíamos errado	err á ramos	hubiéramos errado
err abais	habíais errado	err a rais	hubierais errado
err aban	habían errado	err a ran	hubieran errado
		err a se	hubiese errado
		err a ses	hubieses errado
		err a se	hubiese errado
Pretérito perfecto simple (Bello : Pretérito)	Pretérito anterior (Bello : Antepretérito)	err á semos	hubiésemos errado
		err a seis	hubieseis errado
err é	hube errado	err a sen	hubiesen errado
err aste	hubiste errado		
err ó	hubo errado	Futuro (Bello : Futuro)	Futuro perfecto (Bello : Antefuturo)
err amos	hubimos errado		
err asteis	hubisteis errado	err a re	hubiere errado
err a ron	hubieron errado	err a res	hubieres errado
		err a re	hubiere errado
		err á remos	hubiéremos errado
Futuro (Bello : Futuro)	Futuro perfecto (Bello : Antefuturo)	err a reis	hubiereis errado
		err a ren	hubieren errado
errar é	habré errado		
errar ás	habrás errado		
errar á	habrá errado	**MODO IMPERATIVO**	
errar emos	habremos errado		
errar éis	habréis errado	Presente	err emos (nosotros)
errar án	habrán errado	yerra (tú)	err ad (vosotros)
		yerre (él, usted)	yerren (ellos, ustedes)

Condicional (Bello : Pospretérito)	Condicional perfecto (Bello : Antepospretérito)	FORMAS NO PERSONALES	
		Tiempos simples	Tiempos compuestos
errar ía	habría errado	Infinitivo: **errar**	Infinitivo compuesto
errar ías	habrías errado		haber errado
errar ía	habría errado	Gerundio: **err** ando	
errar íamos	habríamos errado		Gerundio compuesto
errar íais	habríais errado	Participio: **err** ado	habiendo errado
errar ían	habrían errado		

33 **forzar** verbos irregulares

FORMAS PERSONALES

MODO INDICATIVO

Tiempos simples	Tiempos compuestos

Presente
(Bello : Presente)

Pretérito perfecto compuesto
(Bello : Antepresente)

fuerzo	he	forzado
fuerzas	has	forzado
fuerza	ha	forzado
forz amos	hemos	forzado
forz áis	habéis	forzado
fuerzan	han	forzado

Pretérito imperfecto
(Bello : Copretérito)

Pretérito pluscuamperfecto
(Bello : Antecopretérito)

forz aba	había	forzado
forz abas	habías	forzado
forz aba	había	forzado
forz ábamos	habíamos	forzado
forz abais	habíais	forzado
forz aban	habían	forzado

Pretérito perfecto simple
(Bello : Pretérito)

Pretérito anterior
(Bello : Antepretérito)

forcé	hube	forzado
forz aste	hubiste	forzado
forz ó	hubo	forzado
forz amos	hubimos	forzado
forz asteis	hubisteis	forzado
forz a ron	hubieron	forzado

Futuro
(Bello : Futuro)

Futuro perfecto
(Bello : Antefuturo)

forzar é	habré	forzado
forzar ás	habrás	forzado
forzar á	habrá	forzado
forzar emos	habremos	forzado
forzar éis	habréis	forzado
forzar án	habrán	forzado

Condicional
(Bello : Pospretérito)

Condicional perfecto
(Bello : Antepospretérito)

forzar ía	habría	forzado
forzar ías	habrías	forzado
forzar ía	habría	forzado
forzar íamos	habríamos	forzado
forzar íais	habríais	forzado
forzar ían	habrían	forzado

MODO SUBJUNTIVO

Tiempos simples	Tiempos compuestos

Presente
(Bello : Presente)

Pretérito perfecto
(Bello : Antepresente)

fuerce	haya	forzado
fuerces	hayas	forzado
fuerce	haya	forzado
forcemos	hayamos	forzado
forcéis	hayáis	forzado
fuercen	hayan	forzado

Pretérito imperfecto
(Bello : Pretérito)

Pretérito pluscuamperfecto
(Bello : Antepretérito)

forz a ra	hubiera	forzado
forz a ras	hubieras	forzado
forz a ra	hubiera	forzado
forz á ramos	hubiéramos	forzado
forz a rais	hubierais	forzado
forz a ran	hubieran	forzado
forz a se	hubiese	forzado
forz a ses	hubieses	forzado
forz a se	hubiese	forzado
forz á semos	hubiésemos	forzado
forz a seis	hubieseis	forzado
forz a sen	hubiesen	forzado

Futuro
(Bello : Futuro)

Futuro perfecto
(Bello : Antefuturo)

forz a re	hubiere	forzado
forz a res	hubieres	forzado
forz a re	hubiere	forzado
forz á remos	hubiéremos	forzado
forz a reis	hubiereis	forzado
forz a ren	hubieren	forzado

MODO IMPERATIVO

Presente

fuerza (tú)	**forcemos** (nosotros)
fuerce (él, usted)	**forz** ad (vosotros)
	fuercen (ellos, ustedes)

FORMAS NO PERSONALES

Tiempos simples	Tiempos compuestos

Infinitivo: **forzar**

Gerundio: **forz** ando

Participio: **forz** ado

Infinitivo compuesto
haber forzado

Gerundio compuesto
habiendo forzado

34 hacer verbos irregulares

FORMAS PERSONALES

MODO INDICATIVO		MODO SUBJUNTIVO	
Tiempos simples	Tiempos compuestos	Tiempos simples	Tiempos compuestos

Presente (Bello : Presente)	Pretérito perfecto compuesto (Bello : Antepresente)	Presente (Bello : Presente)	Pretérito perfecto (Bello : Antepresente)
hago	he hecho	**haga**	haya hecho
hac es	has hecho	**hagas**	hayas hecho
hac e	ha hecho	**haga**	haya hecho
hac emos	hemos hecho	**hagamos**	hayamos hecho
hac éis	habéis hecho	**hagáis**	hayáis hecho
hac en	han hecho	**hagan**	hayan hecho

Pretérito imperfecto (Bello : Copretérito)	Pretérito pluscuamperfecto (Bello : Antecopretérito)	Pretérito imperfecto (Bello : Pretérito)	Pretérito pluscuamperfecto (Bello : Antepretérito)
hac ía	había hecho	**hiciera**	hubiera hecho
hac ías	habías hecho	**hicieras**	hubieras hecho
hac ía	había hecho	**hiciera**	hubiera hecho
hac íamos	habíamos hecho	**hiciéramos**	hubiéramos hecho
hac íais	habíais hecho	**hicierais**	hubierais hecho
hac ían	habían hecho	**hicieran**	hubieran hecho
		hiciese	hubiese hecho
		hicieses	hubieses hecho
		hiciese	hubiese hecho
Pretérito perfecto simple (Bello : Pretérito)	Pretérito anterior (Bello : Antepretérito)	**hiciésemos**	hubiésemos hecho
hice	hube hecho	**hicieseis**	hubieseis hecho
hiciste	hubiste hecho	**hiciesen**	hubiesen hecho
hizo	hubo hecho		
hicimos	hubimos hecho	Futuro (Bello : Futuro)	Futuro perfecto (Bello : Antefuturo)
hicisteis	hubisteis hecho	**hiciere**	hubiere hecho
hicieron	hubieron hecho	**hicieres**	hubieres hecho
		hiciere	hubiere hecho
Futuro (Bello : Futuro)	Futuro perfecto (Bello : Antefuturo)	**hiciéremos**	hubiéremos hecho
haré	habré hecho	**hiciereis**	hubiereis hecho
harás	habrás hecho	**hicieren**	hubieren hecho
hará	habrá hecho		
haremos	habremos hecho		
haréis	habréis hecho	**MODO IMPERATIVO**	
harán	habrán hecho	Presente	**hagamos** (nosotros)
		haz (tú)	**hac ed** (vosotros)
		haga (él, usted)	**hagan** (ellos, ustedes)

Condicional (Bello : Pospretérito)	Condicional perfecto (Bello : Antepospretérito)
haría	habría hecho
harías	habrías hecho
haría	habría hecho
haríamos	habríamos hecho
haríais	habríais hecho
harían	habrían hecho

FORMAS NO PERSONALES

Tiempos simples	Tiempos compuestos
Infinitivo: **hacer**	Infinitivo compuesto haber hecho
Gerundio: **hac iendo**	Gerundio compuesto habiendo hecho
Participio: **hecho**	

to influence, affect

35 influir verbos irregulares

FORMAS PERSONALES

MODO INDICATIVO		MODO SUBJUNTIVO	
Tiempos simples	Tiempos compuestos	Tiempos simples	Tiempos compuestos

Presente (Bello : Presente)	Pretérito perfecto compuesto (Bello : Antepresente)	Presente (Bello : Presente)	Pretérito perfecto (Bello : Antepresente)
influyo	he influido	**influya**	haya influido
influyes	has influido	**influyas**	hayas influido
influye	ha influido	**influya**	haya influido
influ imos	hemos influido	**influyamos**	hayamos influido
influ ís	habéis influido	**influyáis**	hayáis influido
influyen	han influido	**influyan**	hayan influido

		Pretérito imperfecto (Bello : Pretérito)	Pretérito pluscuamperfecto (Bello : Antepretérito)
Pretérito imperfecto (Bello : Copretérito)	Pretérito pluscuamperfecto (Bello : Antecopretérito)	**influyera**	hubiera influido
influ ía	había influido	**influyeras**	hubieras influido
influ ías	habías influido	**influyera**	hubiera influido
influ ía	había influido	**influyéramos**	hubiéramos influido
influ íamos	habíamos influido	**influyerais**	hubierais influido
influ íais	habíais influido	**influyeran**	hubieran influido
influ ían	habían influido		
		influyese	hubiese influido
		influyeses	hubieses influido
Pretérito perfecto simple (Bello : Pretérito)	Pretérito anterior (Bello : Antepretérito)	**influyese**	hubiese influido
influ í	hube influido	**influyésemos**	hubiésemos influido
influ iste	hubiste influido	**influyeseis**	hubieseis influido
influyó	hubo influido	**influyesen**	hubiesen influido
influ imoo	hubimos influido		
influ isteis	hubisteis influido	Futuro (Bello : Futuro)	Futuro perfecto (Bello . Antefuturo)
influyeron	hubieron influido	**influyere**	hubiere influido
		influyeres	hubieres influido
Futuro (Bello : Futuro)	Futuro perfecto (Bello : Antefuturo)	**influyere**	hubiere influido
influir é	habré influido	**influyéremos**	hubiéremos influido
influir ás	habrás influido	**influyereis**	hubiereis influido
influir á	habrá influido	**influyeren**	hubieren influido
influir emos	habremos influido		
influir éis	habréis influido		
influir án	habrán influido		

MODO IMPERATIVO

Presente	
influye (tú)	**influyamos** (nosotros)
influya (él, usted)	**influ** id (vosotros)
	influyan (ellos, ustedes)

Condicional (Bello : Pospretérito)	Condicional perfecto (Bello : Antepospretérito)
influir ía	habría influido
influir ías	habrías influido
influir ía	habría influido
influir íamos	habríamos influido
influir íais	habríais influido
influir ían	habrían influido

FORMAS NO PERSONALES

Tiempos simples	Tiempos compuestos
Infinitivo: **influir**	Infinitivo compuesto haber influido
Gerundio: **influyendo**	Gerundio compuesto habiendo influido
Participio: **influ** ido	

36 ir verbos irregulares

FORMAS PERSONALES

MODO INDICATIVO		MODO SUBJUNTIVO	
Tiempos simples	Tiempos compuestos	Tiempos simples	Tiempos compuestos

Presente
(Bello : Presente)

Pretérito perfecto compuesto
(Bello : Antepresente)

Presente
(Bello : Presente)

Pretérito perfecto
(Bello : Antepresente)

voy		he	ido	vaya		haya	ido
vas		has	ido	vayas		hayas	ido
va		ha	ido	vaya		haya	ido
vamos		hemos	ido	vayamos		hayamos	ido
vais		habéis	ido	vayáis		hayáis	ido
van		han	ido	vayan		hayan	ido

Pretérito imperfecto
(Bello : Pretérito)

Pretérito pluscuamperfecto
(Bello : Antepretérito)

Pretérito imperfecto
(Bello : Copretérito)

Pretérito pluscuamperfecto
(Bello : Antecopretérito)

iba	había	ido	fuera		hubiera	ido
ibas	habías	ido	fueras		hubieras	ido
iba	había	ido	fuera		hubiera	ido
íbamos	habíamos	ido	fuéramos		hubiéramos	ido
ibais	habíais	ido	fuerais		hubierais	ido
iban	habían	ido	fueran		hubieran	ido

fuese		hubiese	ido
fueses		hubieses	ido
fuese		hubiese	ido
fuésemos		hubiésemos	ido
fueseis		hubieseis	ido
fuesen		hubiesen	ido

Pretérito perfecto simple
(Bello : Pretérito)

Pretérito anterior
(Bello : Antepretérito)

Futuro
(Bello : Futuro)

Futuro perfecto
(Bello : Antefuturo)

fui	hube	ido	fuere		hubiere	ido
fuiste	hubiste	ido	fueres		hubieres	ido
fue	hubo	ido	fuere		hubiere	ido
fuimos	hubimos	ido	fuéremos		hubiéremos	ido
fuisteis	hubisteis	ido	fuereis		hubiereis	ido
fueron	hubieron	ido	fueren		hubieren	ido

Futuro
(Bello : Futuro)

Futuro perfecto
(Bello : Antefuturo)

ir é	habré	ido
ir ás	habrás	ido
ir á	habrá	ido
ir emos	habremos	ido
ir éis	habréis	ido
ir án	habrán	ido

MODO IMPERATIVO

Presente
ve (tú)
vaya (él, usted)

* vayamos (nosotros)
id (vosotros)
vayan (ellos, ustedes)

FORMAS NO PERSONALES

Tiempos simples	Tiempos compuestos
Infinitivo: **ir**	Infinitivo compuesto
	haber ido
Gerundio: **yendo**	
	Gerundio compuesto
Participio: **ido**	habiendo ido

Condicional
(Bello : Pospretérito)

Condicional perfecto
(Bello : Antepospretérito)

ir ía	habría	ido
ir ías	habrías	ido
ir ía	habría	ido
ir íamos	habríamos	ido
ir íais	habríais	ido
ir ían	habrían	ido

72 * El uso de la primera persona del plural del presente de indicativo (vamos) es hoy más frecuente que el del imperativo (vayamos). Se usa por lo general en frases exhortativas y forma con cualquier verbo expresiones imperativas (ex : i vamos ! i vámonos ! i vamos a la cama !), mientras que el imperativo (vayamos) se usa más como forma de subordinación (ex : No quieren que nos vayamos solos).

37 jugar   verbos irregulares

FORMAS PERSONALES

MODO INDICATIVO		MODO SUBJUNTIVO	
Tiempos simples	Tiempos compuestos	Tiempos simples	Tiempos compuestos

Presente (Bello : Presente)	Pretérito perfecto compuesto (Bello : Antepresente)	Presente (Bello : Presente)	Pretérito perfecto (Bello : Antepresente)
juego	he jugado	juegue	haya jugado
juegas	has jugado	juegues	hayas jugado
juega	ha jugado	juegue	haya jugado
jug amos	hemos jugado	juguemos	hayamos jugado
jug áis	habéis jugado	juguéis	hayáis jugado
juegan	han jugado	jueguen	hayan jugado

Pretérito imperfecto (Bello : Copretérito)	Pretérito pluscuamperfecto (Bello : Antecopretérito)	Pretérito imperfecto (Bello : Pretérito)	Pretérito pluscuamperfecto (Bello : Antepretérito)
jug aba	había jugado	jug a ra	hubiera jugado
jug abas	habías jugado	jug a ras	hubieras jugado
jug aba	había jugado	jug a ra	hubiera jugado
jug ábamos	habíamos jugado	jug á ramos	hubiéramos jugado
jug abais	habíais jugado	jug a rais	hubierais jugado
jug aban	habían jugado	jug a ran	hubieran jugado
		jug a se	hubiese jugado
		jug a ses	hubieses jugado
		jug a se	hubiese jugado
		jug á semos	hubiésemos jugado
		jug a seis	hubieseis jugado
		jug a sen	hubiesen jugado

Pretérito perfecto simple (Bello : Pretérito)	Pretérito anterior (Bello : Antepretérito)
jugué	hube jugado
jug aste	hubiste jugado
jug ó	hubo jugado
jug amos	hubimos jugado
jug asteis	hubisteis jugado
jug a ron	hubieron jugado

Futuro (Bello : Futuro)	Futuro perfecto (Bello : Antefuturo)
jug a re	hubiere jugado
jug a res	hubieres jugado
jug a re	hubiere jugado
jug á remos	hubiéremos jugado
jug a reis	hubiereis jugado
jug a ren	hubieren jugado

Futuro (Bello : Futuro)	Futuro perfecto (Bello : Antefuturo)
jugar é	habré jugado
jugar ás	habrás jugado
jugar á	habrá jugado
jugar emos	habremos jugado
jugar éis	habréis jugado
jugar án	habrán jugado

MODO IMPERATIVO

Presente	
juega (tú)	juguemos (nosotros)
juegue (él, usted)	jug ad (vosotros)
	jueguen (ellos, ustedes)

Condicional (Bello : Pospretérito)	Condicional perfecto (Bello : Antepospretérito)
jugar ía	habría jugado
jugar ías	habrías jugado
jugar ía	habría jugado
jugar íamos	habríamos jugado
jugar íais	habríais jugado
jugar ían	habrían jugado

FORMAS NO PERSONALES

Tiempos simples	Tiempos compuestos
Infinitivo: **jugar**	Infinitivo compuesto haber jugado
Gerundio: **jug** ando	Gerundio compuesto habiendo jugado
Participio: **jug** ado	

to shine

38 lucir verbos irregulares

FORMAS PERSONALES

MODO INDICATIVO		MODO SUBJUNTIVO	
Tiempos simples	Tiempos compuestos	Tiempos simples	Tiempos compuestos

Presente (Bello : Presente)	Pretérito perfecto compuesto (Bello : Antepresente)	Presente (Bello : Presente)	Pretérito perfecto (Bello : Antepresente)
luzco	he lucido	**luzca**	haya lucido
luc es	has lucido	**luzcas**	hayas lucido
luc e	ha lucido	**luzca**	haya lucido
luc imos	hemos lucido	**luzcamos**	hayamos lucido
luc ís	habéis lucido	**luzcáis**	hayáis lucido
luc en	han lucido	**luzcan**	hayan lucido

Pretérito imperfecto (Bello : Copretérito)	Pretérito pluscuamperfecto (Bello : Antecopretérito)	Pretérito imperfecto (Bello : Pretérito)	Pretérito pluscuamperfecto (Bello : Antepretérito)
luc ía	había lucido	**luc** ie *ra*	hubiera lucido
luc ías	habías lucido	**luc** ie *ras*	hubieras lucido
luc ía	había lucido	**luc** ie *ra*	hubiera lucido
luc íamos	habíamos lucido	**luc** ié *ramos*	hubiéramos lucido
luc íais	habíais lucido	**luc** ie *rais*	hubierais lucido
luc ían	habían lucido	**luc** ie *ran*	hubieran lucido
		luc ie *se*	hubiese lucido
		luc ie *ses*	hubieses lucido
		luc ie *se*	hubiese lucido
		luc ié *semos*	hubiésemos lucido
		luc ie *seis*	hubieseis lucido
		luc ie *sen*	hubiesen lucido

Pretérito perfecto simple (Bello : Pretérito)	Pretérito anterior (Bello : Antepretérito)		
luc í	hube lucido		
luc iste	hubiste lucido		
luc ió	hubo lucido		
luc imos	hubimos lucido		
luc isteis	hubisteis lucido		
luc ie *ron*	hubieron lucido		

		Futuro (Bello : Futuro)	Futuro perfecto (Bello : Antefuturo)
		luc ie *re*	hubiere lucido
		luc ie *res*	hubieres lucido
		luc ie *re*	hubiere lucido
		luc ié *remos*	hubiéremos lucido
		luc ie *reis*	hubiereis lucido
		luc ie *ren*	hubieren lucido

Futuro (Bello : Futuro)	Futuro perfecto (Bello : Antefuturo)
lucir é	habré lucido
lucir ás	habrás lucido
lucir á	habrá lucido
lucir emos	habremos lucido
lucir éis	habréis lucido
lucir án	habrán lucido

MODO IMPERATIVO

Presente	
luc e (tú)	**luzcamos** (nosotros)
luzca (él, usted)	**luc** id (vosotros)
	luzcan (ellos, ustedes)

Condicional (Bello : Pospretérito)	Condicional perfecto (Bello : Antepospretérito)
lucir ía	habría lucido
lucir ías	habrías lucido
lucir ía	habría lucido
lucir íamos	habríamos lucido
lucir íais	habríais lucido
lucir ían	habrían lucido

FORMAS NO PERSONALES

Tiempos simples	Tiempos compuestos
Infinitivo: **lucir**	Infinitivo compuesto haber lucido
Gerundio: **luc** iendo	Gerundio compuesto habiendo lucido
Participio: **luc** ido	

39 **mover** verbos irregulares

FORMAS PERSONALES

MODO INDICATIVO		MODO SUBJUNTIVO	
Tiempos simples	Tiempos compuestos	Tiempos simples	Tiempos compuestos

Presente (Bello : Presente)	Pretérito perfecto compuesto (Bello : Antepresente)	Presente (Bello : Presente)	Pretérito perfecto (Bello : Antepresente)
muevo	he movido	**mueva**	haya movido
mueves	has movido	**muevas**	hayas movido
mueve	ha movido	**mueva**	haya movido
mov emos	hemos movido	**mov** amos	hayamos movido
mov éis	habéis movido	**mov** áis	hayáis movido
mueven	han movido	**muevan**	hayan movido

Pretérito imperfecto (Bello : Copretérito)	Pretérito pluscuamperfecto (Bello : Antecopretérito)	Pretérito imperfecto (Bello : Pretérito)	Pretérito pluscuamperfecto (Bello : Antepretérito)
mov ía	había movido	**mov** ie ra	hubiera movido
mov ías	habías movido	**mov** ie ras	hubieras movido
mov ía	había movido	**mov** ie ra	hubiera movido
mov íamos	habíamos movido	**mov** ié ramos	hubiéramos movido
mov íais	habíais movido	**mov** ie rais	hubierais movido
mov ían	habían movido	**mov** ie ran	hubieran movido

		mov ie se	hubiese movido
		mov ie ses	hubieses movido
Pretérito perfecto simple (Bello : Pretérito)	Pretérito anterior (Bello : Antepretérito)	**mov** ie se	hubiese movido
		mov ié semos	hubiésemos movido
mov í	hube movido	**mov** ie seis	hubieseis movido
mov iste	hubiste movido	**mov** ie sen	hubiesen movido
mov ió	hubo movido		
mov imos	hubimos movido	Futuro (Bello : Futuro)	Futuro perfecto (Bello : Antefuturo)
mov isteis	hubisteis movido		
mov ie ron	hubieron movido	**mov** ie re	hubiere movido
		mov ie res	hubieres movido
		mov ie re	hubiere movido
Futuro (Bello : Futuro)	Futuro perfecto (Bello : Antefuturo)	**mov** ié remos	hubiéremos movido
		mov ie reis	hubiereis movido
mover é	habré movido	**mov** ie ren	hubieren movido
mover ás	habrás movido		
mover á	habrá movido		
mover emos	habremos movido		
mover éis	habréis movido	**MODO IMPERATIVO**	
mover án	habrán movido		

		Presente	**movamos** (nosotros)
		mueve (tú)	**mov** ed (vosotros)
Condicional (Bello : Pospretérito)	Condicional perfecto (Bello : Antepospretérito)	**mueva** (él, usted)	**muevan** (ellos, ustedes)

mover ía	habría movido
mover ías	habrías movido
mover ía	habría movido
mover íamos	habríamos movido
mover íais	habríais movido
mover ían	habrían movido

FORMAS NO PERSONALES

Tiempos simples	Tiempos compuestos
Infinitivo: **mover**	Infinitivo compuesto haber movido
Gerundio: **mov** iendo	Gerundio compuesto habiendo movido
Participio: **mov** ido	

75

to be born

40 **nacer** verbos irregulares

FORMAS PERSONALES

MODO INDICATIVO		MODO SUBJUNTIVO	
Tiempos simples	Tiempos compuestos	Tiempos simples	Tiempos compuestos

Presente (Bello : Presente)	Pretérito perfecto compuesto (Bello : Antepresente)	Presente (Bello : Presente)	Pretérito perfecto (Bello : Antepresente)
nazco	he nacido	nazca	haya nacido
nac es	has nacido	nazcas	hayas nacido
nac e	ha nacido	nazca	haya nacido
nac emos	hemos nacido	nazcamos	hayamos nacido
nac éis	habéis nacido	nazcáis	hayáis nacido
nac en	han nacido	nazcan	hayan nacido

Pretérito imperfecto (Bello : Copretérito)	Pretérito pluscuamperfecto (Bello : Antecopretérito)	Pretérito imperfecto (Bello : Pretérito)	Pretérito pluscuamperfecto (Bello : Antepretérito)
nac ía	había nacido	nac ie *ra*	hubiera nacido
nac ías	habías nacido	nac ie *ras*	hubieras nacido
nac ía	había nacido	nac ie *ra*	hubiera nacido
nac íamos	habíamos nacido	nac ié *ramos*	hubiéramos nacido
nac íais	habíais nacido	nac ie *rais*	hubierais nacido
nac ían	habían nacido	nac ie *ran*	hubieran nacido
		nac ie *se*	hubiese nacido
		nac ie *ses*	hubieses nacido
Pretérito perfecto simple (Bello : Pretérito)	Pretérito anterior (Bello : Antepretérito)	nac ie *se*	hubiese nacido
		nac ie *semos*	hubiésemos nacido
nac í	hube nacido	nac ie *seis*	hubieseis nacido
nac iste	hubiste nacido	nac ie *sen*	hubiesen nacido
nac ió	hubo nacido		
nac imos	hubimos nacido	Futuro (Bello : Futuro)	Futuro perfecto (Bello : Antefuturo)
nac isteis	hubisteis nacido		
nac ie *ron*	hubieron nacido	nac ie *re*	hubiere nacido
		nac ie *res*	hubieres nacido
		nac ie *re*	hubiere nacido
Futuro (Bello : Futuro)	Futuro perfecto (Bello : Antefuturo)	nac ié *remos*	hubiéremos nacido
		nac ie *reis*	hubiereis nacido
nacer é	habré nacido	nac ie *ren*	hubieren nacido
nacer ás	habrás nacido		
nacer á	habrá nacido		
nacer emos	habremos nacido	**MODO IMPERATIVO**	
nacer éis	habréis nacido		
nacer án	habrán nacido	Presente	nazcamos (nosotros)
		nac e (tú)	nac ed (vosotros)
		nazca (él, usted)	nazcan (ellos, ustedes)

Condicional (Bello : Pospretérito)	Condicional perfecto (Bello : Antepospretérito)	FORMAS NO PERSONALES	
		Tiempos simples	Tiempos compuestos
nacer ía	habría nacido	Infinitivo: **nacer**	Infinitivo compuesto haber nacido
nacer ías	habrías nacido		
nacer ía	habría nacido	Gerundio: **nac** iendo	
nacer íamos	habríamos nacido		Gerundio compuesto
nacer íais	habríais nacido	Participio: **nac** ido	habiendo nacido
nacer ían	habrían nacido		

76

41 oír verbos irregulares

FORMAS PERSONALES

MODO INDICATIVO		MODO SUBJUNTIVO	
Tiempos simples	Tiempos compuestos	Tiempos simples	Tiempos compuestos

Presente (Bello : Presente)	Pretérito perfecto compuesto (Bello : Antepresente)	Presente (Bello : Presente)	Pretérito perfecto (Bello : Antepresente)
oigo	he oído	oiga	haya oído
oyes	has oído	oigas	hayas oído
oye	ha oído	oiga	haya oído
oímos	hemos oído	oigamos	hayamos oído
o ís	habéis oído	oigáis	hayáis oído
oyen	han oído	oigan	hayan oído

Pretérito imperfecto (Bello : Copretérito)	Pretérito pluscuamperfecto (Bello : Antecopretérito)	Pretérito imperfecto (Bello : Pretérito)	Pretérito pluscuamperfecto (Bello : Antepretérito)
o ía	había oído	oyera	hubiera oído
o ías	habías oído	oyeras	hubieras oído
o ía	había oído	oyera	hubiera oído
o íamos	habíamos oído	oyéramos	hubiéramos oído
o íais	habíais oído	oyerais	hubierais oído
o ían	habían oído	oyeran	hubieran oído
		oyese	hubiese oído
		oyeses	hubieses oído
Pretérito perfecto simple (Bello : Pretérito)	Pretérito anterior (Bello : Antepretérito)	oyese	hubiese oído
o í	hube oído	oyésemos	hubiésemos oído
oíste	hubiste oído	oyeseis	hubieseis oído
oyó	hubo oído	oyesen	hubiesen oído
oímos	hubimos oído		
oísteis	hubisteis oído	Futuro (Bello : Futuro)	Futuro perfecto (Bello : Antefuturo)
oyeron	hubieron oído	oyere	hubiere oído
		oyeres	hubieres oído
Futuro (Bello : Futuro)	Futuro perfecto (Bello : Antefuturo)	oyere	hubiere oído
oir é	habré oído	oyéremos	hubiéremos oído
oir ás	habrás oído	oyereis	hubiereis oído
oir á	habrá oído	oyeren	hubieren oído
oir emos	habremos oído		
oir éis	habréis oído	**MODO IMPERATIVO**	
oir án	habrán oído		

Condicional (Bello : Pospretérito)	Condicional perfecto (Bello : Antepospretérito)
oir ía	habría oído
oir ías	habrías oído
oir ía	habría oído
oir íamos	habríamos oído
oir íais	habríais oído
oir ían	habrían oído

MODO IMPERATIVO

Presente	
oye (tú)	oigamos (nosotros)
oiga (él, usted)	oíd (vosotros)
	oigan (ellos, ustedes)

FORMAS NO PERSONALES

Tiempos simples	Tiempos compuestos
Infinitivo: **oír**	Infinitivo compuesto haber oído
Gerundio: **oyendo**	Gerundio compuesto habiendo oído
Participio: **oído**	

to smell, guess, discover

42 **oler** verbos irregulares

FORMAS PERSONALES

MODO INDICATIVO		MODO SUBJUNTIVO	
Tiempos simples	Tiempos compuestos	Tiempos simples	Tiempos compuestos

Presente (Bello : Presente)	Pretérito perfecto compuesto (Bello : Antepresente)	Presente (Bello : Presente)	Pretérito perfecto (Bello : Antepresente)
huelo	he olido	**huela**	haya olido
hueles	has olido	**huelas**	hayas olido
huele	ha olido	**huela**	haya olido
ol emos	hemos olido	**ol** amos	hayamos olido
ol éis	habéis olido	**ol** áis	hayáis olido
huelen	han olido	**huelan**	hayan olido

Pretérito imperfecto (Bello : Copretérito)	Pretérito pluscuamperfecto (Bello : Antecopretérito)	Pretérito imperfecto (Bello : Pretérito)	Pretérito pluscuamperfecto (Bello : Antepretérito)
ol ía	había olido	**ol** ie *ra*	hubiera olido
ol ías	habías olido	**ol** ie *ras*	hubieras olido
ol ía	había olido	**ol** ie *ra*	hubiera olido
ol íamos	habíamos olido	**ol** ié *ramos*	hubiéramos olido
ol íais	habíais olido	**ol** ie *rais*	hubierais olido
ol ían	habían olido	**ol** ie *ran*	hubieran olido
		ol ie *se*	hubiese olido
		ol ie *ses*	hubieses olido
Pretérito perfecto simple (Bello : Pretérito)	Pretérito anterior (Bello : Antepretérito)	**ol** ie *se*	hubiese olido
		ol ié *semos*	hubiésemos olido
ol í	hube olido	**ol** ie *seis*	hubieseis olido
ol iste	hubiste olido	**ol** ie *sen*	hubiesen olido
ol ió	hubo olido		
ol imos	hubimos olido	Futuro (Bello : Futuro)	Futuro perfecto (Bello : Antefuturo)
ol isteis	hubisteis olido		
ol ie *ron*	hubieron olido	**ol** ie *re*	hubiere olido
		ol ie *res*	hubieres olido
		ol ie *re*	hubiere olido
Futuro (Bello : Futuro)	Futuro perfecto (Bello : Antefuturo)	**ol** ié *remos*	hubiéremos olido
		ol ie *reis*	hubiereis olido
oler é	habré olido	**ol** ie *ren*	hubieren olido
oler ás	habrás olido		
oler á	habrá olido		
oler emos	habremos olido		
oler éis	habréis olido		
oler án	habrán olido		

MODO IMPERATIVO

Presente	
huele (tú)	**ol** amos (nosotros)
huela (él, usted)	**ol** ed (vosotros)
	huelan (ellos, ustedes)

Condicional (Bello : Pospretérito)	Condicional perfecto (Bello : Antepospretérito)
oler ía	habría olido
oler ías	habrías olido
oler ía	habría olido
oler íamos	habríamos olido
oler íais	habríais olido
oler ían	habrían olido

FORMAS NO PERSONALES

Tiempos simples	Tiempos compuestos
Infinitivo: **oler**	Infinitivo compuesto haber olido
Gerundio: **ol** iendo	Gerundio compuesto habiendo olido
Participio: **ol** ido	

43 parecer verbos irregulares

FORMAS PERSONALES

MODO INDICATIVO		MODO SUBJUNTIVO	
Tiempos simples	Tiempos compuestos	Tiempos simples	Tiempos compuestos

Presente (Bello : Presente)		Pretérito perfecto compuesto (Bello : Antepresente)		Presente (Bello : Presente)		Pretérito perfecto (Bello : Antepresente)	
parezco		he	parecido	parezca		haya	parecido
parec es		has	parecido	parezcas		hayas	parecido
parec e		ha	parecido	parezca		haya	parecido
parec emos		hemos	parecido	parezcamos		hayamos	parecido
parec éis		habéis	parecido	parezcáis		hayáis	parecido
parec en		han	parecido	parezcan		hayan	parecido

Pretérito imperfecto (Bello : Copretérito)		Pretérito pluscuamperfecto (Bello : Antecopretérito)		Pretérito imperfecto (Bello : Pretérito)		Pretérito pluscuamperfecto (Bello : Antepretérito)	
parec ía		había	parecido	parec ie ra		hubiera	parecido
parec ías		habías	parecido	parec ie ras		hubieras	parecido
parec ía		había	parecido	parec ie ra		hubiera	parecido
parec íamos		habíamos	parecido	parec ié ramos		hubiéramos	parecido
parec íais		habíais	parecido	parec ie rais		hubierais	parecido
parec ían		habían	parecido	parec ie ran		hubieran	parecido
				parec ie se		hubiese	parecido
				parec ie ses		hubieses	parecido
Pretérito perfecto simple (Bello : Pretérito)		Pretérito anterior (Bello : Antepretérito)		parec ie se		hubiese	parecido
parec í		hube	parecido	parec ié semos		hubiésemos	parecido
parec iste		hubiste	parecido	parec ie seis		hubieseis	parecido
parec ió		hubo	parecido	parec ie sen		hubiesen	parecido
parec imos		hubimos	parecido				
parec isteis		hubisteis	parecido	Futuro (Bello : Futuro)		Futuro perfecto (Bello : Antefuturo)	
parec ie ron		hubieron	parecido	parec ie re		hubiere	parecido
				parec ie res		hubieres	parecido
Futuro (Bello : Futuro)		Futuro perfecto (Bello : Antefuturo)		parec ie re		hubiere	parecido
parecer é		habré	parecido	parec ié remos		hubiéremos	parecido
parecer ás		habrás	parecido	parec ie reis		hubiereis	parecido
parecer á		habrá	parecido	parec ie ren		hubieren	parecido
parecer emos		habremos	parecido				
parecer éis		habréis	parecido				
parecer án		habrán	parecido				

MODO IMPERATIVO

Presente	
parec e (tú)	parezcamos (nosotros)
parezca (él, usted)	parec ed (vosotros)
	parezcan (ellos, ustedes)

Condicional (Bello : Pospretérito)		Condicional perfecto (Bello : Antepospretérito)	
parecer ía		habría	parecido
parecer ías		habrías	parecido
parecer ía		habría	parecido
parecer íamos		habríamos	parecido
parecer íais		habríais	parecido
parecer ían		habrían	parecido

FORMAS NO PERSONALES

Tiempos simples	Tiempos compuestos
Infinitivo: parecer	Infinitivo compuesto: haber parecido
Gerundio: parec iendo	Gerundio compuesto: habiendo parecido
Participio: parec ido	

79

to ask, request

44 pedir verbos irregulares

FORMAS PERSONALES

MODO INDICATIVO		MODO SUBJUNTIVO	
Tiempos simples	Tiempos compuestos	Tiempos simples	Tiempos compuestos

Presente (Bello : Presente)	Pretérito perfecto compuesto (Bello : Antepresente)	Presente (Bello : Presente)	Pretérito perfecto (Bello : Antepresente)
pido	he pedido	pida	haya pedido
pides	has pedido	pidas	hayas pedido
pide	ha pedido	pida	haya pedido
ped imos	hemos pedido	pidamos	hayamos pedido
ped ís	habéis pedido	pidáis	hayáis pedido
piden	han pedido	pidan	hayan pedido

Pretérito imperfecto (Bello : Copretérito)	Pretérito pluscuamperfecto (Bello : Antecopretérito)	Pretérito imperfecto (Bello : Pretérito)	Pretérito pluscuamperfecto (Bello : Antepretérito)
ped ía	había pedido	pidiera	hubiera pedido
ped ías	habías pedido	pidieras	hubieras pedido
ped ía	había pedido	pidiera	hubiera pedido
ped íamos	habíamos pedido	pidiéramos	hubiéramos pedido
ped íais	habíais pedido	pidierais	hubierais pedido
ped ían	habían pedido	pidieran	hubieran pedido
		pidiese	hubiese pedido
		pidieses	hubieses pedido
		pidiese	hubiese pedido
		pidiésemos	hubiésemos pedido
		pidieseis	hubieseis pedido
		pidiesen	hubiesen pedido

Pretérito perfecto simple (Bello : Pretérito)	Pretérito anterior (Bello : Antepretérito)		
ped í	hube pedido		
ped iste	hubiste pedido		
pidió	hubo pedido		
ped imos	hubimos pedido		
ped isteis	hubisteis pedido		
pidieron	hubieron pedido		

Futuro (Bello : Futuro)	Futuro perfecto (Bello : Antefuturo)
pidiere	hubiere pedido
pidieres	hubieres pedido
pidiere	hubiere pedido
pidiéremos	hubiéremos pedido
pidiereis	hubiereis pedido
pidieren	hubieren pedido

Futuro (Bello : Futuro)	Futuro perfecto (Bello : Antefuturo)
pedir é	habré pedido
pedir ás	habrás pedido
pedir á	habrá pedido
pedir emos	habremos pedido
pedir éis	habréis pedido
pedir án	habrán pedido

MODO IMPERATIVO

Presente	
pide (tú)	pidamos (nosotros)
pida (él, usted)	ped id (vosotros)
	pidan (ellos, ustedes)

Condicional (Bello : Pospretérito)	Condicional perfecto (Bello : Antepospretérito)
pedir ía	habría pedido
pedir ías	habrías pedido
pedir ía	habría pedido
pedir íamos	habríamos pedido
pedir íais	habríais pedido
pedir ían	habrían pedido

FORMAS NO PERSONALES

Tiempos simples	Tiempos compuestos
Infinitivo: **pedir**	Infinitivo compuesto haber pedido
Gerundio: **pidiendo**	Gerundio compuesto habiendo pedido
Participio: **ped** ido	

45 **pensar** verbos irregulares

FORMAS PERSONALES

MODO INDICATIVO

Tiempos simples	Tiempos compuestos

Presente
(Bello : Presente)

Pretérito perfecto compuesto
(Bello : Antepresente)

pienso	he pensado
piensas	has pensado
piensa	ha pensado
pens amos	hemos pensado
pens áis	habéis pensado
piensan	han pensado

Pretérito imperfecto
(Bello : Copretérito)

Pretérito pluscuamperfecto
(Bello : Antecopretérito)

pens aba	había pensado
pens abas	habías pensado
pens aba	había pensado
pens ábamos	habíamos pensado
pens abais	habíais pensado
pens aban	habían pensado

Pretérito perfecto simple
(Bello : Pretérito)

Pretérito anterior
(Bello : Antepretérito)

pens é	hube pensado
pens aste	hubiste pensado
pens ó	hubo pensado
pens amos	hubimos pensado
pens asteis	hubisteis pensado
pens a ron	hubieron pensado

Futuro
(Bello : Futuro)

Futuro perfecto
(Bello : Antefuturo)

pensar é	habré pensado
pensar ás	habrás pensado
pensar á	habrá pensado
pensar emos	habremos pensado
pensar éis	habréis pensado
pensar án	habrán pensado

Condicional
(Bello : Pospretérito)

Condicional perfecto
(Bello : Antepospretérito)

pensar ía	habría pensado
pensar ías	habrías pensado
pensar ía	habría pensado
pensar íamos	habríamos pensado
pensar íais	habríais pensado
pensar ían	habrían pensado

MODO SUBJUNTIVO

Tiempos simples	Tiempos compuestos

Presente
(Bello : Presente)

Pretérito perfecto
(Bello : Antepresente)

piense	haya pensado
pienses	hayas pensado
piense	haya pensado
pens emos	hayamos pensado
pens éis	hayáis pensado
piensen	hayan pensado

Pretérito imperfecto
(Bello : Pretérito)

Pretérito pluscuamperfecto
(Bello : Antepretérito)

pens a ra	hubiera pensado
pens a ras	hubieras pensado
pens a ra	hubiera pensado
pens á ramos	hubiéramos pensado
pens a rais	hubierais pensado
pens a ran	hubieran pensado
pens a se	hubiese pensado
pens a ses	hubieses pensado
pens a se	hubiese pensado
pens á semos	hubiésemos pensado
pens a seis	hubieseis pensado
pens a sen	hubiesen pensado

Futuro
(Bello : Futuro)

Futuro perfecto
(Bello : Antefuturo)

pens a re	hubiere pensado
pens a res	hubieres pensado
pens a re	hubiere pensado
pens á remos	hubiéremos pensado
pens a reis	hubiereis pensado
pens a ren	hubieren pensado

MODO IMPERATIVO

Presente

piensa (tú)	**pens** emos (nosotros)
piense (él, usted)	**pens** ad (vosotros)
	piensen (ellos, ustedes)

FORMAS NO PERSONALES

Tiempos simples	Tiempos compuestos
Infinitivo: **pensar**	Infinitivo compuesto haber pensado
Gerundio: **pens** ando	Gerundio compuesto habiendo pensado
Participio: **pens** ado	

81

to please, gratify

46 **placer** verbos irregulares

FORMAS PERSONALES

MODO INDICATIVO		MODO SUBJUNTIVO	
Tiempos simples	Tiempos compuestos	Tiempos simples	Tiempos compuestos

Presente (Bello : Presente)	Pretérito perfecto compuesto (Bello : Antepresente)	Presente (Bello : Presente)	Pretérito perfecto (Bello : Antepresente)
plazco	he placido	**plazca**	haya placido
plac es	has placido	**plazcas**	hayas placido
plac e	ha placido	**plazca; plegue**	haya placido
plac emos	hemos placido	**plazcamos**	hayamos placido
plac éis	habéis placido	**plazcáis**	hayáis placido
plac en	han placido	**plazcan**	hayan placido

Pretérito imperfecto (Bello : Copretérito)	Pretérito pluscuamperfecto (Bello : Antecopretérito)	Pretérito imperfecto (Bello : Pretérito)	Pretérito pluscuamperfecto (Bello : Antepretérito)
plac ía	había placido	**plac** ie *ra*	hubiera placido
plac ías	habías placido	**plac** ie *ras*	hubieras placido
plac ía	había placido	**plac** ie *ra*; pluguiera	hubiera placido
plac íamos	habíamos placido	**plac** ié *ramos*	hubiéramos placido
plac íais	habíais placido	**plac** ie *rais*	hubierais placido
plac ían	habían placido	**plac** ie *ran*	hubieran placido
		plac ie *se*	hubiese placido
		plac ie *ses*	hubieses placido
Pretérito perfecto simple (Bello : Pretérito)	Pretérito anterior (Bello : Antepretérito)	**plac** ie *se*; pluguiese	hubiese placido
		plac ié *semos*	hubiésemos placido
plac í	hube placido	**plac** ie *seis*	hubieseis placido
plac iste	hubiste placido	**plac** ie *sen*	hubiesen placido
plac ió; **plugo**	hubo placido		
plac imos	hubimos placido	Futuro (Bello : Futuro)	Futuro perfecto (Bello : Antefuturo)
plac isteis	hubisteis placido		
plac ie *ron*; **pluguieron**	hubieron placido	**plac** ie *re*	hubiere placido
		plac ie *res*	hubieres placido
		plac ie *re*; pluguiere	hubiere placido
Futuro (Bello : Futuro)	Futuro perfecto (Bello : Antefuturo)	**plac** ié *remos*	hubiéremos placido
		plac ie *reis*	hubiereis placido
placer é	habré placido	**plac** ie *ren*	hubieren placido
placer ás	habrás placido		
placer á	habrá placido		
placer emos	habremos placido		
placer éis	habréis placido	**MODO IMPERATIVO**	
placer án	habrán placido		

Presente	
plac e (tú)	**plazcamos** (nosotros)
plazca (él, usted)	**plac** ed (vosotros)
	plazcan (ellos, ustedes)

Condicional (Bello : Pospretérito)	Condicional perfecto (Bello : Antepospretérito)
placer ía	habría placido
placer ías	habrías placido
placer ía	habría placido
placer íamos	habríamos placido
placer íais	habríais placido
placer ían	habrían placido

FORMAS NO PERSONALES

Tiempos simples	Tiempos compuestos
Infinitivo: **placer**	Infinitivo compuesto haber placido
Gerundio: **plac** iendo	Gerundio compuesto habiendo placido
Participio: **plac** ido	

47 poder verbos irregulares

FORMAS PERSONALES

MODO	INDICATIVO	MODO SUBJUNTIVO	
Tiempos simples	Tiempos compuestos	Tiempos simples	Tiempos compuestos

Presente (Bello : Presente)	Pretérito perfecto compuesto (Bello : Antepresente)	Presente (Bello : Presente)	Pretérito perfecto (Bello : Antepresente)
puedo	he podido	pueda	haya podido
puedes	has podido	puedas	hayas podido
puede	ha podido	pueda	haya podido
pod emos	hemos podido	pod amos	hayamos podido
pod éis	habéis podido	pod áis	hayáis podido
pueden	han podido	puedan	hayan podido

Pretérito imperfecto (Bello : Copretérito)	Pretérito pluscuamperfecto (Bello : Antecopretérito)	Pretérito imperfecto (Bello : Pretérito)	Pretérito pluscuamperfecto (Bello : Antepretérito)
pod ía	había podido	pudiera	hubiera podido
pod ías	habías podido	pudieras	hubieras podido
pod ía	había podido	pudiera	hubiera podido
pod íamos	habíamos podido	pudiéramos	hubiéramos podido
pod íais	habíais podido	pudierais	hubierais podido
pod ían	habían podido	pudieran	hubieran podido
		pudiese	hubiese podido
		pudieses	hubieses podido
		pudiese	hubiese podido
		pudiésemos	hubiésemos podido
		pudieseis	hubieseis podido
		pudiesen	hubiesen podido

Pretérito perfecto simple (Bello : Pretérito)	Pretérito anterior (Bello : Antepretérito)		
pude	hube podido		
pudiste	hubiste podido		
pudo	hubo podido		
pudimos	hubimos podido		
pudisteis	hubisteis podido		
pudieron	hubieron podido		

		Futuro (Bello : Futuro)	Futuro perfecto (Bello : Antefuturo)
		pudiere	hubiere podido
		pudieres	hubieres podido
		pudiere	hubiere podido
		pudiéremos	hubiéremos podido
		pudiereis	hubiereis podido
		pudieren	hubieren podido

Futuro (Bello : Futuro)	Futuro perfecto (Bello : Antefuturo)
podré	habré podido
podrás	habrás podido
podrá	habrá podido
podremos	habremos podido
podréis	habréis podido
podrán	habrán podido

MODO IMPERATIVO

Presente	pod amos (nosotros)
puede (tú)	pod ed (vosotros)
pueda (él, usted)	puedan (ellos, ustedes)

Condicional (Bello : Pospretérito)	Condicional perfecto (Bello : Antepospretérito)
podría	habría podido
podrías	habrías podido
podría	habría podido
podríamos	habríamos podido
podríais	habríais podido
podrían	habrían podido

FORMAS NO PERSONALES

Tiempos simples	Tiempos compuestos
Infinitivo: **poder**	Infinitivo compuesto haber podido
Gerundio: **pudiendo**	Gerundio compuesto habiendo podido
	Participio: **pod** ido

to rot, irritate, provoke

48 **podrir** o **pudrir** verbos irregulares

FORMAS PERSONALES

MODO INDICATIVO

Tiempos simples	Tiempos compuestos
Presente (Bello : Presente)	**Pretérito perfecto compuesto** (Bello : Antepresente)
pudr o	he podrido
pudr es	has podrido
pudr e	ha podrido
pudr imos	hemos podrido
pudr ís	habéis podrido
pudr en	han podrido
Pretérito imperfecto (Bello : Copretérito)	**Pretérito pluscuamperfecto** (Bello : Antecopretérito)
pudr ía	había podrido
pudr ías	habías podrido
pudr ía	había podrido
pudr íamos	habíamos podrido
pudr íais	habíais podrido
pudr ían	habían podrido
Pretérito perfecto simple (Bello : Pretérito)	**Pretérito anterior** (Bello : Antepretérito)
pudr í ; **podr** í	hube podrido
pudr iste	hubiste podrido
pudr ió	hubo podrido
pudr imos	hubimos podrido
pudr isteis	hubisteis podrido
pudr ie _ron_	hubieron podrido
Futuro (Bello : Futuro)	**Futuro perfecto** (Bello : Antefuturo)
pudrir é ; **podrir** é	habré podrido
pudrir ás	habrás podrido
pudrir á	habrá podrido
pudrir emos	habremos podrido
pudrir éis	habréis podrido
pudrir án	habrán podrido
Condicional (Bello : Pospretérito)	**Condicional perfecto** (Bello : Antepospretérito)
pudrir ía ; **podrir** ía	habría podrido
pudrir ías	habrías podrido
pudrir ía	habría podrido
pudrir íamos	habríamos podrido
pudrir íais	habríais podrido
pudrir ían	habrían podrido

MODO SUBJUNTIVO

Tiempos simples	Tiempos compuestos
Presente (Bello : Presente)	**Pretérito perfecto** (Bello : Antepresente)
pudr a	haya podrido
pudr as	hayas podrido
pudr a	haya podrido
pudr amos	hayamos podrido
pudr áis	hayáis podrido
pudr an	hayan podrido
Pretérito imperfecto (Bello : Pretérito)	**Pretérito pluscuamperfecto** (Bello : Antepretérito)
pudr ie _ra_	hubiera podrido
pudr ie _ras_	hubieras podrido
pudr ie _ra_	hubiera podrido
pudr ié _ramos_	hubiéramos podrido
pudr ie _rais_	hubierais podrido
pudr ie _ran_	hubieran podrido
pudr ie _se_	hubiese podrido
pudr ie _ses_	hubieses podrido
pudr ie _se_	hubiese podrido
pudr ié _semos_	hubiésemos podrido
pudr ie _seis_	hubieseis podrido
pudr ie _sen_	hubiesen podrido
Futuro (Bello : Futuro)	**Futuro perfecto** (Bello : Antefuturo)
pudr ie _re_	hubiere podrido
pudr ie _res_	hubieres podrido
pudr ie _re_	hubiere podrido
pudr ié _remos_	hubiéremos podrido
pudr ie _reis_	hubiereis podrido
pudr ie _ren_	hubieren podrido

MODO IMPERATIVO

Presente	
pudr e (tú)	**pudr** amos (nosotros)
pudr a (él, usted)	**pudr** id (vosotros)
	pudr an (ellos, ustedes)

FORMAS NO PERSONALES

Tiempos simples	Tiempos compuestos
Infinitivo: **podrir** o **pudrir**	Infinitivo compuesto haber podrido
Gerundio: **pudr** iendo	
Participio: **podr** ido	Gerundio compuesto habiendo podrido

Este verbo puede ser indistintamente usado, podrir o pudrir en el infinitivo. La Academia ha preferido fijar la _u_ a la _o_ en todos los modos, tiempos y personas, excepto en el infinitivo y el participio (podrido) que nunca será usado con _u._

49 **poner** verbos irregulares

to place, put (handwritten annotation)

FORMAS PERSONALES

MODO INDICATIVO		MODO SUBJUNTIVO	
Tiempos simples	Tiempos compuestos	Tiempos simples	Tiempos compuestos

Presente (Bello : Presente)	Pretérito perfecto compuesto (Bello : Antepresente)	Presente (Bello : Presente)	Pretérito perfecto (Bello : Antepresente)
pongo	he puesto	ponga	haya puesto
pon es	has puesto	pongas	hayas puesto
pon e	ha puesto	ponga	haya puesto
pon emos	hemos puesto	pongamos	hayamos puesto
pon éis	habéis puesto	pongáis	hayáis puesto
pon en	han puesto	pongan	hayan puesto

Pretérito imperfecto (Bello : Copretérito)	Pretérito pluscuamperfecto (Bello : Antecopretérito)
pon ía	había puesto
pon ías	habías puesto
pon ía	había puesto
pon íamos	habíamos puesto
pon íais	habíais puesto
pon ían	habían puesto

Pretérito imperfecto (Bello : Pretérito) — Pretérito pluscuamperfecto (Bello : Antepretérito)

pusiera	hubiera puesto
pusieras	hubieras puesto
pusiera	hubiera puesto
pusiéramos	hubiéramos puesto
pusierais	hubierais puesto
pusieran	hubieran puesto

pusiese	hubiese puesto
pusieses	hubieses puesto
pusiese	hubiese puesto
pusiésemos	hubiésemos puesto
pusieseis	hubieseis puesto
pusiesen	hubiesen puesto

Pretérito perfecto simple (Bello : Pretérito)	Pretérito anterior (Bello : Antepretérito)
puse	hube puesto
pusiste	hubiste puesto
puso	hubo puesto
pusimos	hubimos puesto
pusisteis	hubisteis puesto
pusieron	hubieron puesto

Futuro (Bello : Futuro) — Futuro perfecto (Bello : Antefuturo)

pusiere	hubiere puesto
pusieres	hubieres puesto
pusiere	hubiere puesto
pusiéremos	hubiéremos puesto
pusiereis	hubiereis puesto
pusieren	hubieren puesto

Futuro (Bello : Futuro)	Futuro perfecto (Bello : Antefuturo)
pondré	habré puesto
pondrás	habrás puesto
pondrá	habrá puesto
pondremos	habremos puesto
pondréis	habréis puesto
pondrán	habrán puesto

MODO IMPERATIVO

Presente	
pon (tú)	pongamos (nosotros)
ponga (él, usted)	pon ed (vosotros)
	pongan (ellos, ustedes)

Condicional (Bello : Pospretérito)	Condicional perfecto (Bello : Antepospretérito)
pondría	habría puesto
pondrías	habrías puesto
pondría	habría puesto
pondríamos	habríamos puesto
pondríais	habríais puesto
pondrían	habrían puesto

FORMAS NO PERSONALES

Tiempos simples	Tiempos compuestos
Infinitivo: **poner**	Infinitivo compuesto haber puesto
Gerundio: **pon** iendo	Gerundio compuesto habiendo puesto
Participio: **puesto**	

50 predecir verbos irregulares

to foretell, prophesy

FORMAS PERSONALES

MODO INDICATIVO		MODO SUBJUNTIVO	
Tiempos simples	Tiempos compuestos	Tiempos simples	Tiempos compuestos

Presente (Bello : Presente)	Pretérito perfecto compuesto (Bello : Antepresente)	Presente (Bello : Presente)	Pretérito perfecto (Bello : Antepresente)
predigo	he predicho	**prediga**	haya predicho
predices	has predicho	**predigas**	hayas predicho
predice	ha predicho	**prediga**	haya predicho
predec imos	hemos predicho	**predigamos**	hayamos predicho
predec ís	habéis predicho	**predigáis**	hayáis predicho
predicen	han predicho	**predigan**	hayan predicho

Pretérito imperfecto (Bello : Copretérito)	Pretérito pluscuamperfecto (Bello : Antecopretérito)	Pretérito imperfecto (Bello : Pretérito)	Pretérito pluscuamperfecto (Bello : Antepretérito)
predec ía	había predicho	**predijera**	hubiera predicho
predec ías	habías predicho	**predijeras**	hubieras predicho
predec ía	había predicho	**predijera**	hubiera predicho
predec íamos	habíamos predicho	**predijéramos**	hubiéramos predicho
predec íais	habíais predicho	**predijerais**	hubierais predicho
predec ían	habían predicho	**predijeran**	hubieran predicho
		predijese	hubiese predicho
		predijeses	hubieses predicho
		predijese	hubiese predicho
		predijésemos	hubiésemos predicho
		predijeseis	hubieseis predicho
		predijesen	hubiesen predicho

Pretérito perfecto simple (Bello : Pretérito)	Pretérito anterior (Bello : Antepretérito)	Futuro (Bello : Futuro)	Futuro perfecto (Bello : Antefuturo)
predije	hube predicho	**predijere**	hubiere predicho
predijiste	hubiste predicho	**predijeres**	hubieres predicho
predijo	hubo predicho	**predijere**	hubiere predicho
predijimos	hubimos predicho	**predijéremos**	hubiéremos predicho
predijisteis	hubisteis predicho	**predijereis**	hubiereis predicho
predijeron	hubieron predicho	**predijeren**	hubieren predicho

Futuro (Bello : Futuro)	Futuro perfecto (Bello : Antefuturo)
predecir é	habré predicho
predecir ás	habrás predicho
predecir á	habrá predicho
predecir emos	habremos predicho
predecir éis	habréis predicho
predecir án	habrán predicho

MODO IMPERATIVO

Presente	
predice (tú)	**predigamos** (nosotros)
prediga (él, usted)	**predec** id (vosotros)
	predigan (ellos, ustedes)

Condicional (Bello : Pospretérito)	Condicional perfecto (Bello : Antepospretérito)
predecir ía	habría predicho
predecir ías	habrías predicho
predecir ía	habría predicho
predecir íamos	habríamos predicho
predecir íais	habríais predicho
predecir ían	habrían predicho

FORMAS NO PERSONALES

Tiempos simples	Tiempos compuestos
Infinitivo: **predecir**	Infinitivo compuesto haber predicho
Gerundio: **prediciendo**	Gerundio compuesto habiendo predicho
Participio: **predicho***	

* Los verbos **bendecir** y **maldecir** tienen dos participios, regular e irregular. (v. páginas 248-249).

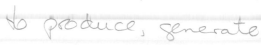
to produce, generate

51 producir verbos irregulares

FORMAS PERSONALES

MODO INDICATIVO		MODO SUBJUNTIVO
Tiempos simples	Tiempos compuestos	Tiempos simples	Tiempos compuestos

Presente (Bello : Presente)	Pretérito perfecto compuesto (Bello : Antepresente)	Presente (Bello : Presente)	Pretérito perfecto (Bello : Antepresente)
produzco	he producido	**produzca**	haya producido
produc es	has producido	**produzcas**	hayas producido
produc e	ha producido	**produzca**	haya producido
produc imos	hemos producido	**produzcamos**	hayamos producido
produc ís	habéis producido	**produzcáis**	hayáis producido
produc en	han producido	**produzcan**	hayan producido

		Pretérito imperfecto (Bello : Pretérito)	Pretérito pluscuamperfecto (Bello : Antepretérito)
Pretérito imperfecto (Bello : Copretérito)	Pretérito pluscuamperfecto (Bello : Antecopretérito)	**produjera**	hubiera producido
produc ía	había producido	**produjeras**	hubieras producido
produc ías	habías producido	**produjera**	hubiera producido
produc ía	había producido	**produjéramos**	hubiéramos producido
produc íamos	habíamos producido	**produjerais**	hubierais producido
produc íais	habíais producido	**produjeran**	hubieran producido
produc ían	habían producido		
		produjese	hubiese producido
		produjeses	hubieses producido
Pretérito perfecto simple (Bello : Pretérito)	Pretérito anterior (Bello : Antepretérito)	**produjese**	hubiese producido
produje	hube producido	**produjésemos**	hubiésemos producido
produjiste	hubiste producido	**produjeseis**	hubieseis producido
produjo	hubo producido	**produjesen**	hubiesen producido
produjimos	hubimos producido		
produjisteis	hubisteis producido	Futuro (Bello : Futuro)	Futuro perfecto (Bello : Antefuturo)
produjeron	hubieron producido	**produjere**	hubiere producido
		produjeres	hubieres producido
Futuro (Bello : Futuro)	Futuro perfecto (Bello : Antefuturo)	**produjere**	hubiere producido
producir é	habré producido	**produjéremos**	hubiéremos producido
producir ás	habrás producido	**produjereis**	hubiereis producido
producir á	habrá producido	**produjeren**	hubieren producido
producir emos	habremos producido		
producir éis	habréis producido		
producir án	habrán producido	**MODO IMPERATIVO**	

		Presente	**produzcamos**(nosotros)
		produc e (tú)	**produc** id (vosotros)
		produzca (él. usted)	**produzcan**(ellos, ustedes)

Condicional (Bello : Pospretérito)	Condicional perfecto (Bello : Antepospretérito)
producir ía	habría producido
producir ías	habrías producido
producir ía	habría producido
producir íamos	habríamos producido
producir íais	habríais producido
producir ían	habrían producido

FORMAS NO PERSONALES

Tiempos simples	Tiempos compuestos
Infinitivo: **producir**	Infinitivo compuesto haber producido
Gerundio: **produc** iendo	
Participio: **produc** ido	Gerundio compuesto habiendo producido

87

to want, desire

52 **querer** verbos irregulares

FORMAS PERSONALES

MODO INDICATIVO

Tiempos simples	Tiempos compuestos

Presente
(Bello : Presente)

quiero	he	querido
quieres	has	querido
quiere	ha	querido
quer emos	hemos	querido
quer éis	habéis	querido
quieren	han	querido

Pretérito perfecto compuesto
(Bello : Antepresente)

Pretérito imperfecto
(Bello : Copretérito)

quer ía	había	querido
quer ías	habías	querido
quer ía	había	querido
quer íamos	habíamos	querido
quer íais	habíais	querido
quer ían	habían	querido

Pretérito pluscuamperfecto
(Bello : Antecopretérito)

Pretérito perfecto simple
(Bello : Pretérito)

quise	hube	querido
quisiste	hubiste	querido
quiso	hubo	querido
quisimos	hubimos	querido
quisisteis	hubisteis	querido
quisieron	hubieron	querido

Pretérito anterior
(Bello : Antepretérito)

Futuro
(Bello : Futuro)

querré	habré	querido
querrás	habrás	querido
querrá	habrá	querido
querremos	habremos	querido
querréis	habréis	querido
querrán	habrán	querido

Futuro perfecto
(Bello : Antefuturo)

Condicional
(Bello : Pospretérito)

querría	habría	querido
querrías	habrías	querido
querría	habría	querido
querríamos	habríamos	querido
querríais	habríais	querido
querrían	habrían	querido

Condicional perfecto
(Bello : Antepospretérito)

MODO SUBJUNTIVO

Tiempos simples	Tiempos compuestos

Presente
(Bello : Presente)

quiera	haya	querido
quieras	hayas	querido
quiera	haya	querido
quer amos	hayamos	querido
quer áis	hayáis	querido
quieran	hayan	querido

Pretérito perfecto
(Bello : Antepresente)

Pretérito imperfecto
(Bello : Pretérito)

quisiera	hubiera	querido
quisieras	hubieras	querido
quisiera	hubiera	querido
quisiéramos	hubiéramos	querido
quisierais	hubierais	querido
quisieran	hubieran	querido
quisiese	hubiese	querido
quisieses	hubieses	querido
quisiese	hubiese	querido
quisiésemos	hubiésemos	querido
quisieseis	hubieseis	querido
quisiesen	hubiesen	querido

Pretérito pluscuamperfecto
(Bello : Antepretérito)

Futuro
(Bello : Futuro)

quisiere	hubiere	querido
quisieres	hubieres	querido
quisiere	hubiere	querido
quisiéremos	hubiéremos	querido
quisiereis	hubiereis	querido
quisieren	hubieren	querido

Futuro perfecto
(Bello : Antefuturo)

MODO IMPERATIVO

Presente	
quiere (tú)	quer amos (nosotros)
quiera (él, usted)	quer ed (vosotros)
	quieran (ellos, ustedes)

FORMAS NO PERSONALES

Tiempos simples	Tiempos compuestos
Infinitivo: **querer**	Infinitivo compuesto haber querido
Gerundio: **quer** iendo	
Participio: **quer** ido	Gerundio compuesto habiendo querido

53 **raer** verbos irregulares

FORMAS PERSONALES

MODO INDICATIVO		MODO SUBJUNTIVO	
Tiempos simples	Tiempos compuestos	Tiempos simples	Tiempos compuestos

Presente (Bello : Presente)		Pretérito perfecto compuesto (Bello : Antepresente)		Presente (Bello : Presente)			Pretérito perfecto (Bello : Antepresente)	
ra o;	raigo; rayo	he	raído	raiga	; raya	haya	raído
ra es		has	raído	raigas	; rayas	hayas	raído
ra e		ha	raído	raiga	; raya	haya	raído
ra emos		hemos	raído	raigamos;	rayamos	hayamos	raído
ra éis		habéis	raído	raigáis	; rayáis	hayáis	raído
ra en		han	raído	raigan	; rayan	hayan	raído

Pretérito imperfecto (Bello : Copretérito)	Pretérito pluscuamperfecto (Bello : Antecopretérito)		Pretérito imperfecto (Bello : Pretérito)	Pretérito pluscuamperfecto (Bello : Antepretérito)	
ra ía	había	raído	rayera	hubiera	raído
ra ías	habías	raído	rayeras	hubieras	raído
ra ía	había	raído	rayera	hubiera	raído
ra íamos	habíamos	raído	rayéramos	hubiéramos	raído
ra íais	habíais	raído	rayerais	hubierais	raído
ra ían	habían	raído	rayeran	hubieran	raído
			rayese	hubiese	raído
			rayeses	hubieses	raído
			rayese	hubiese	raído
			rayésemos	hubiésemos	raído
			rayeseis	hubieseis	raído
			rayesen	hubiesen	raído

Pretérito perfecto simple (Bello : Pretérito)	Pretérito anterior (Bello : Antepretérito)	
ra í	hube	raído
raíste	hubiste	raído
rayó	hubo	raído
raimos	hubimos	raído
raísteis	hubisteis	raído
rayeron	hubieron	raído

Futuro (Bello : Futuro)	Futuro perfecto (Bello : Antefuturo)	
rayere	hubiere	raído
rayeres	hubieres	raído
rayere	hubiere	raído
rayéremos	hubiéremos	raído
rayereis	hubiereis	raído
rayeren	hubieren	raído

Futuro (Bello : Futuro)	Futuro perfecto (Bello : Antefuturo)	
raer é	habré	raído
raer ás	habrás	raído
raer á	habrá	raído
raer emos	habremos	raído
raer éis	habréis	raído
raer án	habrán	raído

MODO IMPERATIVO

Presente	
	raigamos ; rayamos (nosotros)
ra e (tú)	ra ed (vosotros)
raiga ; raya (él, usted)	raigan ; rayan (ellos, ustedes)

Condicional (Bello : Pospretérito)	Condicional perfecto (Bello : Antepospretérito)	
raer ía	habría	raído
raer ías	habrías	raído
raer ía	habría	raído
raer íamos	habríamos	raído
raer íais	habríais	raído
raer ían	habrían	raído

FORMAS NO PERSONALES

Tiempos simples	Tiempos compuestos
Infinitivo: **raer**	Infinitivo compuesto haber raído
Gerundio: **rayendo**	Gerundio compuesto habiendo raído
Participio: **raído**	

89

to water, sprinkle

54 **regar** verbos irregulares

FORMAS PERSONALES

MODO INDICATIVO		MODO SUBJUNTIVO	
Tiempos simples	Tiempos compuestos	Tiempos simples	Tiempos compuestos

Presente (Bello : Presente)	Pretérito perfecto compuesto (Bello : Antepresente)	Presente (Bello : Presente)	Pretérito perfecto (Bello : Antepresente)
riego	he regado	**riegue**	haya regado
riegas	has regado	**riegues**	hayas regado
riega	ha regado	**riegue**	haya regado
reg amos	hemos regado	**reguemos**	hayamos regado
reg áis	habéis regado	**reguéis**	hayáis regado
riegan	han regado	**rieguen**	hayan regado

Pretérito imperfecto (Bello : Copretérito)	Pretérito pluscuamperfecto (Bello : Antecopretérito)	Pretérito imperfecto (Bello : Pretérito)	Pretérito pluscuamperfecto (Bello : Antepretérito)
reg aba	había regado	**reg** a ra	hubiera regado
reg abas	habías regado	**reg** a ras	hubieras regado
reg aba	había regado	**reg** a ra	hubiera regado
reg ábamos	habíamos regado	**reg** á ramos	hubiéramos regado
reg abais	habíais regado	**reg** a rais	hubierais regado
reg aban	habían regado	**reg** a ran	hubieran regado
		reg a se	hubiese regado
		reg a ses	hubieses regado
		reg a se	hubiese regado
		reg á semos	hubiésemos regado
		reg a seis	hubieseis regado
		reg a sen	hubiesen regado

Pretérito perfecto simple (Bello : Pretérito)	Pretérito anterior (Bello : Antepretérito)		
regué	hube regado		
reg aste	hubiste regado		
reg ó	hubo regado		
reg amos	hubimos regado		
reg asteis	hubisteis regado		
reg a ron	hubieron regado		

		Futuro (Bello : Futuro)	Futuro perfecto (Bello : Antefuturo)
		reg a re	hubiere regado
		reg a res	hubieres regado
		reg a re	hubiere regado
		reg á remos	hubiéremos regado
		reg a reis	hubiereis regado
		reg a ren	hubieren regado

Futuro (Bello : Futuro)	Futuro perfecto (Bello : Antefuturo)
regar é	habré regado
regar ás	habrás regado
regar á	habrá regado
regar emos	habremos regado
regar éis	habréis regado
regar án	habrán regado

MODO IMPERATIVO

Presente	
riega (tú)	**reguemos** (nosotros)
riegue (él, usted)	**reg** ad (vosotros)
	rieguen (ellos, ustedes)

Condicional (Bello : Pospretérito)	Condicional perfecto (Bello : Antepospretérito)
regar ía	habría regado
regar ías	habrías regado
regar ía	habría regado
regar íamos	habríamos regado
regar íais	habríais regado
regar ían	habrían regado

FORMAS NO PERSONALES

Tiempos simples	Tiempos compuestos
Infinitivo: **regar**	Infinitivo compuesto haber regado
Gerundio: **reg** ando	Gerundio compuesto habiendo regado
Participio: **reg** ado	

55 reír verbos irregulares

FORMAS PERSONALES

MODO INDICATIVO		MODO SUBJUNTIVO	
Tiempos simples	Tiempos compuestos	Tiempos simples	Tiempos compuestos

Presente (Bello : Presente)	Pretérito perfecto compuesto (Bello : Antepresente)	Presente (Bello : Presente)	Pretérito perfecto (Bello : Antepresente)
río	he reído	ría	haya reído
ríes	has reído	rías	hayas reído
ríe	ha reído	ría	haya reído
reímos	hemos reído	riamos	hayamos reído
re ís	habéis reído	riáis	hayáis reído
ríen	han reído	rían	hayan reído

Pretérito imperfecto (Bello : Copretérito)	Pretérito pluscuamperfecto (Bello : Antecopretérito)	Pretérito imperfecto (Bello : Pretérito)	Pretérito pluscuamperfecto (Bello : Antepretérito)
re ía	había reído	riera	hubiera reído
re ías	habías reído	rieras	hubieras reído
re ía	había reído	riera	hubiera reído
re íamos	habíamos roído	riéramos	hubiéramos reído
re íais	habíais reído	rierais	hubierais reído
re ían	habían reído	rieran	hubieran reído
		riese	hubiese reído
		rieses	hubieses reído
Pretérito perfecto simple (Bello : Pretérito)	Pretérito anterior (Bello : Antepretérito)	riese	hubiese reído
		riésemos	hubiésemos reído
re í	hube reído	rieseis	hubieseis reído
reíste	hubiste reído	riesen	hubiesen reído
rió	hubo reído		
reímos	hubimos reído	Futuro (Bello : Futuro)	Futuro perfecto (Bello : Antefuturo)
reísteis	hubisteis reído		
rieron	hubieron reído	riere	hubiere reído
		rieres	hubieres reído
		riere	hubiere reído
Futuro (Bello : Futuro)	Futuro perfecto (Bello : Antefuturo)	riéremos	hubiéremos reído
		riereis	hubiereis reído
reir é	habré reído	rieren	hubieren reído
reir ás	habrás reído		
reir á	habrá reído		
reir emos	habremos reído		
reir éis	habréis reído	**MODO IMPERATIVO**	
reir án	habrán reído		

		Presente	riamos (nosotros)
Condicional (Bello : Pospretérito)	Condicional perfecto (Bello : Antepospretérito)	ríe (tú)	reíd (vosotros)
		ría (él, usted)	rían (ellos, ustedes)

		FORMAS NO PERSONALES	
reir ía	habría reído	Tiempos simples	Tiempos compuestos
reir ías	habrías reído		
reir ía	habría reído	Infinitivo: **reír**	Infinitivo compuesto
reir íamos	habríamos reído		haber reído
reir íais	habríais reído	Gerundio: **riendo**	
reir ían	habrían reído		Gerundio compuesto
		Participio: **reído**	habiendo reído

91

56 reñir verbos irregulares

FORMAS PERSONALES

MODO INDICATIVO		MODO SUBJUNTIVO	
Tiempos simples	Tiempos compuestos	Tiempos simples	Tiempos compuestos

Presente (Bello : Presente)	Pretérito perfecto compuesto (Bello : Antepresente)	Presente (Bello : Presente)	Pretérito perfecto (Bello : Antepresente)
riño	he reñido	riña	haya reñido
riñes	has reñido	riñas	hayas reñido
riñe	ha reñido	riña	haya reñido
reñ imos	hemos reñido	riñamos	hayamos reñido
reñ ís	habéis reñido	riñáis	hayáis reñido
riñen	han reñido	riñan	hayan reñido

Pretérito imperfecto (Bello : Copretérito)	Pretérito pluscuamperfecto (Bello : Antecopretérito)	Pretérito imperfecto (Bello : Pretérito)	Pretérito pluscuamperfecto (Bello : Antepretérito)
reñ ía	había reñido	riñera	hubiera reñido
reñ ías	habías reñido	riñeras	hubieras reñido
reñ ía	había reñido	riñera	hubiera reñido
reñ íamos	habíamos reñido	riñéramos	hubiéramos reñido
reñ íais	habíais reñido	riñerais	hubierais reñido
reñ ían	habían reñido	riñeran	hubieran reñido
		riñese	hubiese reñido
		riñeses	hubieses reñido
		riñese	hubiese reñido
		riñésemos	hubiésemos reñido
		riñeseis	hubieseis reñido
		riñesen	hubiesen reñido

Pretérito perfecto simple (Bello : Pretérito)	Pretérito anterior (Bello : Antepretérito)		
reñ í	hube reñido		
reñ iste	hubiste reñido		
riñó	hubo reñido		
reñ imos	hubimos reñido		
reñ isteis	hubisteis reñido		
riñeron	hubieron reñido		

Futuro (Bello : Futuro)	Futuro perfecto (Bello : Antefuturo)	Futuro (Bello : Futuro)	Futuro perfecto (Bello : Antefuturo)
		riñere	hubiere reñido
		riñeres	hubieres reñido
		riñere	hubiere reñido
reñir é	habré reñido	riñéremos	hubiéremos reñido
reñir ás	habrás reñido	riñereis	hubiereis reñido
reñir á	habrá reñido	riñeren	hubieren reñido
reñir emos	habremos reñido		
reñir éis	habréis reñido		
reñir án	habrán reñido		

MODO IMPERATIVO

Presente	
riñ e (tú)	riñamos (nosotros)
riña (él, usted)	reñ id (vosotros)
	riñan (ellos, ustedes)

Condicional (Bello : Pospretérito)	Condicional perfecto (Bello : Antepospretérito)
reñir ía	habría reñido
reñir ías	habrías reñido
reñir ía	habría reñido
reñir íamos	habríamos reñido
reñir íais	habríais reñido
reñir ían	habrían reñido

FORMAS NO PERSONALES

Tiempos simples	Tiempos compuestos
Infinitivo: reñir	Infinitivo compuesto haber reñido
Gerundio:	Gerundio compuesto habiendo reñido
Participio: reñ ido	

92

57 roer verbos irregulares

FORMAS PERSONALES

MODO INDICATIVO		MODO SUBJUNTIVO	
Tiempos simples	Tiempos compuestos	Tiempos simples	Tiempos compuestos

Presente (Bello : Presente)	Pretérito perfecto compuesto (Bello : Antepresente)	Presente (Bello: Presente)		Pretérito perfecto (Bello: Antepresente)	
ro o; roigo; royo	he roído	ro a;	roiga;	roya haya	roído
ro es	has roído	ro as;	roigas;	royas hayas	roído
ro e	ha roído	ro a;	roiga;	roya haya	roído
ro emos	hemos roído	ro amos;	roigamos;	royamos hayamos	roído
ro éis	habéis roído	ro áis;	roigáis;	royáis hayáis	roído
ro en	han roído	ro an;	roigan;	royan hayan	roído

Pretérito imperfecto (Bello : Copretérito)	Pretérito pluscuamperfecto (Bello : Antecopretérito)	Pretérito imperfecto (Bello : Pretérito)	Pretérito pluscuamperfecto (Bello : Antepretérito)
ro ía	había roído	royera	hubiera roído
ro ías	habías roído	royeras	hubieras roído
ro ía	había roído	royera	hubiera roído
ro íamos	habíamos roído	royéramos	hubiéramos roído
ro íais	habíais roído	royerais	hubierais roído
ro ían	habían roído	royeran	hubieran roído
		royese	hubiese roído
		royeses	hubieses roído
Pretérito perfecto simple (Bello : Pretérito)	Pretérito anterior (Bello : Antepretérito)	royese	hubiese roído
		royésemos	hubiésemos roído
ro í	hube roído	royeseis	hubieseis roído
roíste	hubiste roído	royesen	hubiesen roído
royó	hubo roído		
roímos	hubimos roído	Futuro (Bello : Futuro)	Futuro perfecto (Bello : Antefuturo)
roísteis	hubisteis roído		
royeron	hubieron roído	royere	hubiere roído
		royeres	hubieres roído
Futuro (Bello : Futuro)	Futuro perfecto (Bello : Antefuturo)	royere	hubiere roído
		royéremos	hubiéremos roído
roer é	habré roído	royereis	hubiereis roído
roer ás	habrás roído	royeren	hubieren roído
roer á	habrá roído		

roer emos	habremos roído
roer éis	habréis roído
roer án	habrán roído

MODO IMPERATIVO

Presente	ro amos; roigamos; royamos (nosotros)
ro e (tú)	ro ed (vosotros)
ro a; roiga;	ro an; roigan; royan (ellos,
roya (él, usted)	ustedes)

Condicional (Bello : Pospretérito)	Condicional perfecto (Bello : Antepospretérito)
roer ía	habría roído
roer ías	habrías roído
roer ía	habría roído
roer íamos	habríamos roído
roer íais	habríais roído
roer ían	habrían roído

FORMAS NO PERSONALES

Tiempos simples	Tiempos compuestos
Infinitivo: roer	Infinitivo compuesto: haber roído
Gerundio: royendo	Gerundio compuesto: habiendo roído
Participio: roido	

58 saber verbos irregulares

to know (facts, methods)

FORMAS PERSONALES

MODO INDICATIVO		MODO SUBJUNTIVO	
Tiempos simples	Tiempos compuestos	Tiempos simples	Tiempos compuestos

Presente (Bello : Presente)	Pretérito perfecto compuesto (Bello : Antepresente)	Presente (Bello : Presente)	Pretérito perfecto (Bello : Antepresente)
sé	he sabido	sepa	haya sabido
sab es	has sabido	sepas	hayas sabido
sab e	ha sabido	sepa	haya sabido
sab emos	hemos sabido	sepamos	hayamos sabido
sab éis	habéis sabido	sepáis	hayáis sabido
sab en	han sabido	sepan	hayan sabido

Pretérito imperfecto (Bello : Copretérito)	Pretérito pluscuamperfecto (Bello : Antecopretérito)	Pretérito imperfecto (Bello : Pretérito)	Pretérito pluscuamperfecto (Bello : Antepretérito)
sab ía	había sabido	supiera	hubiera sabido
sab ías	habías sabido	supieras	hubieras sabido
sab ía	había sabido	supiera	hubiera sabido
sab íamos	habíamos sabido	supiéramos	hubiéramos sabido
sab íais	habíais sabido	supierais	hubierais sabido
sab ían	habían sabido	supieran	hubieran sabido
		supiese	hubiese sabido
		supieses	hubieses sabido
		supiese	hubiese sabido
		supiésemos	hubiésemos sabido
		supieseis	hubieseis sabido
		supiesen	hubiesen sabido

Pretérito perfecto simple (Bello : Pretérito)	Pretérito anterior (Bello : Antepretérito)	Futuro (Bello : Futuro)	Futuro perfecto (Bello : Antefuturo)
supe	hube sabido	supiere	hubiere sabido
supiste	hubiste sabido	supieres	hubieres sabido
supo	hubo sabido	supiere	hubiere sabido
supimos	hubimos sabido	supiéremos	hubiéremos sabido
supisteis	hubisteis sabido	supiereis	hubiereis sabido
supieron	hubieron sabido	supieren	hubieren sabido

Futuro (Bello : Futuro)	Futuro perfecto (Bello : Antefuturo)
sabré	habré sabido
sabrás	habrás sabido
sabrá	habrá sabido
sabremos	habremos sabido
sabréis	habréis sabido
sabrán	habrán sabido

MODO IMPERATIVO

Presente	
sab e (tú)	sepamos (nosotros)
sepa (él, usted)	sab ed (vosotros)
	sepan (ellos, ustedes)

Condicional (Bello : Pospretérito)	Condicional perfecto (Bello : Antepospretérito)
sabría	habría sabido
sabrías	habrías sabido
sabría	habría sabido
sabríamos	habríamos sabido
sabríais	habríais sabido
sabrían	habrían sabido

FORMAS NO PERSONALES

Tiempos simples	Tiempos compuestos
Infinitivo: saber	Infinitivo compuesto haber sabido
Gerundio: sab iendo	
Participio: sab ido	Gerundio compuesto habiendo sabido

59 salir · verbos irregulares

FORMAS PERSONALES

MODO INDICATIVO		MODO SUBJUNTIVO	
Tiempos simples	Tiempos compuestos	Tiempos simples	Tiempos compuestos

Presente (Bello : Presente)	Pretérito perfecto compuesto (Bello : Antepresente)	Presente (Bello : Presente)	Pretérito perfecto (Bello : Antepresente)
salgo	he salido	**salga**	haya salido
sal es	has salido	**salgas**	hayas salido
sal e	ha salido	**salga**	haya salido
sal imos	hemos salido	**salgamos**	hayamos salido
sal ís	habéis salido	**salgáis**	hayáis salido
sal en	han salido	**salgan**	hayan salido

Pretérito imperfecto (Bello : Copretérito)	Pretérito pluscuamperfecto (Bello : Antecopretérito)	Pretérito imperfecto (Bello : Pretérito)	Pretérito pluscuamperfecto (Bello : Antepretérito)
sal ía	había salido	**sal ie** *ra*	hubiera salido
sal ías	habías salido	**sal ie** *ras*	hubieras salido
sal ía	había salido	**sal ie** *ra*	hubiera salido
sal íamos	habíamos salido	**sal ié** *ramos*	hubiéramos salido
sal íais	habíais salido	**sal ie** *rais*	hubierais salido
sal ían	habían salido	**sal ie** *ran*	hubieran salido
		sal ie *se*	hubiese salido
		sal ie *ses*	hubieses salido
		sal ie *se*	hubiese salido
		sal ié *semos*	hubiésemos salido
		sal ie *seis*	hubieseis salido
		sal ie *sen*	hubiesen salido

Pretérito perfecto simple (Bello : Pretérito)	Pretérito anterior (Bello : Antepretérito)		
sal í	hube salido		
sal iste	hubiste salido		
sal ió	hubo salido	Futuro (Bello : Futuro)	Futuro perfecto (Bello : Antefuturo)
sal imos	hubimos salido	**sal ie** *re*	hubiere salido
sal isteis	hubisteis salido	**sal ie** *res*	hubieres salido
sal ie *ron*	hubieron salido	**sal ie** *re*	hubiere salido
		sal ié *remos*	hubiéremos salido
Futuro (Bello : Futuro)	Futuro perfecto (Bello : Antefuturo)	**sal ie** *reis*	hubiereis salido
saldré	habré salido	**sal ie** *ren*	hubieren salido
saldrás	habrás salido		
saldrá	habrá salido		
saldremos	habremos salido	## MODO IMPERATIVO	
saldréis	habréis salido		
saldrán	habrán salido	Presente	**salgamos** (nosotros)
		sal (tú)	**sal id** (vosotros)
		salga (él, usted)	**salgan** (ellos, ustedes)

Condicional (Bello : Pospretérito)	Condicional perfecto (Bello : Antepospretérito)
saldría	habría salido
saldrías	habrías salido
saldría	habría salido
saldríamos	habríamos salido
saldríais	habríais salido
saldrían	habrían salido

FORMAS NO PERSONALES

Tiempos simples	Tiempos compuestos
Infinitivo: **salir**	Infinitivo compuesto haber salido
Gerundio: **sal** iendo	Gerundio compuesto habiendo salido
Participio: **sal** ido	

to pay, settle, atone

60 satisfacer verbos irregulares

FORMAS PERSONALES

MODO INDICATIVO		MODO SUBJUNTIVO	
Tiempos simples	Tiempos compuestos	Tiempos simples	Tiempos compuestos

Presente (Bello : Presente)		Pretérito perfecto compuesto (Bello : Antepresente)		Presente (Bello : Presente)		Pretérito perfecto (Bello : Antepresente)	
satisfago		he	satisfecho	satisfaga		haya	satisfecho
satisfac es		has	satisfecho	satisfagas		hayas	satisfecho
satisfac e		ha	satisfecho	satisfaga		haya	satisfecho
satisfac emos		hemos	satisfecho	satisfagamos		hayamos	satisfecho
satisfac éis		habéis	satisfecho	satisfagáis		hayáis	satisfecho
satisfac en		han	satisfecho	satisfagan		hayan	satisfecho

Pretérito imperfecto (Bello : Copretérito)		Pretérito pluscuamperfecto (Bello : Antecopretérito)		Pretérito imperfecto (Bello : Pretérito)		Pretérito pluscuamperfecto (Bello : Antepretérito)	
satisfac ía		había	satisfecho	satisficiera		hubiera	satisfecho
satisfac ías		habías	satisfecho	satisficieras		hubieras	satisfecho
satisfac ía		había	satisfecho	satisficiera		hubiera	satisfecho
satisfac íamos		habíamos	satisfecho	satisficiéramos		hubiéramos	satisfecho
satisfac íais		habíais	satisfecho	satisficierais		hubierais	satisfecho
satisfac ían		habían	satisfecho	satisficieran		hubieran	satisfecho

				satisficiese		hubiese	satisfecho
				satisficieses		hubieses	satisfecho
				satisficiese		hubiese	satisfecho
				satisficiésemos		hubiésemos	satisfecho
				satisficieseis		hubieseis	satisfecho
				satisficiesen		hubiesen	satisfecho

Pretérito perfecto simple (Bello : Pretérito)		Pretérito anterior (Bello : Antepretérito)					
satisfice		hube	satisfecho				
satisficiste		hubiste	satisfecho				
satisfizo		hubo	satisfecho	Futuro (Bello : Futuro)		Futuro perfecto (Bello : Antefuturo)	
satisficimos		hubimos	satisfecho				
satisficisteis		hubisteis	satisfecho	satisficiere		hubiere	satisfecho
satisficieron		hubieron	satisfecho	satisficieres		hubieres	satisfecho
				satisficiere		hubiere	satisfecho
				satisficiéremos		hubiéremos	satisfecho
Futuro (Bello : Futuro)		Futuro perfecto (Bello : Antefuturo)		satisficiereis		hubiereis	satisfecho
				satisficieren		hubieren	satisfecho
satisfaré		habré	satisfecho				
satisfarás		habrás	satisfecho				
satisfará		habrá	satisfecho				
satisfaremos		habremos	satisfecho	**MODO IMPERATIVO**			
satisfaréis		habréis	satisfecho				
satisfarán		habrán	satisfecho	Presente		satisfagamos (nosotros)	

satisfaz ; satisface (tú)   satisfac ed (vosotros)
satisfaga (él, usted)   satisfagan (ellos, ustedes)

Condicional (Bello : Pospretérito)		Condicional perfecto (Bello : Antepospretérito)	

FORMAS NO PERSONALES

satisfaría		habría	satisfecho
satisfarías		habrías	satisfecho
satisfaría		habría	satisfecho
satisfaríamos		habríamos	satisfecho
satisfaríais		habríais	satisfecho
satisfarían		habrían	satisfecho

Tiempos simples	Tiempos compuestos
Infinitivo: **satisfacer**	Infinitivo compuesto haber satisfecho
Gerundio: **satisfac** iendo	Gerundio compuesto habiendo satisfecho
Participio: **satisfecho**	

61 seguir verbos irregulares

FORMAS PERSONALES

MODO INDICATIVO		MODO SUBJUNTIVO	
Tiempos simples	Tiempos compuestos	Tiempos simples	Tiempos compuestos

Presente (Bello : Presente)	Pretérito perfecto compuesto (Bello : Antepresente)	Presente (Bello : Presente)	Pretérito perfecto (Bello : Antepresente)
sigo	he seguido	siga	haya seguido
sigues	has seguido	sigas	hayas seguido
sigue	ha seguido	siga	haya seguido
segu imos	hemos seguido	sigamos	hayamos seguido
segu ís	habéis seguido	sigáis	hayáis seguido
siguen	han seguido	sigan	hayan seguido

		Pretérito imperfecto (Bello : Pretérito)	Pretérito pluscuamperfecto (Bello : Antepretérito)
Pretérito imperfecto (Bello : Copretérito)	Pretérito pluscuamperfecto (Bello : Antecopretérito)	siguiera	hubiera seguido
segu ía	había seguido	siguieras	hubieras seguido
segu ías	habías seguido	siguiera	hubiera seguido
segu ía	había seguido	siguiéramos	hubiéramos seguido
segu íamos	habíamos seguido	siguierais	hubierais seguido
segu íais	habíais seguido	siguieran	hubieran seguido
segu ían	habían seguido		
		siguiese	hubiese seguido
		siguieses	hubieses seguido
		siguiese	hubiese seguido
Pretérito perfecto simple (Bello : Pretérito)	Pretérito anterior (Bello : Antepretérito)	siguiésemos	hubiésemos seguido
		siguieseis	hubieseis seguido
segu í	hube seguido	siguiesen	hubiesen seguido
segu iste	hubiste seguido		
siguió	hubo seguido	Futuro (Bello : Futuro)	Futuro perfecto (Bello : Antefuturo)
segu imos	hubimos seguido		
segu isteis	hubisteis seguido	siguiere	hubiere seguido
siguieron	hubieron seguido	siguieres	hubieres seguido
		siguiere	hubiere seguido
		siguiéremos	hubiéremos seguido
Futuro (Bello : Futuro)	Futuro perfecto (Bello : Antefuturo)	siguiereis	hubiereis seguido
		siguieren	hubieren seguido
seguir é	habré seguido		
seguir ás	habrás seguido		
seguir á	habrá seguido		
seguir emos	habremos seguido	**MODO IMPERATIVO**	
seguir éis	habréis seguido		
seguir án	habrán seguido	Presente	sigamos (nosotros)
		sigue (tú)	segu id (vosotros)
		siga (él, usted)	sigan (ellos, ustedes)

Condicional (Bello : Pospretérito)	Condicional perfecto (Bello : Antepospretérito)

FORMAS NO PERSONALES

Tiempos simples	Tiempos compuestos

seguir ía	habría seguido
seguir ías	habrías seguido
seguir ía	habría seguido
seguir íamos	habríamos seguido
seguir íais	habríais seguido
seguir ían	habrían seguido

Infinitivo: **seguir**

Gerundio: **siguiendo**

Participio: **segu ido**

Infinitivo compuesto
haber seguido

Gerundio compuesto
habiendo seguido

to feel, experienc

62 **sentir** verbos irregulares

FORMAS PERSONALES

MODO INDICATIVO		MODO SUBJUNTIVO	
Tiempos simples	Tiempos compuestos	Tiempos simples	Tiempos compuestos

Presente (Bello : Presente)	Pretérito perfecto compuesto (Bello : Antepresente)	Presente (Bello : Presente)	Pretérito perfecto (Bello : Antepresente)
siento	he sentido	**sienta**	haya sentido
sientes	has sentido	**sientas**	hayas sentido
siente	ha sentido	**sienta**	haya sentido
sent imos	hemos sentido	**sintamos**	hayamos sentido
sent ís	habéis sentido	**sintáis**	hayáis sentido
sienten	han sentido	**sientan**	hayan sentido

Pretérito imperfecto (Bello : Copretérito)	Pretérito pluscuamperfecto (Bello : Antecopretérito)	Pretérito imperfecto (Bello : Pretérito)	Pretérito pluscuamperfecto (Bello : Antepretérito)
sent ía	había sentido	**sintiera**	hubiera sentido
sent ías	habías sentido	**sintieras**	hubieras sentido
sent ía	había sentido	**sintiera**	hubiera sentido
sent íamos	habíamos sentido	**sintiéramos**	hubiéramos sentido
sent íais	habíais sentido	**sintierais**	hubierais sentido
sent ían	habían sentido	**sintieran**	hubieran sentido
		sintiese	hubiese sentido
		sintieses	hubieses sentido
Pretérito perfecto simple (Bello : Pretérito)	Pretérito anterior (Bello : Antepretérito)	**sintiese**	hubiese sentido
sent í	hube sentido	**sintiésemos**	hubiésemos sentido
sent iste	hubiste sentido	**sintieseis**	hubieseis sentido
sintió	hubo sentido	**sintiesen**	hubiesen sentido
sent imos	hubimos sentido		
sent isteis	hubisteis sentido	Futuro (Bello : Futuro)	Futuro perfecto (Bello : Antefuturo)
sintieron	hubieron sentido	**sintiere**	hubiere sentido
		sintieres	hubieres sentido
Futuro (Bello : Futuro)	Futuro perfecto (Bello : Antefuturo)	**sintiere**	hubiere sentido
sentir é	habré sentido	**sintiéremos**	hubiéremos sentido
sentir ás	habrás sentido	**sintiereis**	hubiereis sentido
sentir á	habrá sentido	**sintieren**	hubieren sentido
sentir emos	habremos sentido		
sentir éis	habréis sentido		
sentir án	habrán sentido		

MODO IMPERATIVO

Presente	
siente (tú)	**sintamos** (nosotros)
sienta (él, usted)	**sent** id (vosotros)
	sientan (ellos, ustedes)

Condicional (Bello : Pospretérito)	Condicional perfecto (Bello : Antepospretérito)
sentir ía	habría sentido
sentir ías	habrías sentido
sentir ía	habría sentido
sentir íamos	habríamos sentido
sentir íais	habríais sentido
sentir ían	habrían sentido

FORMAS NO PERSONALES

Tiempos simples	Tiempos compuestos
Infinitivo: **sentir**	Infinitivo compuesto haber sentido
Gerundio: **sintiendo**	
Participio: **sent** ido	Gerundio compuesto habiendo sentido

to be in the habit, ... frequently

63 soler verbos irregulares

FORMAS PERSONALES

MODO INDICATIVO		MODO SUBJUNTIVO	
Tiempos simples	Tiempos compuestos	Tiempos simples	Tiempos compuestos
Presente (Bello : Presente)	**Pretérito perfecto compuesto** (Bello : Antepresente)	**Presente** (Bello : Presente)	**Pretérito perfecto** (Bello : Antepresente)
suelo **sueles** **suele** **sol** emos **sol** éis **suelen**	— — — — — —	**suela** **suelas** **suela** **sol** amos **sol** áis **suelan**	— — — — — —

		Pretérito imperfecto (Bello : Pretérito)	**Pretérito pluscuamperfecto** (Bello : Antepretérito)
Pretérito imperfecto (Bello : Copretérito)	**Pretérito pluscuamperfecto** (Bello : Antecopretérito)	**sol** ie*ra* **sol** ie *ras* **sol** ie *ra* **sol** ié *ramos* **sol** ie *rais* **sol** ie *ran*	— — — — — —
sol ía **sol** ías **sol** ía **sol** íamos **sol** íais **sol** ían	— — — — — —		
		sol ie *se* **sol** ie *ses* **sol** ie *se* **sol** ié *semos* **sol** ie *seis* **sol** ie *sen*	— — — — — —
Pretérito perfecto simple (Bello : Pretérito)	**Pretérito anterior** (Bello : Antepretérito)		
sol í **sol** iste **col** ió **sol** imos **sol** isteis **sol** ie *ron*	— — — — — —	**Futuro** (Bello : Futuro)	**Futuro perfecto** (Bello : Antefuturo)
		— — — —	— — — —
Futuro (Bello : Futuro)	**Futuro perfecto** (Bello : Antefuturo)		
— — — — — —	— — — — — —		

MODO IMPERATIVO

Presente	— (nosotros)
— (tú)	— (vosotros)
— (él, usted)	— (ellos, ustedes)

Condicional (Bello : Pospretérito)	**Condicional perfecto** (Bello : Antepospretérito)
— — — —	— — — —

FORMAS NO PERSONALES

Tiempos simples	Tiempos compuestos
Infinitivo: **soler**	Infinitivo compuesto —
Gerundio: —	Gerundio compuesto
Participio: —	

99

to play, sway, swing

64 tañer verbos irregulares

FORMAS PERSONALES

MODO INDICATIVO		MODO SUBJUNTIVO	
Tiempos simples	Tiempos compuestos	Tiempos simples	Tiempos compuestos

Presente (Bello : Presente)	Pretérito perfecto compuesto (Bello : Antepresente)	Presente (Bello : Presente)	Pretérito perfecto (Bello : Antepresente)
tañ o	he tañido	tañ a	haya tañido
tañ es	has tañido	tañ as	hayas tañido
tañ e	ha tañido	tañ a	haya tañido
tañ emos	hemos tañido	tañ amos	hayamos tañido
tañ éis	habéis tañido	tañ áis	hayáis tañido
tañ en	han tañido	tañ an	hayan tañido

Pretérito imperfecto (Bello : Copretérito)	Pretérito pluscuamperfecto (Bello : Antecopretérito)	Pretérito imperfecto (Bello : Pretérito)	Pretérito pluscuamperfecto (Bello : Antepretérito)
tañ ía	había tañido	tañera	hubiera tañido
tañ ías	habías tañido	tañeras	hubieras tañido
tañ ía	había tañido	tañera	hubiera tañido
tañ íamos	habíamos tañido	tañéramos	hubiéramos tañido
tañ íais	habíais tañido	tañerais	hubierais tañido
tañ ían	habían tañido	tañeran	hubieran tañido
		tañese	hubiese tañido
		tañeses	hubieses tañido
		tañese	hubiese tañido
		tañésemos	hubiésemos tañido
		tañeseis	hubieseis tañido
		tañesen	hubiesen tañido

Pretérito perfecto simple (Bello : Pretérito)	Pretérito anterior (Bello : Antepretérito)		
tañ í	hube tañido		
tañ iste	hubiste tañido		
tañó	hubo tañido		
tañ imos	hubimos tañido		
tañ isteis	hubisteis tañido		
tañeron	hubieron tañido	Futuro (Bello : Futuro)	Futuro perfecto (Bello : Antefuturo)
		tañere	hubiere tañido
		tañeres	hubieres tañido
Futuro (Bello : Futuro)	Futuro perfecto (Bello : Antefuturo)	tañere	hubiere tañido
		tañéremos	hubiéremos tañido
tañer é	habré tañido	tañereis	hubiereis tañido
tañer ás	habrás tañido	tañeren	hubieren tañido
tañer á	habrá tañido		
tañer emos	habremos tañido		
tañer éis	habréis tañido		
tañer án	habrán tañido		

MODO IMPERATIVO

Presente	
tañ e (tú)	tañ amos (nosotros)
tañ a (él, usted)	tañ ed (vosotros)
	tañ an (ellos, ustedes)

Condicional (Bello : Pospretérito)	Condicional perfecto (Bello : Antepospretérito)
tañer ía	habría tañido
tañer ías	habrías tañido
tañer ía	habría tañido
tañer íamos	habríamos tañido
tañer íais	habríais tañido
tañer ían	habrían tañido

FORMAS NO PERSONALES

Tiempos simples	Tiempos compuestos
Infinitivo: **tañer**	Infinitivo compuesto haber tañido
Gerundio: **tañendo**	Gerundio compuesto habiendo tañido
Participio: **tañ ido**	

to bring, attract, cause

65 traer verbos irregulares

FORMAS PERSONALES

MODO INDICATIVO		MODO SUBJUNTIVO	
Tiempos simples	Tiempos compuestos	Tiempos simples	Tiempos compuestos

Presente (Bello : Presente)	Pretérito perfecto compuesto (Bello : Antepresente)	Presente (Bello : Presente)	Pretérito perfecto (Bello : Antepresente)
traigo	he traído	traiga	haya traído
tra es	has traído	traigas	hayas traído
tra e	ha traído	traiga	haya traído
tra emos	hemos traído	traigamos	hayamos traído
tra éis	habéis traído	traigáis	hayáis traído
tra en	han traído	traigan	hayan traído

Pretérito imperfecto (Bello : Copretérito)	Pretérito pluscuamperfecto (Bello : Antecopretérito)	Pretérito imperfecto (Bello : Pretérito)	Pretérito pluscuamperfecto (Bello : Antepretérito)
tra ía	había traído	trajera	hubiera traído
tra ías	habías traído	trajeras	hubieras traído
tra ía	había traído	trajera	hubiera traído
tra íamos	habíamos traído	trajéramos	hubiéramos traído
tra íais	habíais traído	trajerais	hubierais traído
tra ían	habían traído	trajeran	hubieran traído

		trajese	hubiese traído
		trajeses	hubieses traído
Pretérito perfecto simple (Bello : Pretérito)	Pretérito anterior (Bello : Antepretérito)	trajese	hubiese traído
traje	hube traído	trajésemos	hubiésemos traído
trajiste	hubiste traído	trajeseis	hubieseis traído
trajo	hubo traído	trajesen	hubiesen traído
trajimos	hubimos traído		
trajisteis	hubisteis traído	Futuro (Bello : Futuro)	Futuro perfecto (Bello : Antefuturo)
trajeron	hubieron traído	trajere	hubiere traído
		trajeres	hubieres traído
Futuro (Bello : Futuro)	Futuro perfecto (Bello : Antefuturo)	trajere	hubiere traído
traer é	habré traído	trajéremos	hubiéremos traído
traer ás	habrás traído	trajereis	hubiereis traído
traer á	habrá traído	trajeren	hubieren traído
traer emos	habremos traído		

traer éis	habréis traído
traer án	habrán traído

MODO IMPERATIVO

Presente	
tra e (tú)	traigamos (nosotros)
traiga (él, usted)	tra ed (vosotros)
	traigan (ellos, ustedes)

Condicional (Bello : Pospretérito)	Condicional perfecto (Bello : Antepospretérito)
traer ía	habría traído
traer ías	habrías traído
traer ía	habría traído
traer íamos	habríamos traído
traer íais	habríais traído
traer ían	habrían traído

FORMAS NO PERSONALES

Tiempos simples	Tiempos compuestos
Infinitivo: traer	Infinitivo compuesto haber traído
Gerundio: trayendo	
Participio: traído	Gerundio compuesto habiendo traído

101

to exchange, change (? 'vomit')

66 trocar verbos irregulares

FORMAS PERSONALES

MODO INDICATIVO		MODO SUBJUNTIVO	
Tiempos simples	Tiempos compuestos	Tiempos simples	Tiempos compuestos

Presente (Bello : Presente)	Pretérito perfecto compuesto (Bello : Antepresente)	Presente (Bello : Presente)	Pretérito perfecto (Bello : Antepresente)
trueco	he trocado	**trueque**	haya trocado
truecas	has trocado	**trueques**	hayas trocado
trueca	ha trocado	**trueque**	haya trocado
troc amos	hemos trocado	**troquemos**	hayamos trocado
troc áis	habéis trocado	**troquéis**	hayáis trocado
truecan	han trocado	**truequen**	hayan trocado

Pretérito imperfecto (Bello : Copretérito)	Pretérito pluscuamperfecto (Bello : Antecopretérito)	Pretérito imperfecto (Bello : Pretérito)	Pretérito pluscuamperfecto (Bello : Antepretérito)
troc aba	había trocado	**troc** a *ra*	hubiera trocado
troc abas	habías trocado	**troc** a *ras*	hubieras trocado
troc aba	había trocado	**troc** a *ra*	hubiera trocado
troc ábamos	habíamos trocado	**troc** á *ramos*	hubiéramos trocado
troc abais	habíais trocado	**troc** a *rais*	hubierais trocado
troc aban	habían trocado	**troc** a *ran*	hubieran trocado
		troc a *se*	hubiese trocado
		troc a *ses*	hubieses trocado
		troc a *se*	hubiese trocado
		troc á *semos*	hubiésemos trocado
		troc a *seis*	hubieseis trocado
		troc a *sen*	hubiesen trocado

Pretérito perfecto simple (Bello : Pretérito)	Pretérito anterior (Bello : Antepretérito)		
troqué	hube trocado		
troc aste	hubiste trocado		
troc ó	hubo trocado		
troc amos	hubimos trocado		
troc asteis	hubisteis trocado		
troc a *ron*	hubieron trocado		

Futuro (Bello : Futuro)	Futuro perfecto (Bello : Antefuturo)	Futuro (Bello : Futuro)	Futuro perfecto (Bello : Antefuturo)
trocar é	habré trocado	**troc** a *re*	hubiere trocado
trocar ás	habrás trocado	**troc** a *res*	hubieres trocado
trocar á	habrá trocado	**troc** a *re*	hubiere trocado
trocar emos	habremos trocado	**troc** á *remos*	hubiéremos trocado
trocar éis	habréis trocado	**troc** a *reis*	hubiereis trocado
trocar án	habrán trocado	**troc** a *ren*	hubieren trocado

MODO IMPERATIVO

Presente	
trueca (tú)	**troquemos** (nosotros)
trueque (él, usted)	**troc** ad (vosotros)
	truequen (ellos, ustedes)

Condicional (Bello : Pospretérito)	Condicional perfecto (Bello : Antepospretérito)
trocar ía	habría trocado
trocar ías	habrías trocado
trocar ía	habría trocado
trocar íamos	habríamos trocado
trocar íais	habríais trocado
trocar ían	habrían trocado

FORMAS NO PERSONALES

Tiempos simples	Tiempos compuestos
Infinitivo: **trocar**	Infinitivo compuesto haber trocado
Gerundio: **troc** ando	Gerundio compuesto habiendo trocado
Participio: **troc** ado	

67 **valer** verbos irregulares

FORMAS COMPUESTAS

MODO INDICATIVO		MODO SUBJUNTIVO	
Tiempos simples	Tiempos compuestos	Tiempos simples	Tiempos compuestos

Presente (Bello : Presente)	Pretérito perfecto compuesto (Bello : Antepresente)	Presente (Bello : Presente)	Pretérito perfecto (Bello : Antepresente)
valgo	he valido	**valga**	haya valido
val es	has valido	**valgas**	hayas valido
val e	ha valido	**valga**	haya valido
val emos	hemos valido	**valgamos**	hayamos valido
val éis	habéis valido	**valgáis**	hayáis valido
val en	han valido	**valgan**	hayan valido

Pretérito imperfecto (Bello : Copretérito)	Pretérito pluscuamperfecto (Bello : Antecopretérito)	Pretérito imperfecto (Bello : Pretérito)	Pretérito pluscuamperfecto (Bello : Antepretérito)
val ía	había valido	**val** ie *ra*	hubiera valido
val ías	habías valido	**val** ie *ras*	hubieras valido
val ía	había valido	**val** ie *ra*	hubiera valido
val íamos	habíamos valido	**val** ié *ramos*	hubiéramos valido
val íais	habíais valido	**val** ie *rais*	hubierais valido
val ían	habían valido	**val** ie *ran*	hubieran valido
		val ie *se*	hubiese valido
		val ie *ses*	hubieses valido
		val ie *se*	hubiese valido
		val ié *semos*	hubiésemos valido
Pretérito perfecto simple (Bello : Pretérito)	Pretérito anterior (Bello : Antepretérito)	**val** ie *seis*	hubieseis valido
		val ie *sen*	hubiesen valido
val í	hube valido		
val iste	hubiste valido	Futuro (Bello : Futuro)	Futuro perfecto (Bollo : Antofuturo)
val ió	hubo valido		
val imos	hubimos valido	**val** ie *re*	hubiere valido
val isteis	hubisteis valido	**val** ie *res*	hubieres valido
val ie *ron*	hubieron valido	**val** ie *re*	hubiere valido
		val ié *remos*	hubiéremos valido
Futuro (Bello : Futuro)	Futuro perfecto (Bello : Antefuturo)	**val** ie *reis*	hubiereis valido
		val ie *ren*	hubieren valido
valdré	habré valido		
valdrás	habrás valido		
valdrá	habrá valido		
valdremos	habremos valido		
valdréis	habréis valido		
valdrán	habrán valido		

MODO IMPERATIVO

Presente	
val! e (tú)	**valgamos** (nosotros)
valga (él, usted)	**val** ed (vosotros)
	valgan (ellos, ustedes)

Condicional (Bello : Pospretérito)	Condicional perfecto (Bello : Antepospretérito)
valdría	habría valido
valdrías	habrías valido
valdría	habría valido
valdríamos	habríamos valido
valdríais	habríais valido
valdrían	habrían valido

FORMAS NO PERSONALES

Tiempos simples	Tiempos compuestos
Infinitivo: **valer**	Infinitivo compuesto haber valido
Gerundio: **val** iendo	
Participio: **val** ido	Gerundio compuesto habiendo valido

103

68 venir verbos irregulares

FORMAS PERSONALES

MODO INDICATIVO		MODO SUBJUNTIVO	
Tiempos simples	Tiempos compuestos	Tiempos simples	Tiempos compuestos

Presente (Bello : Presente)	Pretérito perfecto compuesto (Bello : Antepresente)	Presente (Bello : Presente)	·Pretérito perfecto (Bello : Antepresente)
vengo	he venido	**venga**	haya venido
vienes	has venido	**vengas**	hayas venido
viene	ha venido	**venga**	haya venido
ven imos	hemos venido	**vengamos**	hayamos venido
ven ís	habéis venido	**vengáis**	hayáis venido
vienen	han venido	**vengan**	hayan venido

Pretérito imperfecto (Bello : Copretérito)	Pretérito pluscuamperfecto (Bello : Antecopretérito)	Pretérito imperfecto (Bello : Pretérito)	Pretérito pluscuamperfecto (Bello : Antepretérito)
ven ía	había venido	**viniera**	hubiera venido
ven ías	habías venido	**vinieras**	hubieras venido
ven ía	había venido	**viniera**	hubiera venido
ven íamos	habíamos venido	**viniéramos**	hubiéramos venido
ven íais	habíais venido	**vinierais**	hubierais venido
ven ían	habían venido	**vinieran**	hubieran venido
		viniese	hubiese venido
		vinieses	hubieses venido
		viniese	hubiese venido

Pretérito perfecto simple (Bello : Pretérito)	Pretérito anterior (Bello : Antepretérito)	**viniésemos**	hubiésemos venido
		vinieseis	hubieseis venido
vine	hube venido	**viniesen**	hubiesen venido
viniste	hubiste venido		
vino	hubo venido		
vinimos	hubimos venido	Futuro (Bello : Futuro)	Futuro perfecto (Bello : Antefuturo)
vinisteis	hubisteis venido		
vinieron	hubieron venido	**viniere**	hubiere venido
		vinieres	hubieres venido
		viniere	hubiere venido
Futuro (Bello : Futuro)	Futuro perfecto (Bello : Antefuturo)	**viniéremos**	hubiéremos venido
		viniereis	hubiereis venido
vendré	habré venido	**vinieren**	hubieren venido
vendrás	habrás venido		

vendrá	habrá venido
vendremos	habremos venido
vendréis	habréis venido
vendrán	habrán venido

MODO IMPERATIVO

Presente	
ven (tú)	**vengamos** (nosotros)
venga (él, usted)	**ven** id (vosotros)
	vengan (ellos, ustedes)

Condicional (Bello : Pospretérito)	Condicional perfecto (Bello : Antepospretérito)

FORMAS NO PERSONALES

Tiempos simples	Tiempos compuestos
vendría	habría venido
vendrías	habrías venido
vendría	habría venido	Infinitivo: **venir**	Infinitivo compuesto haber venido
vendríamos	habríamos venido	Gerundio: **viniendo**	
vendríais	habríais venido		Gerundio compuesto habiendo venido
vendrían	habrían venido	Participio: **ven** ido	

69 ver verbos irregulares

FORMAS PERSONALES

MODO INDICATIVO

Presente (Bello : Presente)	Pretérito perfecto compuesto (Bello : Antepresente)	
ve o	he	visto
ves	has	visto
ve	ha	visto
vemos	hemos	visto
veis	habéis	visto
ven	han	visto

Pretérito imperfecto (Bello : Copretérito)	Pretérito pluscuamperfecto (Bello : Antecopretérito)	
ve ía	había	visto
ve ías	habías	visto
ve ía	había	visto
ve íamos	habíamos	visto
ve íais	habíais	visto
ve ían	habían	visto

Pretérito perfecto simple (Bello : Pretérito)	Pretérito anterior (Bello : Antepretérito)	
vi	hube	visto
viste	hubiste	visto
vio	hubo	visto
vimos	hubimos	visto
vistéis	hubisteis	visto
vieron	hubieron	visto

Futuro (Bello : Futuro)	Futuro perfecto (Bello : Antefuturo)	
ver é	habré	visto
ver ás	habrás	visto
ver á	habrá	visto
ver emos	habremos	visto
ver éis	habréis	visto
ver án	habrán	visto

Condicional (Bello : Pospretérito)	Condicional perfecto (Bello : Antepospretérito)	
ver ía	habría	visto
ver ías	habrías	visto
ver ía	habría	visto
ver íamos	habríamos	visto
ver íais	habríais	visto
ver ían	habrían	visto

MODO SUBJUNTIVO

Presente (Bello : Presente)	Pretérito perfecto (Bello : Antepresente)	
ve a	haya	visto
ve as	hayas	visto
ve a	haya	visto
ve amos	hayamos	visto
ve áis	hayáis	visto
ve an	hayan	visto

Pretérito imperfecto (Bello : Pretérito)	Pretérito pluscuamperfecto (Bello : Antepretérito)	
viera	hubiera	visto
vieras	hubieras	visto
viera	hubiera	visto
viéramos	hubiéramos	visto
vierais	hubierais	visto
vieran	hubieran	visto
viese	hubiese	visto
vieses	hubieses	visto
viese	hubiese	visto
viésemos	hubiésemos	visto
vieseis	hubieseis	visto
viesen	hubiesen	visto

Futuro (Bello : Futuro)	Futuro perfecto (Bello : Antefuturo)	
viere	hubiere	visto
vieres	hubieres	visto
viere	hubiere	visto
viéremos	hubiéremos	visto
viereis	hubiereis	visto
vieren	hubieren	visto

MODO IMPERATIVO

Presente	
ve (tú)	**ve** amos (nosotros)
ve a (él, usted)	**ved** (vosotros)
	ve an (ellos, ustedes)

FORMAS NO PERSONALES

Tiempos simples	Tiempos compuestos
Infinitivo: **ver**	Infinitivo compuesto haber visto
Gerundio: **viendo**	Gerundio compuesto habiendo visto
Participio: **visto**	

to turn, return

70 **volver** verbos irregulares

FORMAS PERSONALES

MODO INDICATIVO		MODO SUBJUNTIVO	
Tiempos simples	Tiempos compuestos	Tiempos simples	Tiempos compuestos

Presente (Bello : Presente)	Pretérito perfecto compuesto (Bello : Antepresente)	Presente (Bello : Presente)	Pretérito perfecto (Bello : Antepresente)
vuelvo	he vuelto	**vuelva**	haya vuelto
vuelves	has vuelto	**vuelvas**	hayas vuelto
vuelve	ha vuelto	**vuelva**	haya vuelto
volv emos	hemos vuelto	volv amos	hayamos vuelto
volv éis	habéis vuelto	volv áis	hayáis vuelto
vuelven	han vuelto	**vuelvan**	hayan vuelto

Pretérito imperfecto (Bello : Copretérito)	Pretérito pluscuamperfecto (Bello : Antecopretérito)	Pretérito imperfecto (Bello : Pretérito)	Pretérito pluscuamperfecto (Bello : Antepretérito)
volv ía	había vuelto	volv ie *ra*	hubiera vuelto
volv ías	habías vuelto	volv ie *ras*	hubieras vuelto
volv ía	había vuelto	volv ie *ra*	hubiera vuelto
volv íamos	habíamos vuelto	volv ié *ramos*	hubiéramos vuelto
volv íais	habíais vuelto	volv ie *rais*	hubierais vuelto
volv ían	habían vuelto	volv ie *ran*	hubieran vuelto
		volv ie *se*	hubiese vuelto
		volv ie *ses*	hubieses vuelto

Pretérito perfecto simple (Bello : Pretérito)	Pretérito anterior (Bello : Antepretérito)		
volv í	hube vuelto	volv ie *se*	hubiese vuelto
volv iste	hubiste vuelto	volv ié *semos*	hubiésemos vuelto
volv ió	hubo vuelto	volv ie *seis*	hubieseis vuelto
volv imos	hubimos vuelto	volv ie *sen*	hubiesen vuelto
volv isteis	hubisteis vuelto		
volv ie *ron*	hubieron vuelto	Futuro (Bello : Futuro)	Futuro perfecto (Bello : Antefuturo)

Futuro (Bello : Futuro)	Futuro perfecto (Bello : Antefuturo)		
		volv ie *re*	hubiere vuelto
		volv ie *res*	hubieres vuelto
volver é	habré vuelto	volv ie *re*	hubiere vuelto
volver ás	habrás vuelto	volv ié *remos*	hubiéremos vuelto
volver á	habrá vuelto	volv ie *reis*	hubiereis vuelto
volver emos	habremos vuelto	volv ie *ren*	hubieren vuelto
volver éis	habréis vuelto		
volver án	habrán vuelto		

MODO IMPERATIVO

Condicional (Bello : Pospretérito)	Condicional perfecto (Bello : Antepospretérito)
volver ía	habría vuelto
volver ías	habrías vuelto
volver ía	habría vuelto
volver íamos	habríamos vuelto
volver íais	habríais vuelto
volver ían	habrían vuelto

MODO IMPERATIVO

Presente	
vuelve (tú)	volv amos (nosotros)
vuelva (él, usted)	volv ed (vosotros)
	vuelvan (ellos, ustedes)

FORMAS NO PERSONALES

Tiempos simples	Tiempos compuestos
Infinitivo: **volver**	Infinitivo compuesto haber vuelto
Gerundio: **volv** iendo	
Participio: **vuelto**	Gerundio compuesto habiendo vuelto

71 yacer verbos irregulares

FORMAS PERSONALES

MODO INDICATIVO		MODO SUBJUNTIVO	
Tiempos simples	Tiempos compuestos	Tiempos simples	Tiempos compuestos

Presente
(Bello : Presente)

Pretérito perfecto compuesto
(Bello : Antepresente)

Presente
(Bello : Presente)

Pretérito perfecto
(Bello : Antepresente)

yazco; yazgo; yago	he yacido	yazca;	yazga;	yaga	haya	yacido
yac es	has yacido	yazcas;	yazgas;	yagas	hayas	yacido
yac e	ha yacido	yazca;	yazga;	yaga	haya	yacido
yac emos	hemos yacido	yazcamos;	yazgamos;	yagamos	hayamos	yacido
yac éis	habéis yacido	yazcáis;	yazgáis;	yagáis	hayáis	yacido
yac en	han yacido	yazcan;	yazgan;	yagan	hayan	yacido

Pretérito imperfecto
(Bello : Copretérito)

Pretérito pluscuamperfecto
(Bello : Antecopretérito)

Pretérito imperfecto
(Bello : Pretérito)

Pretérito pluscuamperfecto
(Bello : Antepretérito)

yac ía	había yacido
yac ías	habías yacido
yac ía	había yacido
yac íamos	habíamos yacido
yac íais	habíais yacido
yac ían	habían yacido

yac ie ra	hubiera yacido
yac ie ras	hubieras yacido
yac ie ra	hubiera yacido
yac ié ramos	hubiéramos yacido
yac ie rais	hubierais yacido
yac ie ran	hubieran yacido
yac ie se	hubiese yacido
yac ie ses	hubieses yacido
yac ie se	hubiese yacido
yac ie semos	hubiésemos yacido
yac ie seis	hubieseis yacido
yac ie sen	hubiesen yacido

Pretérito perfecto simple
(Bello : Pretérito)

Pretérito anterior
(Bello : Antepretérito)

yac í	hube yacido
yac iste	hubiste yacido
yac ió	hubo yacido
yac imos	hubimos yacido
yac isteis	hubisteis yacido
yac ie ron	hubieron yacido

Futuro
(Bello : Futuro)

Futuro perfecto
(Bello : Antefuturo)

yac ie re	hubiere yacido
yac ie res	hubieres yacido
yac ie re	hubiere yacido
yac ié remos	hubiéremos yacido
yac ie reis	hubiereis yacido
yac ie ren	hubieren yacido

Futuro
(Bello : Futuro)

Futuro perfecto
(Bello : Antefuturo)

yacer é	habré yacido
yacer ás	habrás yacido
yacer á	habrá yacido
yacer emos	habremos yacido
yacer éis	habréis yacido
yacer án	habrán yacido

MODO IMPERATIVO

Presente

yac e; yaz (tú)	yazcamos; yazgamos; yagamos (nosotros)
yazca; yazga; yaga (él, usted)	yac ed (vosotros)
	yazcan; yazgan; yagan (ellos, ustedes)

Condicional
(Bello : Pospretérito)

Condicional perfecto
(Bello : Antepospretérito)

yacer ía	habría yacido
yacer ías	habrías yacido
yacer ía	habría yacido
yacer íamos	habríamos yacido
yacer íais	habríais yacido
yacer ían	habrían yacido

FORMAS NO PERSONALES

Tiempos simples	Tiempos compuestos
Infinitivo: yacer	Infinitivo compuesto haber yacido
Gerundio: yac iendo	Gerundio compuesto habiendo yacido
Participio: yac ido	

to operate, set in motion

72 **actuar** verbos con cambios de ortografía o prosodia

FORMAS PERSONALES

MODO INDICATIVO		MODO SUBJUNTIVO	
Tiempos simples	Tiempos compuestos	Tiempos simples	Tiempos compuestos

Presente (Bello : Presente)	Pretérito perfecto compuesto (Bello : Antepresente)		Presente (Bello : Presente)	Pretérito perfecto (Bello : Antepresente)	
actúo	he	actuado	**actú**e	haya	actuado
actúas	has	actuado	**actú**es	hayas	actuado
actúa	ha	actuado	**actú**e	haya	actuado
actu amos	hemos	actuado	**actu** emos	hayamos	actuado
actu áis	habéis	actuado	**actu** éis	hayáis	actuado
actúan	han	actuado	**actú**en	hayan	actuado

			Pretérito imperfecto (Bello : Pretérito)	Pretérito pluscuamperfecto (Bello : Antepretérito)	
Pretérito imperfecto (Bello : Copretérito)	Pretérito pluscuamperfecto (Bello : Antecopretérito)		**actu** a _ra_	hubiera	actuado
actu aba	había	actuado	**actu** a _ras_	hubieras	actuado
actu abas	habías	actuado	**actu** a _ra_	hubiera	actuado
actu aba	había	actuado	**actu** á _ramos_	hubiéramos	actuado
actu ábamos	habíamos	actuado	**actu** a _rais_	hubierais	actuado
actu abais	habíais	actuado	**actu** a _ran_	hubieran	actuado
actu aban	habían	actuado			
			actu a _se_	hubiese	actuado
			actu a _ses_	hubieses	actuado
Pretérito perfecto simple (Bello : Pretérito)	Pretérito anterior (Bello : Antepretérito)		**actu** a _se_	hubiese	actuado
actu é	hube	actuado	**actu** á _semos_	hubiésemos	actuado
actu aste	hubiste	actuado	**actu** a _seis_	hubieseis	actuado
actu ó	hubo	actuado	**actu** a _sen_	hubiesen	actuado
actu amos	hubimos	actuado			
actu asteis	hubisteis	actuado	Futuro (Bello : Futuro)	Futuro perfecto (Bello : Antefuturo)	
actu a _ron_	hubieron	actuado	**actu** a _re_	hubiere	actuado
			actu a _res_	hubieres	actuado
Futuro (Bello : Futuro)	Futuro perfecto (Bello : Antefuturo)		**actu** a _re_	hubiere	actuado
actuar é	habré	actuado	**actu** á _remos_	hubiéremos	actuado
actuar ás	habrás	actuado	**actu** a _reis_	hubiereis	actuado
actuar á	habrá	actuado	**actu** a _ren_	hubieren	actuado
actuar emos	habremos	actuado			
actuar éis	habréis	actuado			
actuar án	habrán	actuado			

MODO IMPERATIVO	
Presente	**actu** emos (nosotros)
actúa (tú)	**actu** ad (vosotros)
actúe (él, usted)	**actú**en (ellos, ustedes)

Condicional (Bello : Pospretérito)	Condicional perfecto (Bello : Antepospretérito)	
actuar ía	habría	actuado
actuar ías	habrías	actuado
actuar ía	habría	actuado
actuar íamos	habríamos	actuado
actuar íais	habríais	actuado
actuar ían	habrían	actuado

FORMAS NO PERSONALES	
Tiempos simples	Tiempos compuestos
Infinitivo: **actuar**	Infinitivo compuesto haber actuado
Gerundio: **actu** ando	Gerundio compuesto habiendo actuado
Participio: **actu** ado	

73 **ahincar** verbos con cambios de ortografía o prosodia

FORMAS PERSONALES

MODO INDICATIVO		MODO SUBJUNTIVO	
Tiempos simples	Tiempos compuestos	Tiempos simples	Tiempos compuestos

Presente (Bello : Presente)	Pretérito perfecto compuesto (Bello : Antepresente)	Presente (Bello : Presente)	Pretérito perfecto (Bello : Antepresente)
ahínco	he ahincado	ahínque	haya ahincado
ahíncas	has ahincado	ahínques	hayas ahincado
ahínca	ha ahincado	ahínque	haya ahincado
ahinc amos	hemos ahincado	ahinquemos	hayamos ahincado
ahinc áis	habéis ahincado	ahinquéis	hayáis ahincado
ahíncan	han ahincado	ahínquen	hayan ahincado

Pretérito imperfecto (Bello : Copretérito)	Pretérito pluscuamperfecto (Bello : Antecopretérito)	Pretérito imperfecto (Bello : Pretérito)	Pretérito pluscuamperfecto (Bello : Antepretérito)
ahinc aba	había ahincado	ahinc a ra	hubiera ahincado
ahinc abas	habías ahincado	ahinc a ras	hubieras ahincado
ahinc aba	había ahincado	ahinc a ra	hubiera ahincado
ahinc ábamos	habíamos ahincado	ahinc á ramos	hubiéramos ahincado
ahinc abais	habíais ahincado	ahinc a rais	hubierais ahincado
ahinc aban	habían ahincado	ahinc a ran	hubieran ahincado
		ahinc a se	hubiese ahincado
		ahinc a ses	hubieses ahincado
		ahinc a se	hubiese ahincado
		ahinc á semos	hubiésemos ahincado
		ahinc a seis	hubieseis ahincado
		ahinc a sen	hubiesen ahincado

Pretérito perfecto simple (Bello : Pretérito)	Pretérito anterior (Bello : Antepretérito)		
ahinqué	hube ahincado		
ahinc aste	hubiste ahincado		
ahinc ó	hubo ahincado		
ahinc amos	hubimos ahincado		
ahinc asteis	hubisteis ahincado		
ahinc a ron	hubieron ahincado		

Futuro (Bello : Futuro)	Futuro perfecto (Bello : Antefuturo)	Futuro (Bello : Futuro)	Futuro perfecto (Bello : Antefuturo)
		ahinc a re	hubiere ahincado
		ahinc a res	hubieres ahincado
		ahinc a re	hubiere ahincado
ahincar é	habré ahincado	ahinc á remos	hubiéremos ahincado
ahincar ás	habrás ahincado	ahinc a reis	hubiereis ahincado
ahincar á	habrá ahincado	ahinc a ren	hubieren ahincado
ahincar emos	habremos ahincado		
ahincar éis	habréis ahincado		
ahincar án	habrán ahincado		

MODO IMPERATIVO

Presente	
ahínca (tú)	ahinquemos (nosotros)
ahínque (él, usted)	ahinc ad (vosotros)
	ahínquen (ellos, ustedes)

Condicional (Bello : Pospretérito)	Condicional perfecto (Bello : Antepospretérito)
ahincar ía	habría ahincado
ahincar ías	habrías ahincado
ahincar ía	habría ahincado
ahincar íamos	habríamos ahincado
ahincar íais	habríais ahincado
ahincar ían	habrían ahincado

FORMAS NO PERSONALES

Tiempos simples	Tiempos compuestos
Infinitivo: **ahincar**	Infinitivo compuesto haber ahincado
Gerundio: **ahinc** ando	Gerundio compuesto habiendo ahincado
Participio: **ahinc** ado	

74 **airar** verbos con cambios de ortografía o prosodia

FORMAS PERSONALES

MODO INDICATIVO		MODO SUBJUNTIVO	
Tiempos simples	Tiempos compuestos	Tiempos simples	Tiempos compuestos

Presente (Bello : Presente)	Pretérito perfecto compuesto (Bello : Antepresente)	Presente (Bello : Presente)	Pretérito perfecto (Bello : Antepresente)
aíro	he airado	**aíre**	haya airado
aíras	has airado	**aíres**	hayas airado
aíra	ha airado	**aíre**	haya airado
air amos	hemos airado	**air** emos	hayamos airado
air áis	habéis airado	**air** éis	hayáis airado
aíran	han airado	**aíren**	hayan airado

Pretérito imperfecto (Bello : Copretérito)	Pretérito pluscuamperfecto (Bello : Antecopretérito)	Pretérito imperfecto (Bello : Pretérito)	Pretérito pluscuamperfecto (Bello : Antepretérito)
air aba	había airado	**air** a ra	hubiera airado
air abas	habías airado	**air** a ras	hubieras airado
air aba	había airado	**air** a ra	hubiera airado
air ábamos	habíamos airado	**air** á ramos	hubiéramos airado
air abais	habíais airado	**air** a rais	hubierais airado
air aban	habían airado	**air** a ran	hubieran airado
		air a se	hubiese airado
		air a ses	hubieses airado
		air a se	hubiese airado
		air á semos	hubiésemos airado
		air a seis	hubieseis airado
		air a sen	hubiesen airado

Pretérito perfecto simple (Bello : Pretérito)	Pretérito anterior (Bello : Antepretérito)	Futuro (Bello : Futuro)	Futuro perfecto (Bello : Antefuturo)
air é	hube airado	**air** a re	hubiere airado
air aste	hubiste airado	**air** a res	hubieres airado
air ó	hubo airado	**air** a re	hubiere airado
air amos	hubimos airado	**air** á remos	hubiéremos airado
air asteis	hubisteis airado	**air** a reis	hubiereis airado
air a ron	hubieron airado	**air** a ren	hubieren airado

Futuro (Bello : Futuro)	Futuro perfecto (Bello : Antefuturo)
airar é	habré airado
airar ás	habrás airado
airar á	habrá airado
airar emos	habremos airado
airar éis	habréis airado
airar án	habrán airado

MODO IMPERATIVO

Presente	
aíra (tú)	**air** emos (nosotros)
aíre (él, usted)	**air** ad (vosotros)
	aíren (ellos, ustedes)

Condicional (Bello : Pospretérito)	Condicional perfecto (Bello : Antepospretérito)
airar ía	habría airado
airar ías	habrías airado
airar ía	habría airado
airar íamos	habríamos airado
airar íais	habríais airado
airar ían	habrían airado

FORMAS NO PERSONALES

Tiempos simples	Tiempos compuestos
Infinitivo: **airar**	Infinitivo compuesto haber airado
Gerundio: **air** ando	Gerundio compuesto habiendo airado
Participio: **air** ado	

75 **aullar** verbos con cambios de ortografía o prosodia

FORMAS PERSONALES

MODO INDICATIVO		MODO SUBJUNTIVO	
Tiempos simples	Tiempos compuestos	Tiempos simples	Tiempos compuestos

Presente (Bello : Presente)	Pretérito perfecto compuesto (Bello : Antepresente)	Presente (Bello : Presente)	Pretérito perfecto (Bello : Antepresente)
aúllo	he aullado	**aúlle**	haya aullado
aúllas	has aullado	**aúlles**	hayas aullado
aúlla	ha aullado	**aúlle**	haya aullado
aull amos	hemos aullado	**aull** emos	hayamos aullado
aull áis	habéis aullado	**aull** éis	hayáis aullado
aúllan	han aullado	**aúllen**	hayan aullado

		Pretérito imperfecto (Bello : Pretérito)	Pretérito pluscuamperfecto (Bello : Antepretérito)
Pretérito imperfecto (Bello : Copretérito)	Pretérito pluscuamperfecto (Bello : Antecopretérito)		
aull aba	había aullado	**aull** a ra	hubiera aullado
aull abas	habías aullado	**aull** a ras	hubieras aullado
aull aba	había aullado	**aull** a ra	hubiera aullado
aull ábamos	habíamos aullado	**aull** á ramos	hubiéramos aullado
aull abais	habíais aullado	**aull** a rais	hubierais aullado
aull aban	habían aullado	**aull** a ran	hubieran aullado
		aull a se	hubiese aullado
		aull a ses	hubieses aullado
Pretérito perfecto simple (Bello : Pretérito)	Pretérito anterior (Bello : Antepretérito)	**aull** a se	hubiese aullado
		aull á semos	hubiésemos aullado
		aull a seis	hubieseis aullado
aull é	hube aullado	**aull** a sen	hubiesen aullado
aull aste	hubiste aullado		
aull ó	hubo aullado	Futuro (Bello : Futuro)	Futuro perfecto (Bello : Antefuturo)
aull amos	hubimos aullado		
aull asteis	hubisteis aullado	**aull** a re	hubiere aullado
aull a ron	hubieron aullado	**aull** a res	hubieres aullado
		aull a re	hubiere aullado
		aull á remos	hubiéremos aullado
Futuro (Bello : Futuro)	Futuro perfecto (Bello : Antefuturo)	**aull** a reis	hubiereis aullado
		aull a ren	hubieren aullado
aullar é	habré aullado		
aullar ás	habrás aullado		
aullar á	habrá aullado		
aullar emos	habremos aullado	**MODO IMPERATIVO**	
aullar éis	habréis aullado		
aullar án	habrán aullado	Presente	**aull** emos (nosotros)
		aúlla (tú)	**aull** ad (vosotros)
		aúlle (él, usted)	**aúllen** (ellos, ustedes)

Condicional (Bello : Pospretérito)	Condicional perfecto (Bello : Antepospretérito)
aullar ía	habría aullado
aullar ías	habrías aullado
aullar ía	habría aullado
aullar íamos	habríamos aullado
aullar íais	habríais aullado
aullar ían	habrían aullado

FORMAS NO PERSONALES

Tiempos simples	Tiempos compuestos
Infinitivo: **aullar**	Infinitivo compuesto haber aullado
Gerundio: **aull** ando	Gerundio compuesto habiendo aullado
Participio: **aull** ado	

to investigate, inquire into

76 averiguar verbos con cambios de ortografía o prosodia

FORMAS PERSONALES

MODO INDICATIVO		MODO SUBJUNTIVO	
Tiempos simples	Tiempos compuestos	Tiempos simples	Tiempos compuestos

Presente (Bello : Presente)	Pretérito perfecto compuesto (Bello : Antepresente)	Presente (Bello : Presente)	Pretérito perfecto (Bello : Antepresente)
averigu o	he averiguado	averigüe	haya averiguado
averigu as	has averiguado	averigües	hayas averiguado
averigu a	ha averiguado	averigüe	haya averiguado
averigu amos	hemos averiguado	averigüemos	hayamos averiguado
averigu áis	habéis averiguado	averigüéis	hayáis averiguado
averigu an	han averiguado	averigüen	hayan averiguado

Pretérito imperfecto (Bello : Copretérito)	Pretérito pluscuamperfecto (Bello : Antecopretérito)	Pretérito imperfecto (Bello : Pretérito)	Pretérito pluscuamperfecto (Bello : Antepretérito)
averigu aba	había averiguado	averigu a ra	hubiera averiguado
averigu abas	habías averiguado	averigu a ras	hubieras averiguado
averigu aba	había averiguado	averigu a ra	hubiera averiguado
averigu ábamos	habíamos averiguado	averigu á ramos	hubiéramos averiguado
averigu abais	habíais averiguado	averigu a rais	hubierais averiguado
averigu aban	habían averiguado	averigu a ran	hubieran averiguado
		averigu a se	hubiese averiguado
		averigu a ses	hubieses averiguado
		averigu a se	hubiese averiguado
		averigu á semos	hubiésemos averiguado
		averigu a seis	hubieseis averiguado
		averigu a sen	hubiesen averiguado

Pretérito perfecto simple (Bello : Pretérito)	Pretérito anterior (Bello : Antepretérito)	Futuro (Bello : Futuro)	Futuro perfecto (Bello : Antefuturo)
averigüé	hube averiguado	averigu a re	hubiere averiguado
averigu aste	hubiste averiguado	averigu a res	hubieres averiguado
averigu ó	hubo averiguado	averigu a re	hubiere averiguado
averigu amos	hubimos averiguado	averigu á remos	hubiéremos averiguado
averigu asteis	hubisteis averiguado	averigu a reis	hubiereis averiguado
averigu a ron	hubieron averiguado	averigu a ren	hubieren averiguado

Futuro (Bello : Futuro)	Futuro perfecto (Bello : Antefuturo)
averiguar é	habré averiguado
averiguar ás	habrás averiguado
averiguar á	habrá averiguado
averiguar emos	habremos averiguado
averiguar éis	habréis averiguado
averiguar án	habrán averiguado

MODO IMPERATIVO

Presente	
averigu a (tú)	averigüemos (nosotros)
averigüe (él, usted)	averigu ad (vosotros)
	averigüen (ellos, ustedes)

Condicional (Bello : Pospretérito)	Condicional perfecto (Bello : Antepospretérito)
averiguar ía	habría averiguado
averiguar ías	habrías averiguado
averiguar ía	habría averiguado
averiguar íamos	habríamos averiguado
averiguar íais	habríais averiguado
averiguar ían	habrían averiguado

FORMAS NO PERSONALES

Tiempos simples	Tiempos compuestos
Infinitivo: averiguar	Infinitivo compuesto haber averiguado
Gerundio: averigu ando	
Participio: averigu ado	Gerundio compuesto habiendo averiguado

77 cabrahigar verbos con cambios de ortografía o prosodia

FORMAS PERSONALES

MODO INDICATIVO		MODO SUBJUNTIVO	
Tiempos simples	Tiempos compuestos	Tiempos simples	Tiempos compuestos

Presente (Bello : Presente)	Pretérito perfecto compuesto (Bello : Antepresente)	Presente (Bello : Presente)	Pretérito perfecto (Bello : Antepresente)
cabrahígo	he cabrahigado	cabrahígue	haya cabrahigado
cabrahígas	has cabrahigado	cabrahígues	hayas cabrahigado
cabrahíga	ha cabrahigado	cabrahígue	haya cabrahigado
cabrahig amos	hemos cabrahigado	cabrahiguemos	hayamos cabrahigado
cabrahíg áis	habéis cabrahigado	cabrahiguéis	hayáis cabrahigado
cabrahigan	han cabrahigado	cabrahíguen	hayan cabrahigado

Pretérito imperfecto (Bello : Copretérito)	Pretérito pluscuamperfecto (Bello : Antecopretérito)	Pretérito imperfecto (Bello : Pretérito)	Pretérito pluscuamperfecto (Bello : Antepretérito)
cabrahig aba	había cabrahigado	cabrahig a ra	hubiera cabrahigado
cabrahig abas	habías cabrahigado	cabrahig a ras	hubieras cabrahigado
cabrahig aba	había cabrahigado	cabrahig a ra	hubiera cabrahigado
cabrahig ábamos	habíamos cabrahigado	cabrahig á ramos	hubiéramos cabrahigado
cabrahig abais	habíais cabrahigado	cabrahig a rais	hubierais cabrahigado
cabrahig aban	habían cabrahigado	cabrahig a ran	hubieran cabrahigado
		cabrahig a se	hubiese cabrahigado
		cabrahig a ses	hubieses cabrahigado
		cabrahig a se	hubiese cabrahigado
		cabrahig á semos	hubiésemos cabrahigado
		cabrahig a seis	hubieseis cabrahigado
		cabrahig a sen	hubiesen cabrahigado

Pretérito perfecto simple (Bello : Pretérito)	Pretérito anterior (Bello : Antepretérito)		
cabrahigué	hube cabrahigado		
cabrahig aste	hubiste cabrahigado		
cabrahig ó	hubo cabrahigado		
cabrahig amos	hubimos cabrahigado	Futuro (Bello : Futuro)	Futuro perfecto (Bello : Antefuturo)
cabrahig asteis	hubisteis cabrahigado		
cabrahig a ron	hubieron cabrahigado	cabrahig a re	hubiere cabrahigado
		cabrahig a res	hubieres cabrahigado
		cabrahig a re	hubiere cabrahigado
Futuro (Bello : Futuro)	Futuro perfecto (Bello : Antefuturo)	cabrahig á remos	hubiéremos cabrahigado
		cabrahig a reis	hubiereis cabrahigado
cabrahigar é	habré cabrahigado	cabrahig a ren	hubieren cabrahigado
cabrahigar ás	habrás cabrahigado		
cabrahigar á	habrá cabrahigado		
cabrahigar emos	habremos cabrahigado		
cabrahigar éis	habréis cabrahigado		
cabrahigar án	habrán cabrahigado		

MODO IMPERATIVO

Presente	
	cabrahiguemos (nosotros)
cabrahíga (tú)	cabrahig ad (vosotros)
cabrahígue (él, usted)	cabrahíguen (ellos, ustedes)

Condicional (Bello : Pospretérito)	Condicional perfecto (Bello : Antepospretérito)
cabrahigar ía	habría cabrahigado
cabrahigar ías	habrías cabrahigado
cabrahigar ía	habría cabrahigado
cabrahigar íamos	habríamos cabrahigado
cabrahigar íais	habríais cabrahigado
cabrahigar ían	habrían cabrahigado

FORMAS NO PERSONALES

Tiempos simples	Tiempos compuestos
Infinitivo: **cabrahigar**	Infinitivo compuesto haber cabrahigado
Gerundio: **cabrahig** ando	
	Gerundio compuesto
Participio: **cabrahig** ado	habiendo cabrahigado

to hunt, chase

78 cazar verbos con cambios de ortografía o prosodia

FORMAS PERSONALES

MODO INDICATIVO		MODO SUBJUNTIVO	
Tiempos simples	Tiempos compuestos	Tiempos simples	Tiempos compuestos

Presente (Bello : Presente)	Pretérito perfecto compuesto (Bello : Antepresente)	Presente (Bello : Presente)	Pretérito perfecto (Bello : Antepresente)
caz o	he cazado	**cace**	haya cazado
caz as	has cazado	**caces**	hayas cazado
caz a	ha cazado	**cace**	haya cazado
caz amos	hemos cazado	**cacemos**	hayamos cazado
caz áis	habéis cazado	**cacéis**	hayáis cazado
caz an	han cazado	**cacen**	hayan cazado

Pretérito imperfecto (Bello : Copretérito)	Pretérito pluscuamperfecto (Bello : Antecopretérito)	Pretérito imperfecto (Bello : Pretérito)	Pretérito pluscuamperfecto (Bello : Antepretérito)
caz aba	había cazado	**caz** a *ra*	hubiera cazado
caz abas	habías cazado	**caz** a *ras*	hubieras cazado
caz aba	había cazado	**caz** a *ra*	hubiera cazado
caz ábamos	habíamos cazado	**caz** á *ramos*	hubiéramos cazado
caz abais	habíais cazado	**caz** a *rais*	hubierais cazado
caz aban	habían cazado	**caz** a *ran*	hubieran cazado
		caz a *se*	hubiese cazado
		caz a *ses*	hubieses cazado
		caz a *se*	hubiese cazado
		caz á *semos*	hubiésemos cazado
		caz a *seis*	hubieseis cazado
		caz a *sen*	hubiesen cazado

Pretérito perfecto simple (Bello : Pretérito)	Pretérito anterior (Bello : Antepretérito)
cacé	hube cazado
caz aste	hubiste cazado
caz ó	hubo cazado
caz amos	hubimos cazado
caz asteis	hubisteis cazado
caz a *ron*	hubieron cazado

Futuro (Bello : Futuro)	Futuro perfecto (Bello : Antefuturo)
caz a *re*	hubiere cazado
caz a *res*	hubieres cazado
caz a *re*	hubiere cazado
caz á *remos*	hubiéremos cazado
caz a *reis*	hubiereis cazado
caz a *ren*	hubieren cazado

Futuro (Bello : Futuro)	Futuro perfecto (Bello : Antefuturo)
cazar é	habré cazado
cazar ás	habrás cazado
cazar á	habrá cazado
cazar emos	habremos cazado
cazar éis	habréis cazado
cazar án	habrán cazado

MODO IMPERATIVO

Presente	
caz a (tú)	**cacemos** (nosotros)
cace (él, usted)	**caz** ad (vosotros)
	cacen (ellos, ustedes)

Condicional (Bello : Pospretérito)	Condicional perfecto (Bello : Antepospretérito)
cazar ía	habría cazado
cazar ías	habrías cazado
cazar ía	habría cazado
cazar íamos	habríamos cazado
cazar íais	habríais cazado
cazar ían	habrían cazado

FORMAS NO PERSONALES

Tiempos simples	Tiempos compuestos
Infinitivo: **cazar**	Infinitivo compuesto haber cazado
Gerundio: **caz** ando	Gerundio compuesto habiendo cazado
Participio: **caz** ado	

to seize, hold, catch

79 **coger** verbos con cambios de ortografía o prosodia

FORMAS PERSONALES

MODO INDICATIVO		MODO SUBJUNTIVO	
Tiempos simples	Tiempos compuestos	Tiempos simples	Tiempos compuestos

Presente (Bello : Presente)	Pretérito perfecto compuesto (Bello : Antepresente)	Presente (Bello : Presente)	Pretérito perfecto (Bello : Antepresente)
cojo	he cogido	**coja**	haya cogido
cog es	has cogido	**cojas**	hayas cogido
cog e	ha cogido	**coja**	haya cogido
cog emos	hemos cogido	**cojamos**	hayamos cogido
cog éis	habéis cogido	**cojáis**	hayáis cogido
cog en	han cogido	**cojan**	hayan cogido

Pretérito imperfecto (Bello : Copretérito)	Pretérito pluscuamperfecto (Bello : Antecopretérito)	Pretérito imperfecto (Bello : Pretérito)	Pretérito pluscuamperfecto (Bello : Antepretérito)
cog ía	había cogido	**cog** ie ra	hubiera cogido
cog ías	habías cogido	**cog** ie ras	hubieras cogido
cog ía	había cogido	**cog** ie ra	hubiera cogido
cog íamos	habíamos cogido	**cog** ié ramos	hubiéramos cogido
cog íais	habíais cogido	**cog** ie rais	hubierais cogido
cog ían	habían cogido	**cog** ie ran	hubieran cogido

		cog ie se	hubiese cogido
		cog ie ses	hubieses cogido
		cog ie se	hubiese cogido
Pretérito perfecto simple (Bello : Pretérito)	Pretérito anterior (Bello : Antepretérito)	**cog** ié semos	hubiésemos cogido
		cog ie seis	hubieseis cogido
cog í	hube cogido	**cog** ie sen	hubiesen cogido
cog iste	hubiste cogido		
cog ió	hubo cogido	Futuro (Bello : Futuro)	Futuro perfecto (Bello : Antefuturo)
oog imoo	hubimoo oogido		
cog isteis	hubisteis cogido		
cog ie ron	hubieron cogido	**cog** ie re	hubiere cogido
		cog ie res	hubieres cogido
		cog ie re	hubiere cogido
Futuro (Bello : Futuro)	Futuro perfecto (Bello : Antefuturo)	**cog** ié remos	hubiéremos cogido
		cog ie reis	hubiereis cogido
coger é	habré cogido	**cog** ie ren	hubieren cogido
coger ás	habrás cogido		
coger á	habrá cogido		
coger emos	habremos cogido	**MODO IMPERATIVO**	
coger éis	habréis cogido		
coger án	habrán cogido	Presente	**cojamos** (nosotros)
		cog e (tú)	**cog** ed (vosotros)
		coja (él, usted)	**cojan** (ellos, ustedes)

Condicional (Bello : Pospretérito)	Condicional perfecto (Bello : Antepospretérito)
coger ía	habría cogido
coger ías	habrías cogido
coger ía	habría cogido
coger íamos	habríamos cogido
coger íais	habríais cogido
coger ían	habrían cogido

FORMAS NO PERSONALES

Tiempos simples	Tiempos compuestos
Infinitivo: **coger**	Infinitivo compuesto haber cogido
Gerundio: **cog** iendo	Gerundio compuesto habiendo cogido
Participio: **cog** ido	

80 delinquir verbos con cambios de ortografía o prosodia

FORMAS PERSONALES

MODO INDICATIVO		MODO SUBJUNTIVO	
Tiempos simples	Tiempos compuestos	Tiempos simples	Tiempos compuestos

Presente (Bello : Presente)	Pretérito perfecto compuesto (Bello : Antepresente)	Presente (Bello : Presente)	Pretérito perfecto (Bello : Antepresente)
delinco	he delinquido	delinca	haya delinquido
delinqu es	has delinquido	delincas	hayas delinquido
delinqu e	ha delinquido	delinca	haya delinquido
delinqu imos	hemos delinquido	delincamos	hayamos delinquido
delinqu ís	habéis delinquido	delincáis	hayáis delinquido
delinqu en	han delinquido	delincan	hayan delinquido

Pretérito imperfecto (Bello : Copretérito)	Pretérito pluscuamperfecto (Bello : Antecopretérito)	Pretérito imperfecto (Bello : Pretérito)	Pretérito pluscuamperfecto (Bello : Antepretérito)
delinqu ía	había delinquido	delinqu ie ra	hubiera delinquido
delinqu ías	habías delinquido	delinqu ie ras	hubieras delinquido
delinqu ía	había delinquido	delinqu ie ra	hubiera delinquido
delinqu íamos	habíamos delinquido	delinqu ié ramos	hubiéramos delinquido
delinqu íais	habíais delinquido	delinqu ie rais	hubierais delinquido
delinqu ían	habían delinquido	delinqu ie ran	hubieran delinquido
		delinqu ie se	hubiese delinquido
		delinqu ie ses	hubieses delinquido
		delinqu ie se	hubiese delinquido
		delinqu ié semos	hubiésemos delinquido
		delinqu ie seis	hubieseis delinquido
		delinqu ie sen	hubiesen delinquido

Pretérito perfecto simple (Bello : Pretérito)	Pretérito anterior (Bello : Antepretérito)	Futuro (Bello : Futuro)	Futuro perfecto (Bello : Antefuturo)
delinqu í	hube delinquido	delinqu ie re	hubiere delinquido
delinqu iste	hubiste delinquido	delinqu ie res	hubieres delinquido
delinqu ió	hubo delinquido	delinqu ie re	hubiere delinquido
delinqu imos	hubimos delinquido	delinqu ié remos	hubiéremos delinquido
delinqu isteis	hubisteis delinquido	delinqu ie reis	hubiereis delinquido
delinqu ie ron	hubieron delinquido	delinqu ie ren	hubieren delinquido

Futuro (Bello : Futuro)	Futuro perfecto (Bello : Antefuturo)
delinquir é	habré delinquido
delinquir ás	habrás delinquido
delinquir á	habrá delinquido
delinquir emos	habremos delinquido
delinquir éis	habréis delinquido
delinquir án	habrán delinquido

MODO IMPERATIVO

Presente	
delinqu e (tú)	delincamos (nosotros)
delinca (él, usted)	delinqu id (vosotros)
	delincan (ellos, ustedes)

Condicional (Bello : Pospretérito)	Condicional perfecto (Bello : Antepospretérito)
delinquir ía	habría delinquido
delinquir ías	habrías delinquido
delinquir ía	habría delinquido
delinquir íamos	habríamos delinquido
delinquir íais	habríais delinquido
delinquir ían	habrían delinquido

FORMAS NO PERSONALES

Tiempos simples	Tiempos compuestos
Infinitivo: delinquir	Infinitivo compuesto haber delinquido
Gerundio: delinqu iendo	Gerundio compuesto habiendo delinquido
Participio: delinqu ido	

81 dirigir · verbos con cambios de ortografía o prosodia

FORMAS PERSONALES

MODO INDICATIVO		MODO SUBJUNTIVO	
Tiempos simples	Tiempos compuestos	Tiempos simples	Tiempos compuestos

Presente (Bello : Presente)	Pretérito perfecto compuesto (Bello : Antepresente)	Presente (Bello : Presente)	Pretérito perfecto (Bello : Antepresente)
dirijo	he dirigido	**dirija**	haya dirigido
dirig es	has dirigido	**dirijas**	hayas dirigido
dirig e	ha dirigido	**dirija**	haya dirigido
dirig imos	hemos dirigido	**dirijamos**	hayamos dirigido
dirig ís	habéis dirigido	**dirijáis**	hayáis dirigido
dirig en	han dirigido	**dirijan**	hayan dirigido

Pretérito imperfecto (Bello : Copretérito)	Pretérito pluscuamperfecto (Bello : Antecopretérito)	Pretérito imperfecto (Bello : Pretérito)	Pretérito pluscuamperfecto (Bello : Antepretérito)
dirig ía	había dirigido	**dirig** ie ra	hubiera dirigido
dirig ías	habías dirigido	**dirig** ie ras	hubieras dirigido
dirig ía	había dirigido	**dirig** ie ra	hubiera dirigido
dirig íamos	habíamos dirigido	**dirig** ié ramos	hubiéramos dirigido
dirig íais	habíais dirigido	**dirig** ie rais	hubierais dirigido
dirig ían	habían dirigido	**dirig** ie ran	hubieran dirigido
		dirig ie se	hubiese dirigido
		dirig ie ses	hubieses dirigido
		dirig ie se	hubiese dirigido
		dirig ié semos	hubiésemos dirigido
		dirig ie seis	hubieseis dirigido
		dirig ie sen	hubiesen dirigido

Pretérito perfecto simple (Bello : Pretérito)	Pretérito anterior (Bello : Antepretérito)		
dirig í	hube dirigido		
dirig iste	hubiste dirigido		
dirig ió	hubo dirigido		
dirig imos	hubimos dirigido		
dirig isteis	hubisteis dirigido		
dirig ie ron	hubieron dirigido		

		Futuro (Bello : Futuro)	Futuro perfecto (Bello : Antefuturo)
		dirig ie re	hubiere dirigido
		dirig ie res	hubieres dirigido
		dirig ie re	hubiere dirigido
		dirig ié remos	hubiéremos dirigido
		dirig ie reis	hubiereis dirigido
		dirig ie ren	hubieren dirigido

Futuro (Bello : Futuro)	Futuro perfecto (Bello : Antefuturo)
dirigir é	habré dirigido
dirigir ás	habrás dirigido
dirigir á	habrá dirigido
dirigir emos	habremos dirigido
dirigir éis	habréis dirigido
dirigir án	habrán dirigido

MODO IMPERATIVO

Presente	
dirig e (tú)	**dirijamos** (nosotros)
dirija (él, usted)	**dirig** id (vosotros)
	dirijan (ellos, ustedes)

Condicional (Bello : Pospretérito)	Condicional perfecto (Bello : Antepospretérito)
dirigir ía	habría dirigido
dirigir ías	habrías dirigido
dirigir ía	habría dirigido
dirigir íamos	habríamos dirigido
dirigir íais	habríais dirigido
dirigir ían	habrían dirigido

FORMAS NO PERSONALES

Tiempos simples	Tiempos compuestos
Infinitivo: **dirigir**	Infinitivo compuesto haber dirigido
Gerundio: **dirig** iendo	Gerundio compuesto habiendo dirigido
Participio: **dirig** ido	

117

82 **distinguir** verbos con cambios de ortografía o prosodia

FORMAS PERSONALES

MODO INDICATIVO

Tiempos simples	Tiempos compuestos

Presente
(Bello : Presente)

distingo
distingu es
distingu e
distingu imos
distingu ís
distingu en

Pretérito perfecto compuesto
(Bello : Antepresente)

he	distinguido
has	distinguido
ha	distinguido
hemos	distinguido
habéis	distinguido
han	distinguido

Pretérito imperfecto
(Bello : Copretérito)

distingu ía
distingu ías
distingu ía
distingu íamos
distingu íais
distingu ían

Pretérito pluscuamperfecto
(Bello : Antecopretérito)

había	distinguido
habías	distinguido
había	distinguido
habíamos	distinguido
habíais	distinguido
habían	distinguido

Pretérito perfecto simple
(Bello : Pretérito)

distingu í
distingu iste
distingu ió
distingu imos
distingu isteis
distingu ie *ron*

Pretérito anterior
(Bello : Antepretérito)

hube	distinguido
hubiste	distinguido
hubo	distinguido
hubimos	distinguido
hubisteis	distinguido
hubieron	distinguido

Futuro
(Bello : Futuro)

distinguir é
distinguir ás
distinguir á
distinguir emos
distinguir éis
distinguir án

Futuro perfecto
(Bello : Antefuturo)

habré	distinguido
habrás	distinguido
habrá	distinguido
habremos	distinguido
habréis	distinguido
habrán	distinguido

Condicional
(Bello : Pospretérito)

distinguir ía
distinguir ías
distinguir ía
distinguir íamos
distinguir íais
distinguir ían

Condicional perfecto
(Bello : Antepospretérito)

habría	distinguido
habrías	distinguido
habría	distinguido
habríamos	distinguido
habríais	distinguido
habrían	distinguido

MODO SUBJUNTIVO

Tiempos simples	Tiempos compuestos

Presente
(Bello : Presente)

distinga
distingas
distinga
distingamos
distingáis
distingan

Pretérito perfecto
(Bello : Antepresente)

haya	distinguido
hayas	distinguido
haya	distinguido
hayamos	distinguido
hayáis	distinguido
hayan	distinguido

Pretérito imperfecto
(Bello : Pretérito)

distingu ie *ra*
distingu ie *ras*
distingu ie *ra*
distingu ié *ramos*
distingu ie *rais*
distingu ie *ran*

Pretérito pluscuamperfecto
(Bello : Antepretérito)

hubiera	distinguido
hubieras	distinguido
hubiera	distinguido
hubiéramos	distinguido
hubierais	distinguido
hubieran	distinguido

distingu ie *se*
distingu ie *ses*
distingu ie *se*
distingu ié *semos*
distingu ie *seis*
distingu ie *sen*

hubiese	distinguido
hubieses	distinguido
hubiese	distinguido
hubiésemos	distinguido
hubieseis	distinguido
hubiesen	distinguido

Futuro
(Bello : Futuro)

distingu ie *re*
distingu ie *res*
distingu ie *re*
distingu ié *remos*
distingu ie *reis*
distingu ie *ren*

Futuro perfecto
(Bello : Antefuturo)

hubiere	distinguido
hubieres	distinguido
hubiere	distinguido
hubiéremos	distinguido
hubiereis	distinguido
hubieren	distinguido

MODO IMPERATIVO

Presente
distingu e (tú)
distinga (él, usted)

distingamos (nosotros)
distingu id (vosotros)
distingan (ellos, ustedes)

FORMAS NO PERSONALES

Tiempos simples	Tiempos compuestos

Infinitivo: **distinguir**
Gerundio: **distingu** iendo
Participio: **distingu** ido

Infinitivo compuesto
haber distinguido
Gerundio compuesto
habiendo distinguido

118

83 enraizar verbos con cambios de ortografía o prosodia

FORMAS PERSONALES

MODO INDICATIVO

Tiempos simples	Tiempos compuestos

Presente (Bello : Presente)	Pretérito perfecto compuesto (Bello : Antepresente)	
enraízo	he	enraizado
enraízas	has	enraizado
enraíza	ha	enraizado
enraiz amos	hemos	enraizado
enraiz áis	habéis	enraizado
enraízan	han	enraizado

Pretérito imperfecto (Bello : Copretérito)	Pretérito pluscuamperfecto (Bello : Antecopretérito)	
enraiz aba	había	enraizado
enraiz abas	habías	enraizado
enraiz aba	había	enraizado
enraiz ábamos	habíamos	enraizado
enraiz abais	habíais	enraizado
enraiz aban	habían	enraizado

Pretérito perfecto simple (Bello : Pretérito)	Pretérito anterior (Bello : Antepretérito)	
enraicé	hube	enraizado
enraiz aste	hubiste	enraizado
enraiz ó	hubo	enraizado
enraiz amos	hubimos	enraizado
enraiz ásteis	hubisteis	enraizado
enraiz a ron	hubieron	enraizado

Futuro (Bello : Futuro)	Futuro perfecto (Bello : Antefuturo)	
enraizar é	habré	enraizado
enraizar ás	habrás	enraizado
enraizar á	habrá	enraizado
enraizar emos	habremos	enraizado
enraizar éis	habréis	enraizado
enraizar án	habrán	enraizado

Condicional (Bello : Pospretérito)	Condicional perfecto (Bello : Antepospretérito)	
enraizar ía	habría	enraizado
enraizar ías	habrías	enraizado
enraizar ía	habría	enraizado
enraizar íamos	habríamos	enraizado
enraizar íais	habríais	enraizado
enraizar ían	habrían	enraizado

MODO SUBJUNTIVO

Tiempos simples	Tiempos compuestos

Presente (Bello : Presente)	Pretérito perfecto (Bello : Antepresente)	
enraíce	haya	enraizado
enraíces	hayas	enraizado
enraíce	haya	enraizado
enraicemos	hayamos	enraizado
enraicéis	hayáis	enraizado
enraícen	hayan	enraizado

Pretérito imperfecto (Bello : Pretérito)	Pretérito pluscuamperfecto (Bello : Antepretérito)	
enraiz a ra	hubiera	enraizado
enraiz a ras	hubieras	enraizado
enraiz a ra	hubiera	enraizado
enraiz á ramos	hubiéramos	enraizado
enraiz a rais	hubierais	enraizado
enraiz a ran	hubieran	enraizado
enraiz a se	hubiese	enraizado
enraiz a ses	hubieses	enraizado
enraiz a se	hubiese	enraizado
enraiz á semos	hubiésemos	enraizado
enraiz a seis	hublesels	enraizado
enraiz a sen	hubiesen	enraizado

Futuro (Bello : Futuro)	Futuro perfecto (Bello : Antefuturo)	
enraiz a re	hubiere	enraizado
enraiz a res	hubieres	enraizado
enraiz a re	hubiere	enraizado
enraiz á remos	hubiéremos	enraizado
enraiz a reis	hubiereis	enraizado
enraiz a ren	hubieren	enraizado

MODO IMPERATIVO

Presente	
enraíza (tú)	enraicemos (nosotros)
enraíce (él, usted)	enraiz ad (vosotros)
	enraícen (ellos, ustedes)

FORMAS NO PERSONALES

Tiempos simples	Tiempos compuestos
Infinitivo: enraizar	Infinitivo compuesto haber enraizado
Gerundio: enraiz ando	Gerundio compuesto habiendo enraizado
Participio: enraiz ado	

119

to guide, lead

84 guiar verbos con cambios de ortografía o prosodia

FORMAS PERSONALES

<table>
<tr><td colspan="2">MODO INDICATIVO</td><td colspan="2">MODO SUBJUNTIVO</td></tr>
<tr><td>Tiempos simples</td><td>Tiempos compuestos</td><td>Tiempos simples</td><td>Tiempos compuestos</td></tr>
</table>

Presente (Bello : Presente)	Pretérito perfecto compuesto (Bello : Antepresente)	Presente (Bello : Presente)	Pretérito perfecto (Bello : Antepresente)
guío	he guiado	**guíe**	haya guiado
guías	has guiado	**guíes**	hayas guiado
guía	ha guiado	**guíe**	haya guiado
gui amos	hemos guiado	**gui** emos	hayamos guiado
gui áis	habéis guiado	**gui** éis	hayáis guiado
guían	han guiado	**guíen**	hayan guiado

Pretérito imperfecto (Bello : Copretérito)	Pretérito pluscuamperfecto (Bello : Antecopretérito)	Pretérito imperfecto (Bello : Pretérito)	Pretérito pluscuamperfecto (Bello : Antepretérito)
gui aba	había guiado	**gui** a *ra*	hubiera guiado
gui abas	habías guiado	**gui** a *ras*	hubieras guiado
gui aba	había guiado	**gui** a *ra*	hubiera guiado
gui ábamos	habíamos guiado	**gui** á *ramos*	hubiéramos guiado
gui abais	habíais guiado	**gui** a *rais*	hubierais guiado
gui aban	habían guiado	**gui** a *ran*	hubieran guiado
		gui a *se*	hubiese guiado
		gui a *ses*	hubieses guiado
Pretérito perfecto simple (Bello : Pretérito)	Pretérito anterior (Bello : Antepretérito)	**gui** a *se*	hubiese guiado
		gui á *semos*	hubiésemos guiado
gui é	hube guiado	**gui** a *seis*	hubieseis guiado
gui aste	hubiste guiado	**gui** a *sen*	hubiesen guiado
gui ó	hubo guiado		
gui amos	hubimos guiado	Futuro (Bello : Futuro)	Futuro perfecto (Bello : Antefuturo)
gui asteis	hubisteis guiado		
gui a *ron*	hubieron guiado	**gui** a *re*	hubiere guiado
		gui a *res*	hubieres guiado
Futuro (Bello : Futuro)	Futuro perfecto (Bello : Antefuturo)	**gui** a *re*	hubiere guiado
		gui á *remos*	hubiéremos guiado
guiar é	habré guiado	**gui** a *reis*	hubiereis guiado
guiar ás	habrás guiado	**gui** a *ren*	hubieren guiado
guiar á	habrá guiado		
guiar emos	habremos guiado		
guiar éis	habréis guiado		
guiar án	habrán guiado		

MODO IMPERATIVO

Presente	
guía (tú)	**gui** emos (nosotros)
guíe (él, usted)	**gui** ad (vosotros)
	guíen (ellos, ustedes)

Condicional (Bello : Pospretérito)	Condicional perfecto (Bello : Antepospretérito)
guiar ía	habría guiado
guiar ías	habrías guiado
guiar ía	habría guiado
guiar íamos	habríamos guiado
guiar íais	habríais guiado
guiar ían	habrían guiado

FORMAS NO PERSONALES

Tiempos simples	Tiempos compuestos
Infinitivo: **guiar**	Infinitivo compuesto haber guiado
Gerundio: **gui** ando	Gerundio compuesto habiendo guiado
Participio: **gui** ado	

85 **mecer** verbos con cambios de ortografía o prosodia

FORMAS PERSONALES

MODO INDICATIVO		MODO SUBJUNTIVO	
Tiempos simples	Tiempos compuestos	Tiempos simples	Tiempos compuestos

Presente (Bello : Presente)	Pretérito perfecto compuesto (Bello : Antepresente)	Presente (Bello : Presente)	Pretérito perfecto (Bello : Antepresente)
mezo	he mecido	**meza**	haya mecido
mec es	has mecido	**mezas**	hayas mecido
mec e	ha mecido	**meza**	haya mecido
mec emos	hemos mecido	**mezamos**	hayamos mecido
mec éis	habéis mecido	**mezáis**	hayáis mecido
mec en	han mecido	**mezan**	hayan mecido

Pretérito imperfecto (Bello : Copretérito)	Pretérito pluscuamperfecto (Bello : Antecopretérito)	Pretérito imperfecto (Bello : Pretérito)	Pretérito pluscuamperfecto (Bello : Antepretérito)
mec ía	había mecido	**mec** ie ra	hubiera mecido
mec ías	habías mecido	**mec** ie ras	hubieras mecido
mec ía	había mecido	**mec** ie ra	hubiera mecido
mec íamos	habíamos mecido	**mec** ié ramos	hubiéramos mecido
mec íais	habíais mecido	**mec** ie rais	hubierais mecido
mec ían	habían mecido	**mec** ie ran	hubieran mecido
		mec ie se	hubiese mecido
		mec ie ses	hubieses mecido
		mec ie se	hubiese mecido
		mec ié semos	hubiésemos mecido
		mec ie seis	hubieseis mecido
		mec ie sen	hubiesen mecido

Pretérito perfecto simple (Bello : Pretérito)	Pretérito anterior (Bello : Antepretérito)	Futuro (Bello : Futuro)	Futuro perfecto (Bello : Antefuturo)
mec í	hube mecido	**mec** ie re	hubiere mecido
mec iste	hubiste mecido	**mec** ie res	hubieres mecido
mec ió	hubo mecido	**mec** ie re	hubiere mecido
mec imos	hubimos mecido	**mec** ié remos	hubiéremos mecido
mec isteis	hubisteis mecido	**mec** ie reis	hubiereis mecido
mec ie ron	hubieron mecido	**mec** ie ren	hubieren mecido

Futuro (Bello : Futuro)	Futuro perfecto (Bello : Antefuturo)
mecer é	habré mecido
mecer ás	habrás mecido
mecer á	habrá mecido
mecer emos	habremos mecido
mecer éis	habréis mecido
mecer án	habrán mecido

MODO IMPERATIVO

Presente	
mec e (tú)	**mezamos** (nosotros)
meza (él, usted)	**mec** ed (vosotros)
	mezan (ellos, ustedes)

Condicional (Bello : Pospretérito)	Condicional perfecto (Bello : Antepospretérito)
mecer ía	habría mecido
mecer ías	habrías mecido
mecer ía	habría mecido
mecer íamos	habríamos mecido
mecer íais	habríais mecido
mecer ían	habrían mecido

FORMAS NO PERSONALES

Tiempos simples	Tiempos compuestos
Infinitivo: **mecer**	Infinitivo compuesto haber mecido
Gerundio: **mec** iendo	Gerundio compuesto habiendo mecido
Participio: **mec** ido	

86 **pagar** verbos con cambios de ortografía o prosodia

FORMAS PERSONALES

MODO INDICATIVO		MODO SUBJUNTIVO	
Tiempos simples	Tiempos compuestos	Tiempos simples	Tiempos compuestos

Presente
(Bello : Presente)

pag o	
pag as	
pag a	
pag amos	
pag áis	
pag an	

Pretérito perfecto compuesto
(Bello : Antepresente)

he	pagado
has	pagado
ha	pagado
hemos	pagado
habéis	pagado
han	pagado

Presente
(Bello : Presente)

pague	
pagues	
pague	
paguemos	
paguéis	
paguen	

Pretérito perfecto
(Bello : Antepresente)

haya	pagado
hayas	pagado
haya	pagado
hayamos	pagado
hayáis	pagado
hayan	pagado

Pretérito imperfecto
(Bello : Copretérito)

pag aba	
pag abas	
pag aba	
pag ábamos	
pag abais	
pag aban	

Pretérito pluscuamperfecto
(Bello : Antecopretérito)

había	pagado
habías	pagado
había	pagado
habíamos	pagado
habíais	pagado
habían	pagado

Pretérito imperfecto
(Bello : Pretérito)

pag a ra	
pag a ras	
pag a ra	
pag á ramos	
pag a rais	
pag a ran	

pag a se	
pag a ses	
pag a se	
pag á semos	
pag a seis	
pag a sen	

Pretérito pluscuamperfecto
(Bello : Antepretérito)

hubiera	pagado
hubieras	pagado
hubiera	pagado
hubiéramos	pagado
hubierais	pagado
hubieran	pagado

hubiese	pagado
hubieses	pagado
hubiese	pagado
hubiésemos	pagado
hubieseis	pagado
hubiesen	pagado

Pretérito perfecto simple
(Bello : Pretérito)

pagué	
pag aste	
pag ó	
pag amos	
pag asteis	
pag a ron	

Pretérito anterior
(Bello : Antepretérito)

hube	pagado
hubiste	pagado
hubo	pagado
hubimos	pagado
hubisteis	pagado
hubieron	pagado

Futuro
(Bello : Futuro)

pag a re	
pag a res	
pag a re	
pag á remos	
pag a reis	
pag a ren	

Futuro perfecto
(Bello : Antefuturo)

hubiere	pagado
hubieres	pagado
hubiere	pagado
hubiéremos	pagado
hubiereis	pagado
hubieren	pagado

Futuro
(Bello : Futuro)

pagar é	
pagar ás	
pagar á	
pagar emos	
pagar éis	
pagar án	

Futuro perfecto
(Bello : Antefuturo)

habré	pagado
habrás	pagado
habrá	pagado
habremos	pagado
habréis	pagado
habrán	pagado

MODO IMPERATIVO

Presente

pag a (tú)	paguemos (nosotros)
pague (él, usted)	pag ad (vosotros)
	paguen (ellos, ustedes)

Condicional
(Bello : Pospretérito)

pagar ía	
pagar ías	
pagar ía	
pagar íamos	
pagar íais	
pagar ían	

Condicional perfecto
(Bello : Antepospretérito)

habría	pagado
habrías	pagado
habría	pagado
habríamos	pagado
habríais	pagado
habrían	pagado

FORMAS NO PERSONALES

Tiempos simples	Tiempos compuestos
Infinitivo: **pagar**	Infinitivo compuesto
	haber pagado
Gerundio: **pag** ando	
	Gerundio compuesto
Participio: **pag** ado	habiendo pagado

87 prohibir verbos con cambios de ortografía o prosodia

FORMAS PERSONALES

MODO INDICATIVO		MODO SUBJUNTIVO	
Tiempos simples	Tiempos compuestos	Tiempos simples	Tiempos compuestos

Presente (Bello : Presente)	Pretérito perfecto compuesto (Bello : Antepresente)	Presente (Bello : Presente)	Pretérito perfecto (Bello : Antepresente)
prohíbo	he prohibido	**prohíba**	haya prohibido
prohíbes	has prohibido	**prohíbas**	hayas prohibido
prohíbe	ha prohibido	**prohíba**	haya prohibido
prohib imos	hemos prohibido	**prohib** amos	hayamos prohibido
prohib ís	habéis prohibido	**prohib** áis	hayáis prohibido
prohíben	han prohibido	**prohíban**	hayan prohibido

Pretérito imperfecto (Bello : Copretérito)	Pretérito pluscuamperfecto (Bello : Antecopretérito)	Pretérito imperfecto (Bello : Pretérito)	Pretérito pluscuamperfecto (Bello : Antepretérito)
prohib ía	había prohibido	**prohib** ie ra	hubiera prohibido
prohib ías	habías prohibido	**prohib** ie ras	hubieras prohibido
prohib ía	había prohibido	**prohib** ie ra	hubiera prohibido
prohib íamos	habíamos prohibido	**prohib** ié ramos	hubiéramos prohibido
prohib íais	habíais prohibido	**prohib** ie rais	hubierais prohibido
prohib ían	habían prohibido	**prohib** ie ran	hubieran prohibido
		prohib ie se	hubiese prohibido
		prohib ie ses	hubieses prohibido
Pretérito perfecto simple (Bello : Pretérito)	Pretérito anterior (Bello : Antepretérito)	**prohib** ie se	hubiese prohibido
prohib í	hube prohibido	**prohib** ié semos	hubiésemos prohibido
prohib iste	hubiste prohibido	**prohib** ie seis	hubieseis prohibido
prohib ió	hubo prohibido	**prohib** ie sen	hubiesen prohibido
prohib imos	hubimos prohibido		
prohib isteis	hubisteis prohibido	Futuro (Bello : Futuro)	Futuro perfecto (Bello : Antefuturo)
prohib ie ron	hubieron prohibido	**prohib** ie re	hubiere prohibido
		prohib ie res	hubieres prohibido
Futuro (Bello : Futuro)	Futuro perfecto (Bello : Antefuturo)	**prohib** ie re	hubiere prohibido
prohibir é	habré prohibido	**prohib** ié remos	hubiéremos prohibido
prohibir ás	habrás prohibido	**prohib** ie reis	hubiereis prohibido
prohibir á	habrá prohibido	**prohib** ie ren	hubieren prohibido
prohibir emos	habremos prohibido		
prohibir éis	habréis prohibido		
prohibir án	habrán prohibido		

MODO IMPERATIVO	
Presente	**prohib** amos (nosotros)
prohíbe (tú)	**prohib** id (vosotros)
prohíba (él, usted)	**prohíban** (ellos, ustedes)

Condicional (Bello : Pospretérito)	Condicional perfecto (Bello : Antepospretérito)
prohibir ía	habría prohibido
prohibir ías	habrías prohibido
prohibir ía	habría prohibido
prohibir íamos	habríamos prohibido
prohibir íais	habríais prohibido
prohibir ían	habrían prohibido

FORMAS NO PERSONALES

Tiempos simples	Tiempos compuestos
Infinitivo: **prohibir**	Infinitivo compuesto haber prohibido
Gerundio: **prohib** iendo	Gerundio compuesto habiendo prohibido
Participio: **prohib** ido	

123

to reunite, unite, join, gather

88 reunir verbos con cambios de ortografía o prosodia

FORMAS PERSONALES

MODO INDICATIVO		MODO SUBJUNTIVO	
Tiempos simples	Tiempos compuestos	Tiempos simples	Tiempos compuestos

Presente (Bello : Presente)	Pretérito perfecto compuesto (Bello : Antepresente)	Presente (Bello : Presente)	Pretérito perfecto (Bello : Antepresente)
reúno	he reunido	reúna	haya reunido
reúnes	has reunido	reúnas	hayas reunido
reúne	ha reunido	reúna	haya reunido
reun imos	hemos reunido	reun amos	hayamos reunido
reun ís	habéis reunido	reun áis	hayáis reunido
reúnen	han reunido	reúnan	hayan reunido

Pretérito imperfecto (Bello : Copretérito)	Pretérito pluscuamperfecto (Bello : Antecopretérito)	Pretérito imperfecto (Bello : Pretérito)	Pretérito pluscuamperfecto (Bello : Antepretérito)
reun ía	había reunido	reun ie ra	hubiera reunido
reun ías	habías reunido	reun ie ras	hubieras reunido
reun ía	había reunido	reun ie ra	hubiera reunido
reun íamos	habíamos reunido	reun ié ramos	hubiéramos reunido
reun íais	habíais reunido	reun ie rais	hubierais reunido
reun ían	habían reunido	reun ie ran	hubieran reunido
		reun ie se	hubiese reunido
		reun ie ses	hubieses reunido
		reun ie se	hubiese reunido
		reun ié semos	hubiésemos reunido
		reun ie seis	hubieseis reunido
		reun ie sen	hubiesen reunido

Pretérito perfecto simple (Bello : Pretérito)	Pretérito anterior (Bello : Antepretérito)		
reun í	hube reunido		
reun iste	hubiste reunido		
reun ió	hubo reunido		
reun imos	hubimos reunido		
reun isteis	hubisteis reunido		
reun ie ron	hubieron reunido		

		Futuro (Bello : Futuro)	Futuro perfecto (Bello : Antefuturo)
		reun ie re	hubiere reunido
		reun ie res	hubieres reunido
		reun ie re	hubiere reunido
		reun ié remos	hubiéremos reunido
		reun ie reis	hubiereis reunido
		reun ie ren	hubieren reunido

Futuro (Bello : Futuro)	Futuro perfecto (Bello : Antefuturo)
reunir é	habré reunido
reunir ás	habrás reundio
reunir á	habrá reunido
reunir emos	habremos reunido
reunir éis	habréis reunido
reunir án	habrán reunido

MODO IMPERATIVO

Presente	
reúne (tú)	reun amos (nosotros)
reúna (él, usted)	reun id (vosotros)
	reúnan (ellos, ustedes)

Condicional (Bello : Pospretérito)	Condicional perfecto (Bello : Antepospretérito)
reunir ía	habría reunido
reunir ías	habrías reunido
reunir ía	habría reunido
reunir íamos	habríamos reunido
reunir íais	habríais reunido
reunir ían	habrían reunido

FORMAS NO PERSONALES

Tiempos simples	Tiempos compuestos
Infinitivo: **reunir**	Infinitivo compuesto haber reunido
Gerundio: **reun** iendo	Gerundio compuesto habiendo reunido
Participio: **reun** ido	

ha drawan out , extra nt

89 sacar verbos con cambios de ortografía o prosodia

FORMAS PERSONALES

MODO INDICATIVO		MODO SUBJUNTIVO	
Tiempos simples	Tiempos compuestos	Tiempos simples	Tiempos compuestos

Presente (Bello : Presente) / Pretérito perfecto compuesto (Bello : Antepresente)

sac o	he sacado	saque	haya sacado
sac as	has sacado	saques	hayas sacado
sac a	ha sacado	saque	haya sacado
sac amos	hemos sacado	saquemos	hayamos sacado
sac áis	habéis sacado	saquéis	hayáis sacado
sac an	han sacado	saquen	hayan sacado

Presente (Bello : Presente) / **Pretérito perfecto** (Bello : Antepresente)

Pretérito imperfecto (Bello : Copretérito) / Pretérito pluscuamperfecto (Bello : Antecopretérito)

sac aba	había sacado		
sac abas	habías sacado		
sac aba	había sacado		
ono ábomoo	habíamoa aacado		
sac abais	habíais sacado		
sac aban	habían sacado		

Pretérito imperfecto (Bello : Pretérito) / **Pretérito pluscuamperfecto** (Bello : Antepretérito)

sac a ra	hubiera sacado		
sac a ras	hubieras sacado		
sac a ra	hubiera sacado		
sac á ramos	hubiéramos sacado		
sac a ra/s	hubierals cacado		
sac a ran	hubieran sacado		

sac a se	hubiese sacado
sac a ses	hubieses sacado
sac a se	hubiese sacado
sac á semos	hubiésemos sacado
sac a seis	hubieseis sacado
sac a sen	hubiesen sacado

Pretérito perfecto simple (Bello : Pretérito) / Pretérito anterior (Bello : Antepretérito)

saqué	hube sacado
sac aste	hubiste sacado
sac ó	hubo sacado
sac amos	hubimos sacado
sac astels	hubisteis sacado
sac a ron	hubieron sacado

Futuro (Bello : Futuro) / **Futuro perfecto** (Bello : Antefuturo)

sac a re	hubiere sacado
sac a res	hubieres sacado
sac a re	hubiere sacado
sac á remos	hubiéremos sacado
sac a reis	hubiereis sacado
sac a ren	hubieren sacado

Futuro (Bello : Futuro) / Futuro perfecto (Bello : Antefuturo)

sacar é	habré sacado
sacar ás	habrás sacado
sacar á	habrá sacado
sacar emos	habremos sacado
sacar éis	habréis sacado
sacar án	habrán sacado

MODO IMPERATIVO

Presente

sac a (tú)	saquemos (nosotros)
saque (él, usted)	sac ad (vosotros)
	saquen (ellos, ustedes)

Condicional (Bello : Pospretérito) / Condicional perfecto (Bello : Antepospretérito)

sacar ía	habría sacado
sacar ías	habrías sacado
sacar ía	habría sacado
sacar íamos	habríamos sacado
sacar íais	habríais sacado
sacar ían	habrían sacado

FORMAS NO PERSONALES

Tiempos simples	Tiempos compuestos
Infinitivo: **sacar**	Infinitivo compuesto haber sacado
Gerundio: **sac** ando	Gerundio compuesto habiendo sacado
Participio: **sac** ado	

to darn, mend, repair

90 zurcir verbos con cambios de ortografía o prosodia

FORMAS PERSONALES

MODO INDICATIVO		MODO SUBJUNTIVO	
Tiempos simples	Tiempos compuestos	Tiempos simples	Tiempos compuestos

Presente (Bello : Presente)	Pretérito perfecto compuesto (Bello : Antepresente)		Presente (Bello : Presente)	Pretérito perfecto (Bello : Antepresente)	
zurzo	he	zurcido	**zurza**	haya	zurcido
zurc es	has	zurcido	**zurzas**	hayas	zurcido
zurc e	ha	zurcido	**zurza**	haya	zurcido
zurc imos	hemos	zurcido	**zurzamos**	hayamos	zurcido
zurc ís	habéis	zurcido	**zurzáis**	hayáis	zurcido
zurc en	han	zurcido	**zurzan**	hayan	zurcido

Pretérito imperfecto (Bello : Copretérito)	Pretérito pluscuamperfecto (Bello : Antecopretérito)		Pretérito imperfecto (Bello : Pretérito)	Pretérito pluscuamperfecto (Bello : Antepretérito)	
zurc ía	había	zurcido	**zurc** ie *ra*	hubiera	zurcido
zurc ías	habías	zurcido	**zurc** ie *ras*	hubieras	zurcido
zurc ía	había	zurcido	**zurc** ie *ra*	hubiera	zurcido
zurc íamos	habíamos	zurcido	**zurc** ié *ramos*	hubiéramos	zurcido
zurc íais	habíais	zurcido	**zurc** ie *rais*	hubierais	zurcido
zurc ían	habían	zurcido	**zurc** ie *ran*	hubieran	zurcido
			zurc ie *se*	hubiese	zurcido
			zurc ie *ses*	hubieses	zurcido

Pretérito perfecto simple (Bello : Pretérito)	Pretérito anterior (Bello : Antepretérito)				
zurc í	hube	zurcido	**zurc** ie *se*	hubiese	zurcido
zurc iste	hubiste	zurcido	**zurc** ié *semos*	hubiésemos	zurcido
zurc ió	hubo	zurcido	**zurc** ie *seis*	hubieseis	zurcido
zurc imos	hubimos	zurcido	**zurc** ie *sen*	hubiesen	zurcido
zurc isteis	hubisteis	zurcido			
zurc ie *ron*	hubieron	zurcido	Futuro (Bello : Futuro)	Futuro perfecto (Bello : Antefuturo)	

Futuro (Bello : Futuro)	Futuro perfecto (Bello : Antefuturo)				
zurcir é	habré	zurcido	**zurc** ie *re*	hubiere	zurcido
zurcir ás	habrás	zurcido	**zurc** ie *res*	hubieres	zurcido
zurcir á	habrá	zurcido	**zurc** ie *re*	hubiere	zurcido
zurcir emos	habremos	zurcido	**zurc** ié *remos*	hubiéremos	zurcido
zurcir éis	habréis	zurcido	**zurc** ie *reis*	hubiereis	zurcido
zurcir án	habrán	zurcido	**zurc** ie *ren*	hubieren	zurcido

MODO IMPERATIVO

Presente	
zurc e (tú)	**zurzamos** (nosotros)
zurza (él, usted)	**zurc** id (vosotros)
	zurzan (ellos, ustedes)

Condicional (Bello : Pospretérito)	Condicional perfecto (Bello : Antepospretérito)	
zurcir ía	habría	zurcido
zurcir ías	habrías	zurcido
zurcir ía	habría	zurcido
zurcir íamos	habríamos	zurcido
zurcir íais	habríais	zurcido
zurcir ían	habrían	zurcido

FORMAS NO PERSONALES

Tiempos simples	Tiempos compuestos
Infinitivo: **zurcir**	Infinitivo compuesto haber zurcido
Gerundio: **zurc** iendo	Gerundio compuesto habiendo zurcido
Participio: **zurc** ido	

4. Lista general de verbos

a

131

132

133

134

137

139

140

143

144

ch

154

155

157

161

166

167

172

175

180

181

187

193

195

197

198

5. Lista de los verbos irregulares

6. Régimen usual de los verbos con las preposiciones

a

abalanzarse a, tras alguien, -al peligro, -hacia el recién llegado, -sobre el centinela.

abandonarse, a la suerte, -al dolor, -en manos del cirujano.

abastar de víveres.

abastecer con pan y carne, -de agua, -desde tierra, -en verano, -hasta Navidad, -sin tregua.

abatirse al suelo, -ante los ruegos, -con dificultad, -de espíritu, -en, por los reveses, -hacia la proa, -hasta el borde.

abdicar de las viejas ideas, -en el Príncipe, -en contra de sus deseos, -por la fuerza, -tras la derrota.

abismarse en el estudio.

abjurar al, del error, -ante el concilio, -bajo pena de excomunión, -en Toledo.

abocarse, con alguno.

abochornarse de algo, -por alguno, -sin razón.

abogar a favor de, en favor de alguien, -ante el tribunal, -contra algo, -por alguno.

abominar del vicio, -sin dudarlo.

abonarse al teatro, -desde el lindero, -en profundidad, -hacia abajo, -hasta la carretera, -sin parar.

abordar (una nave) a, con otra, -contra las rocas.

aborrecer de muerte.

abrasarse de amor, -en deseos.

abrazarse, a alguien, -con el enemigo.

abrevar con agua, -de maldad, -en la charca.

abreviar con la partida, -de razones, -en tiempo, -por la selva.

abrigarse a la fortaleza, -bajo techado, -con ropa, -contra el frío, -del aguacero, -en el portal, -entre los árboles, -para dormir, -por precaución, -tras el parapeto.

abrir al público, -con fuerza, -de arriba abajo, -desde la torre, -en canal, -hacia afuera, -sin precaución.

abrirse a, con los amigos, -de piernas, -hacia dentro, -hasta la cintura, -sobre la ciudad, -tras la epidemia.

abrumar con caricias, -de atenciones.

absolver al penitente, -ante la comunidad, -del cargo, -sin pérdida de tiempo, -tras la confesión.

abstenerse de beber.

abstraerse ante el espectáculo, -con la música, -de lo que rodea.

abundar ante el Rey, -de, en riqueza.

aburrirse con alguien, -de esperar, -en casa, -por todo, -sin motivo.

abusar de la amistad, -en el precio.

acabar a destiempo, -bajo el agua, -con su fortuna, -contra un árbol, -de venir, -en el manicomio, -entre flores, -para octubre, -por negarse, -sin dinero.

acaecer (algo) a alguno, -bajo Carlos V, -en tiempo de los árabes.

acalorarse con, en, por tan poco, -de correr, -sin motivos, -tras la carrera.

acarrear a lomo, -con barcazas, -desde Jávea, -en ruedas, -entre todos, -hasta León, -para el amo, -sin tregua.

acceder a la petición.

acelerarse a partir, -desde media cuesta.

acendrarse (la virtud) con, en, las pruebas, -al juego.

aceptar (algo) de alguien, -en prueba, -para otro, -por marido, -sin, pestañear.

acercarse a la villa, -desde tierra, -hacia el enemigo, -hasta el río, -por el norte.

acertar, a, con la casa, -desde el comienzo, -en la quiniela, -hacia la mitad, -hasta el final, -sin dudar.

aclamar al Presidente, -contra sus enemigos, -desde el aeropuerto, -hasta la ciudad, -por Rey, -sin descansar.

aclimatarse a un país, -en España, -entre nosotros, -sin problemas.

acobardarse ante, frente al contrario, -con el frío, -de verse solo, -en la pelea, -por la enfermedad.

acodarse a la ventana, -en el alféizar, -sobre la baranda.

acoger bajo techo, -en casa, -entre los nuestros.

acogerse a, bajo sagrado, -de la guerra, -en el templo, -hasta la primavera, -sobre medianoche, -tras la frontera.

acometer a alguien, contra, hacia el enemigo, -de cara, -hasta la caída del sol, -(a alguien) por la espalda, -según lo pactado, -sin tregua.

acomodarse a, con otra opinión, -de criado, -en una casa, -por poco tiempo, -para viajar, -sobre la cubierta, -tras la derrota.

acompañar a palacio, -con, de pruebas, -en el sentimiento, -hasta la iglesia.

acompañarse al piano, -con, de buenos.

acondicionar con sal y pimienta, -(la fruta) en cajas, -para el transporte, -según la receta.

aconsejar contra su enemigo, -(a alguien) de algo, -en algún asunto, -sobre la elección.

aconsejarse con, de sabios, -en el negocio.

acontecer a, con todos, -bajo la República, -por el verano, -según lo concluido.

acoplar (el remolque) al tractor, -(el instrumento) en la caja, -entre los dos, -tras el camión.

acorazarse contra la maledicencia, -de indiferencia, -para la pelea.

acordar (la voz) al instrumento, -con un instrumento, -entre los socios.

acordarse con los contrarios, -de lo pasado, -en hacer algo, -sobre algo.

acortar con, por el atajo, -de palabras, -desde el principio.

acostarse con alguien, -contra la pared, -en pijama, -entre las peñas, -hacia medianoche, -hasta las cinco, -sobre el césped.

acostumbrarse a los trabajos, -con los demás, -según la tradición, -sin dificultad.

acreditarse con, para, con alguno, -como médico, -de necio, -en su oficio.

acribillar a tiros, -con clavos.

actuar bajo la amenaza, -como fiscal, -con otro, -contra alguien, -de

comparsa, -en los negocios, -para sí, -por lo civil, -según la ley.

acudir a, con la solución, -ante la · autoridad, -de todas partes, -desde muy lejos, -sin pérdida de tiempo, -tras la caballería.

acumular (los intereses) al capital, -riquezas sobre riquezas.

acusar (a alguno) ante el juez, -con insistencia, -de un delito.

acusarse de las culpas.

achicarse ante el jefe.

achicharrarse al sol.

achuchar (a una persona) contra algo.

adaptar o **adaptarse** al uso.

adelantar en la carrera, -(no) nada con enfadarse, -(la silla) hacia la mesa, -por la izquierda.

adelantarse a otros, -en algo, -hasta el Tajo, -por el lado izquierdo, -según lo convenido, -sin avisar.

adentrarse con la infantería, -en el bosque, -desde la orilla del mar -hasta el bosque, -para descansar.

adestrarse o **adiestrarse** a esgrimir, -con la espada, -en la lucha, -entre campeones, -para el juego.

adherir o **adherirse** a un dictamen.

admirarse ante, de un suceso, -en el espejo, -por el éxito.

admitir a alguien, -bajo juramento, -como superior, -en sociedad, -por jefe, -sin reservas.

adolecer de alguna enfermedad.

adoptar a alguien, -por hijo, -para la batalla.

adorar a Dios, -de todo corazón.

adornar con flores, -de carteles, -por fuera.

adueñarse con dádivas, -de la fortuna, -en tres semanas, -por tierra y mar, -sin resistencia.

advertir a alguien, -del peligro, -en secreto, -sin reservas.

afanarse al trabajo, -bajo el sol, -hasta la caída del sol, -por ganar, -sobre el arado, -tras la yunta.

aferrarse a, con, en su opinión.

afianzar a alguien, -bajo techo, -con sus bienes, -de calumnia, -sobre el fondo del agua.

afianzarse ante algo o alguien, -en, por

la cintura, **-con** una recomendación,
-para saltar, **-sobre** el árbol.
aficionarse a, de alguna cosa.
afilar con el cuchillo, **-en** la piedra.
afiliarse a, en un partido.
afinar (un instrumento) **con** otro.
afinarse en el trato.
afirmarse en lo dicho, **-sobre** la montura.
afligirse con, de, por la situación
actual.
aflojar en el estudio.
aflorar a la superficie.
afluir (el público) **al** estadio.
aforrar con, de, en piel.
afrentar con denuestos.
afrentarse de su estado.
afrontar con la conducta.
agarrar de, por el pelo.
agarrarse a, de un hierro.
agazaparse bajo, tras el matorral.
agobiarse con, de, por los años.
agraciar con una gran cruz.
agradar al gusto, **-con** todos,
-de gusto, **-para, para con** todos.
agraviarse de alguno,
-por una chanza.
agregar (leche) **al** café.
agregarse a, con todos.
aguantarse con la bronca.
aguardar a otro día, **-en** casa.
ahitarse de manjares.
ahogarse de calor, **-en** poca agua,
-entre una cosa y otra.
ahondar con pico y pala, **-en** el tema.
ahorcajarse en los hombros de
alguno.
ahorcarse de, en un árbol,
-con una soga.
ahorrar de razones.
ahorrarse (no) **con** nadie.
airarse con, contra alguno,
-de, por lo que dijeron.
aislarse de la gente.
ajetrearse de un lado **a** otro,
-de un lado **para** otro.
ajustar (una cosa) **a** otra, -(un trabajo)
en mil pesetas.
ajustarse a la razón, **-con** el amo,
-en sus costumbres.
alabar a alguien, **-de** discreto, -(algo)
en otro, -(a alguien) **por** su
prudencia.
alabarse de valiente.

alargarse a la ciudad, **-en** la narración,
-hasta el pueblo.
alcanzar al techo, **-con** ruegos del rey.
-en días, -(la paga) **hasta** fin de mes,
-para todos.
aleccionar en el modo de conducirse.
alegar de, con pruebas, **-como** mérito,
-en defensa.
alegrarse con, de, por algo.
alejarse de su tierra, **-en** la mar.
alentar con la esperanza.
aliarse (uno) **a, con** otro.
alimentarse con huevos, **-de** hierbas.
alindar (una finca) **con** otra,
-por el Norte.
alinearse bajo las órdenes del
entrenador, **-con** el Real Madrid,
-de portero, **-en** el equipo titular, -(un
jugador) **en lugar de, en vez de** otro.
alistarse como marinero,
-en un cuerpo, **-por** socio.
aliviar del, en el trabajo.
alquilar (un piso) **en, por** diez mil
pesetas.
alternar con los sabios,
-en el servicio, **-entre** unos y otros.
alucinarse con sofismas,
-en el examen.
aludir a algo.
alumbrarse con la linterna,
-en la oscuridad.
alzar (los ojos) **al** cielo,
-(algo) **del** suelo, **-por** caudillo.
alzarse a mayores, **-con** el reino,
-de la silla, **-en** rebelión.
allanar hasta el suelo.
allanarse a lo justo.
amagar con un ataque.
amanecer con fiebre, **-en** París,
-entre Pinto y Valdemoro, **-por** la
sierra, **-sobre** las cinco.
amañarse a escribir, **-con** cualquiera,
-para hacer un trabajo.
amar de corazón.
amargar con hiel.
amarrar a un tronco, **-con** cuerdas.
amenazar (a alguien) **al** pecho,
-con la espada, **-de** muerte.
amparar (a uno) **de** la persecución,
-en la posesión.
ampararse bajo un árbol, **-con** algo,
-contra el viento, **-de** la lluvia,
-en el portal.

amueblar con lujo.
andar a gatas, **-con** el tiempo,
-de puntillas, **-detrás de** alguien, **-en**
pleitos, **-entre** mala gente, **-por**
conseguir algo, **-sobre** un volcán,
-tras un negocio.
andarse en flores, **-por** las ramas.
anegar en sangre, **-de** tierra.
anhelar a más, **-por** mayor fortuna.
animar al certamen, **-con** aplausos.
anteponer (la obligación) **al** gusto.
anticipar (diez mil pesetas) **sobre** el
sueldo.
anticiparse a otro.
anunciarse en la prensa, **-por** la radio.
añadir a lo expuesto.
apacentarse con, de memorias.
apañarse con mil pesetas.
aparar con, en la mano.
aparecer en, por el horizonte,
-entre las nubes.
aparecerse, a, ante alguien, -en casa,
-entre sueños.
aparejarse al, para el trabajo.
apartar a un lado, **-de** si.
apartarse a un lado, **-de** la ocasión.
apasionarse con, de, en, por alguno.
apearse a, para merendar,
-del autobús, -en marcha, -por la
puerta delantera.
apechugar con todo.
apegarse a alguna cosa.
apelar a otro medio,
-ante, para ante el Tribunal
superior, -contra, de la sentencia.
apelotonarse a la entrada
de un cine.
apencar con las consecuencias.
apercibirse a, para la batalla,
-contra el enemigo, -de armas.
apesadumbrarse con, de la noticia,
-por niñerías.
apestar a perfume barato,
-(el mercado) **de** géneros, **-con** sus
lamentos.
apiadarse de los pobres.
aplicarse a los estudios.
apoderarse de la hacienda.
aportar a la ciudad, **-en** dinero.
apostar a correr, **-con** un amigo.
-por el mejor.
apostatar de la fe.
apoyar con citas, **-en** autoridades.

apoyarse en la pared,
-sobre la columna.
apreciar (a alguien) **como** profesor,
-en mucho, -por sus prendas.
aprender a escribir, con, de fulano,
-por sus principios.
aprestarse a la lucha.
apresurarse a venir, **-en** réplica,
-por llegar a tiempo.
apretar a correr, **-con** las manos,
-contra sí, -entre los brazos,
-sobre la tapadera.
aprisionar bajo el agua, **-con** una
trampa, **-del** cuello, **-entre** la
escalera, **-por** los brazos, **-tras** la
puerta.
aprobar en latín por unanimidad.
apropiar a su idea, **-para** sí.
apropiarse de lo ajeno.
apropincuarse a alguna parte.
aprovechar en el estudio.
aprovecharse de la ocasión.
aprovisionar con aviones,
-de municiones.
aproximar (una cosa) **a** otra.
aproximarse al altar.
apuntar a alguien, **-con** la pistola,
-en mi haber, -hacia la solución.
apurarse con un percance, **-en** los
contratiempos, **-por** poco.
aquietarse con la explicación.
arder a fuego lento,
-(la casa) con llamas, -por ir al cine.
arderse de cólera, **-en** deseos.
argüir a favor del acusado, **-con**
pruebas, **-contra, en favor de** lo
dicho, **-de** falso, **-(**ignorancia) **en** una
persona, **-en apoyo de** la tesis, **-en**
contra de la argumentación.
armar con lanza, **-de** carabina,
-hasta los dientes.
armarse de paciencia.
armonizar (una cosa) **con** otra.
arraigarse en Castilla.
arrancar (la broza) **al, del** suelo,
-de raíz.
arrancarse a cantar, **-con** mil pesetas,
-(el toro) **contra** el picador,
-hacia el torero, -por peteneras.
arrasarse (los ojos) **de, en** lágrimas.
arrastrar en su caída, **-por** tierra.
arrastrarse a los pies.
arrebatar de, de entre las manos.

arrebatarse de ira.
arrebozarse con , en la capa.
arrecirse de frío.
arreglarse a la razón,
 -con el acreedor.
arregostarse de nuevo,
 -a los cambios.
arrellanarse en la butaca.
arremeter al , con , contra , para el
 bandido.
arremolinarse a la salida, -alrededor
 del auto, -en la puerta.
arrepentirse de sus culpas.
arrestarse a todo.
arribar a Cádiz.
arriesgarse a salir, -en la empresa.
arrimarse a la pared.
arrinconarse en casa.
arrojar a , en la calle, -de si, -desde et
 balcón, -por la ventana.
arrojarse a pelear, -contra el bandido,
 -de , por la ventana, -desde la terraza,
 -en el estanque, -sobre el enemigo.
arroparse con , en la manta.
arrostrar con , los peligros.
asaetar a , con súplicas.
asar a la lumbre, -en la parrilla.
asarse de calor.
ascender a coronel, -de categoria,
 -en la carrera, -por los aires.
asegurar contra el pedrisco,
 -e incendios.
asegurarse de la verdad.
asemejarse a algo, -en , por el color.
asentarse (el pueblo) a orillas del rio,
 -en el trono.
asentir a un dictamen.
asesorarse con , de letrados,
 -en cuestiones económicas.
asimilar (una cosa) a otra.
asir a la niña, -con una tenaza,
 -de la ropa, -por los cabellos.
asirse a las ramas, -con el contrario,
 -de las cuerdas.
asistir a los enfermos, -de oyente,
 -en la necesidad.
asociarse a , con otro.
asomarse a la calle, -por el balcón.
asombrarse con el, del suceso.
asonantar (una palabra) con otra.
asparse a gritos, -por algo.
aspirar a mayor fortuna.
asustarse de , con , por un ruido.

atacar a la raiz.
atar (el caballo) a un tronco,
 -con cuerdas, -de pies y manbos,
 -por la cintura.
atarearse a escribir
 -con en los negocios.
atarse a una sola opinión,
 -en las dificultades.
atascarse en el barro.
ataviarse con , de lo ajeno.
atemorizarse con , de , por algo.
atenazar al banco.
atender a la conversación.
atenerse a lo seguro.
atentar a la vida, -contra
 la propiedad.
atestiguar con otro, -de oídas,
 -sobre el robo.
atiborrarse de comida.
atinar al blanco, -con la casa,
 -en la respuesta.
atollarse en el lodo.
atracarse a uvas, -de comida.
atraer a su bando, -con promesas.
atragantarse con una espina.
atrancarse en el vado.
atravesar (el río) con , en la barca,
 -por el vado.
atravesarse en el camino.
atreverse a cosas grandes,
 -con todos.
atribuir a todo.
atribularse con , en , por los trabajos.
atrincherarse con una tapia,
 -en un repecho, -tras su silencio.
atropellar con , por todo.
atropellarse en las acciones.
atufarse con , de , por poco.
aumentar de , en peso.
aunarse con otro.
ausentarse de Madrid.
autorizar a firmar, -con su firma,
 -para algún acto.
avanzar a , hacia , hasta las líneas
 enemigas, -por el campo,
 -sobre el lago.
avecindarse en Segovia.
avenirse a todo, -entre sí.
avergonzar al abuelo, -por las faltas.
avergonzarse con alguno.
averiguarse con alguno.
avezarse a la vagancia.
aviarse de ropa, -para salir.

avocar a si.
ayudar a triunfar, **-con** armas,
  -en la dificultad.
ayudarse de la recomendación.
azotar (la lluvia) **en** los cristales.

b

bailar al compás, **-con** Isabel,
  -por Sevillanas.
bajar a la cueva, **-de** la torre, **-en** el
  ascensor, **-hacia** el valle, **-por** la
  escalera.
balancear a alguien, **-en** la cuerda.
balar (las ovejas) **de** miedo.
baldarse con la humedad, **-de** frío.
bambolearse en la soga.
bañar (un papel) **con**, **de**, **en** lágrimas,
  -por todas las partes.
barajar con la vecina.
barbear con la pared.
basarse en la fuerza militar,
  -sobre buenos principios.
bastar a, **con** el dinero, **-para**
  enriquecerse.
bastardear de su naturaleza, **-en** sus
  acciones.
batallar con el adversario, **-contra** los
  enemigos, **-por** los hijos.
beber a, **por** la salud de alguien,
  -de, **en** una fuente.
bonofioiarco a una mujor,
  -con el horario de verano, **-de** las
  nuevas disposiciones.
besar en la frente.
bienquistarse con el jefe.
blasfemar contra Dios, **-de** la virtud,
  -por todo.
blasonar de noble
bordar a mano, -(algo) **al** tambor,
  -con, **de** plata, **-en** cañamazo.
borrar (a alguien) **de** la lista.
bostezar de aburrimiento.
bramar de furor.
brear a golpes.
bregar con alguno,
  -contra los contrabandistas, **-en** las
  faenas caseras, **-por** lós hijos.
brillar al sol, **-por** su ingenio.
brincar de júbilo.
brindar a la salud de alguno,
  -con regalos, **-por** el amigo ausente.

brotar de, **en** un peñasco.
bufar de ira.
bullir en, **por** los corrillos.
burilar en cobre.
burlar a alguno.
burlarse de algo.
buscar (fallo) **al** enemigo,
  -por donde salir.

c

cabalgar a mujeriegas, **-en** mula,
  -por aquellos riscos, **-sobre** un asno.
caber a diez, **-de** pies, **-desde** aquí
  hasta allí, **-en** la mano, **-entre** la cuba
  y las dos garrafas, **-por** el hueco.
caer al agua, **-con** otro, **-de** lo alto,
  -desde la ventana, **-en** tierra, **-hacia**
  tal parte, **-hasta** la calle, **-por** Pascua,
  -sobre los enemigos.
caerse a pedazos, **-al** suelo, **-de** viejo,
  -desde la ventana, **-en** tierra,
  -por el balcón, **-sobre** el codo.
cagarse de miedo.
calar a fondo.
calarse de agua.
calentarse a la lumbre,
  -con el ejercicio, **-en** el juego.
calificar de sabio.
calzarse con la prebenda, **-en** tal sitio.
callar (la verdad) **a** otro,
  -de, **por** miedo.
cambiar (una cosa) **con**, **por** otra,
  -de camisa, **-en** calderilla.
cambiarse a otra cosa,
  -(la risa) **en** llanto.
caminar a, **de** concierto, **-hacia** Alcalá,
  -para Sevilla, **-por** el atajo.
campar por sus respetos.
canjear (una cosa) **por** otra.
cansarse con el, **del** trabajo.
cantar a libro abierto, **-con** gracia,
  -de plano, **-en** voz baja, **-por** bulerías.
capitular con el enemigo, -(a alguno)
  de malversación.
caracterizarse de rey, **-por** su solidez.
carcajearse de la autoridad.
carecer de medios.
cargar a flete, **-con** el saco, **-contra** el
  adversario, **-de** trigo, **-sobre** él.
cargarse con la responsabilidad,
  -de razón.
casar (una cosa) **con** otra,

217

-en segundas nupcias, -por poderes.
casarse con su novia.
castigar a alguien, -con dia de
haber, -de rodillas, -(a alguno) por su
temeridad, -sin recreo.
catequizar (a alguno) para fin
particular.
cautivar (a alguno) con sus encantos.
cavilar para hallar la solución.
-sobre el asunto.
cazar al vuelo, -con halcón,
-en terreno vedado.
cebar desde octubre hasta diciembre,
-con grano.
cebarse en la venganza.
ceder a la autoridad, -ante la fuerza,
-de su derecho, -en honra de alguno.
cegarse de cólera, -con su amor.
cejar ante las dificultades.
censurar (algo) a, en alguno.
ceñir a sus sienes, -con, de flores.
ceñirse a lo justo, -en la curva.
cerciorarse de un suceso.
cernerse sobre (algo) un peligro.
cerrar a piedra y lodo,
-con, contra el enemigo, -hacia
fuera, -por dentro, -tras él.
cerrarse a toda concesión, -de todo,
-en callar.
cesar de correr, -en su empleo.
cifrar (su dicha) **en** la virtud.
circular por la calle.
circunscribirse a una cosa.
ciscarse de miedo, -en algo.
clamar a Dios de dolor, -por lo justo.
clamorear a muerto (las campanas),
-por alguna cosa.
clasificar (una cosa) de derecha a
izquierda, -en orden, -(a los
alumnos) por mérito, -según sus
aptitudes.
clavar a, en la pared, por debajo.
coadyuvar a, en la construcción.
cobijarse bajo el tejado,
-con su madre, -en el portal.
cobrar de los deudores, -en papel,
-por San Martin.
cocer a la con lumbre, -en su salsa,
-entre la carne.
codearse con los mejores.
coexistir con Isabel I°
coger a mano, -con el robo, -de buen
humor, -en Segovia, -entre puertas,

-por la mano.
cohibirse ante, con alguien,
-de hacer una cosa.
coincidir con alguien, -en gustos.
cojear del pie derecho.
colaborar a una obra, -con José,
-en la revista.
colarse en el examen.
colegir de, por los antecedentes.
colgar dfe un clavo, -en la percha,
-por los pies.
coligarse con algunos.
colindar con su finca.
colmar de mercedes.
colocar al principio, -con, en, por
orden, -entre dos cosas.
colorear de rojo.
combatir con, contra el enemigo,
-por una causa.
combinar (una cosa) con otra.
comedirse en las palabras.
comenzar a decir, -por reñir.
comer a dos carrillos, -como un
pajarito, -de todo, -hasta hartarse,
-por cuatro, -sin ganas.
comerciar con otra empresa,
-en granos, -por mayor.
comerse (unos) a otros, -con salsa,
-de envidia.
compadecerse (una cosa) con otra,
-del infeliz.
compaginar el estudio) con el
descanso.
comparar (un objeto) a, con otro.
compartir (las penas) con otro,
-(la fruta) en dos cestas, -entre
varios.
compeler (a alguien) a pagar sus
deudas.
compensar (una cosa) con otra,
-(a alguien) de las molestias, -por las
pérdidas.
competir al juez, -con alguno,
-en precio, -por el primer puesto.
complacer a un amigo, -(a alguien)
con sus atenciones, -en la
realización de un proyecto.
complacerse con la noticia,
-de, en alguna cosa.
completar (el peso) con otra nuez.
complicar (el trato) con exceso de
cortesía.
componer (un himno) al sol, -(un

ramo) **con** rosas, -(un todo) **de** varias partes, -(un poema) **en** honor de la amada.

componerse con los acreedores, **-de** bueno y malo.

comprar (algo) **al** contado, **-del** comerciante, **-en** la tienda, **-para** la novia, **-por** kilos.

comprender de qué se trata.

comprimirse en los gastos.

comprobar con el testigo, **-en** origen.

comprometer a otro, **-en** un negocio.

comprometerse a pagar, **-con** alguno, **-en** una empresa.

computar (la distancia) **en** años luz, -(cada punto) **por** cien pesetas.

comulgar bajo las dos especies, -(a otro) **con** ruedas de molino, **-en** los mismos ideales, **-por** Pascua.

comunicar (la noticia) **al** público, -(uno) **con** otro, **-de** uno a otro, **-por** una ventana.

comunicarse (el fuego) **a** las casas, **-de** lejos, **-entre** sí, **-por** señas.

concebir (odio) **contra, hacia, por** el jefe.

concentrar (la luz) **con** una lente, -(el poder) **en** una sola persona.

concentrarse en el estudio.

conceptuar (al testigo) **de** falso.

concernir (una cosa) **a** alguien.

concertar (uno) **con** otro, **-en, por** precio, **-entre** dos contrarios.

conciliar (una cosa) **con** otra.

conciliarse (el respeto) **del** público.

concluir con cantos, -(a uno) **de** ignorante, **-en** consonante, **-por** vender la casa.

concordar (la copia) **con** el original, **-en** género y número.

concretarse al sueldo, **-con** lo que se tiene, -(una teoría) **en** una obra.

concurrir a algún fin, **-con** otros, **-en** un dictamen.

condenar (a uno) **a** galeras, **-con** una multa, **-en** costas.

condensar en pocas páginas.

condescender a los ruegos, **-con** la instancia, **-en** reiterarse.

condicionar (el beneficio) **al** trabajo.

condolerse de los trabajos.

conducir (una cosa) **al** cielo, **-en** coche, **-por** mar.

conectar con Radio Madrid.

confabularse con los contrarios, **-para** el golpe.

confederarse con los del Sur.

conferir (un negocio) **con, entre** amigos.

confesar (el delito) **al** juez, **-entre** amigos.

confesarse a Dios, **-con** alguno, **-de** sus culpas.

confiar (la presidencia) **a** Felipe, **-de, en** alguno, **-por** necesidad.

confinar (a alguno) **a, en** Menorca, -(España) **con** Portugal.

confirmar (a alguien) **como** poeta, -(al orador) **de** sabio, **-en** la fe, **-por** idiota.

confirmarse en su opinión.

confluir a la plaza, **-con** otro, **-en** un sitio.

conformar (su opinión) **a, con** la ajena, **-por** fuerza.

conformarse al, con el tiempo, **-por** obligación.

confrontar (un jugador) **con** otro, -(dos ediciones) **entre** sí.

confundir (al amigo) **con** atenciones.

confundirse de lo que se ve, -(una cosa) **con** otra, **-en** sus opiniones.

congeniar con la novia.

congraciarse con otro.

congratularse con los suyos, **-del** triunfo, **-por** la victoria.

conjeturar (algo) **de, por** lo visto.

conjurarse con otros, **-contra** el tirano.

conminar (al enemigo) **a** rendirse, -(a alguien) **con** una multa.

conmutar (una cosa) **con, por** otra, -(una pena) **en** otra.

conocer a otro, **-de** vista, **-en** tal asunto, **-por** su fama.

consagrar o **consagrarse al** estudio.

conseguir del padre (la mano de su hija).

consentir con los caprichos, **-en** algo.

conservarse con, en salud, **-hasta** el verano.

considerar a la servidumbre, -(una cuestión) **bajo, de, en** todos

sus aspectos, -**desde** todos los
puntos de vista, -**por** todos lados.
consignar (el paquete) **a** nombre de
Antonio, -(mil pesetas) **para** gastos
de casa.
consistir en una friolera.
consolar (a uno) **de** un trabajo,
-**en** su aflicción, -**sobre** su pecho.
consolarse con sus parientes,
-**de** la pérdida sufrida, -**en** Dios.
conspirar a un fin, -**con** otros,
-**contra** alguno, -**en** un intento, -**para**
el triunfo de la rebelión.
constar (el todo) **de** partes,
-**en** los autos, -**por** escrito.
constituir (la nación) **en** república,
-(una hipoteca) **sobre** la finca.
constreñir (a alguien) **a** hacer algo.
construir (una palabra) **con** otra,
-(el verbo) **en** subjuntivo.
consultar con letrados, -**en** primer
lugar,
-(a alguno) **para** un empleo, -**por**
Navidad, -(un abogado) **sobre** un
asunto.
consumirse a fuego lento,
-**con** la fiebre, -**de** fastidio, -**en**
meditaciones, -**hacia** abajo.
contagiarse con, del, por el roce.
contaminarse con los vicios,
-**de, en** la epidemia.
contar (algo) **al** vecino, -**como** delito,
-**con** sus fuerzas, -**de** uno a tres, -**de**
dos **en** dos, -**de** cinco **hasta** diez,
-**desde** diez **en** adelante, -(a alguien)
entre sus amigos, -**por** verdadero.
contemplar en Dios, -**a** la hermosa.
contemporizar con el adversario.
contender con alguno, -**contra** los
moros, -**en** nobleza, -**por** las armas,
-**sobre** filosofía.
contenerse de beber, -**en** sus deseos,
-**por** educación.
contentarse con su suerte,
-**del** parecer.
contestar a la pregunta, -**con** el
declarante, -**de** malos modos.
continuar con salud, -**desde** aquí,
-**en** su puesto, -**hacia** el Norte, -**por**
buen camino.
contradecirse con sus actos.
contraer (algo) **a** un asunto,
-(amistad) **con** un amigo.

contrapesar (una cosa) **con** otra.
contraponer (una cosa) **a, con** otra.
contrastar (una cosa) **con** otra,
-(dos cosas) **entre** sí.
contratar (a alguien) **en** mil pesetas,
-**por** tres meses.
contratarse como actor, -**para** actuar
en París.
contravenir a la ley.
contribuir a tal cosa, -**con** dinero,
-**en** el éxito, -**para** la construcción.
convalecer de la enfermedad.
convencer a la policía.
convencerse con las razones,
-**de** la razón.
convenir (una cosa) **al** enfermo,
-**con** otro, -**en** alguna cosa.
convenirse a, con, en lo propuesto.
converger (los esfuerzos) **al** bien
común, -(los caminos) **en** un punto.
convergir (los esfuerzos) **al** bien
común, -(los caminos) **en** un punto.
conversar con el vecino,
-**en, sobre** literatura.
convertir (la cuestión) **a** otro objeto,
-**al** islamismo, -**en** dinero, -**entre** los
dos.
convertirse a Dios, -(el mal) **en** bien.
convidar (a alguno) **a** comer,
-**con** un billete, -**para** el baile.
convidarse a, con jerez,
-**para** la fiesta.
convivir con otros, -**en** buena
armonía.
convocar a junta, -**en** junio,
-**por** San Miguel.
cooperar a alguna cosa, -**con** otro,
-**en** el esfuerzo.
copiar a mano, -**del** original,
-**en** la manera de vestir.
coquetear con alguien.
coronar con, de, en flores,
-**por** Rey de España.
corregir (una obra) **con, de, por** su
propia mano.
corregirse de su falta.
correr a caballo, -**con** los gastos,
-**de** norte a sur, -**en** busca de uno,
-**entre** los árboles, -**por** mal camino,
-(unvello) -**sobre** lo pasado.
correrse de vergüenza, -**en** la propina,
-**por** una culpa.
corresponder a los favores,

-con el amigo, -del mismo modo, -en
la misma forma.
cortar con la tijera, -de vestir,
-(la cordillera) **de** norte **a** sur, -(un
discurso) **en** lo más interesante, -por
lo sano.
coser a cuchilladas, -con máquina,
-para el comercio.
coserse (unos) **a, con, contra** otros.
cotejar (la copia) **con** el original,
-por arriba.
crecer a los ojos de todos,
-de tamaño, -en sabiduria.
creer a Juan, -(tal cosa) **de** otro,
-en Dios, -(uno) **por, sobre** su
testimonio.
creerse de opiniones ajenas.
criar a sus pechos, -con solicitud,
-en la honestidad.
criarse en buenos pañales,
-para las armas.
cristalizar o **cristalizarse en** prismas.
cruzar (un macho) **con** una hembra,
-(una cuerda) **de** un sitio **a** otro,
-(la gente) **en** todas direcciones, -por
detrás.
cruzarse con alguien, -de caballero,
-(el coche) **en** la carretera.
cuadrar (algo) **a** una persona,
-(lo uno) **con** lo otro.
cubrir o **cubrirse con, de** joyas.
cucharetear en todo.
ouidar oon vuestras palabras,
-de alguno.
culminar (la fiesta) **con** un banquete,
-en una zambra.
culpar (a uno) **de** omiso,
-en uno lo que se disculpa **en** otro,
-(a otro) **por** lo que hace.
cumplir con el deber,
-en representación, -por todos.
cundir (la noticia) **por** la ciudad.
curar al aire, -con medicamentos.
curarse con aceite, -de la gripe, -en
salud.
curiosear con los ojos, -por las calles.
curtirse al, con el, **del** fresco,
-en la lucha.

ch

chacotearse de algo.
chancearse con Luis, -de Pedro.

chapar con, de oro.
chapear (la cocina) **con, de** azulejos.
chapotear en el agua.
chapuzar en el mar.
chapuzarse en la piscina,
-por San Juan.
chocar a los telespectadores, -con el
coche, -contra la barrera, -en un
árbol.
chochear con los años, -de anciano,
-por la vejez.

d

dañar a alguien, -de palabra, -con
actos, -en la honra.
dañarse del estómago.
dar (algo) **a** cualquiera, -con la carga al
suelo, -contra un árbol, -de palos,
-en manias, -ocasión **a, ocasión de,**
ocasión para conocer, -por visto,
-sobre el más flaco.
darse al alcohol, -con una piedra en la
espinilla, -contra un árbol,
-de bofetadas, -por vencido.
datar (un monumento) **de** tiempos
antiguos.
deambular por las calles.
deber (dinero) **a** José, -de ciudadano.
decaer de su fortuna, -en vigor.
decidir a favor de, en favor de alguien,
-de nuestras vidas, -en un juicio,
-por su padre, -sobre el asunto.
decidirse a ir, -a favor del,
en favor del testigo, -por costumbre.
decir a Juan, -de alguno,
-en conciencia, -para si, -por
teléfono.
declarar al juez, -en pleito,
-(a alguien) **por** enemigo, -sobre el
asunto.
declararse (un hombre) **a** una mujer,
-a favor de un programa, -con
alguien, -en contra de, por una idea.
declinar a, hacia un lado, -de allí,
-en bajeza.
decrecer con el tiempo,
-en las últimas horas.
dedicar (tiempo) **al** estudio.
dedicarse a la empresa.
deducir de, por lo explicado.
defender al contrario, -con bombas.

de mano, **-contra** el viento, **-de**
alguien, -(al reo) **por** pobre.
defraudar al fisco, -(trigo) **del** almacén,
-en lo prometido.
degenerar de su estirpe,
-(una cosa) **en** otra peor.
dejar a María, **-antes del** mediodía,
-(a alguien) **con** la palabra en la boca,
-de llamar, -(a alguien) **en** paz, -(el
negocio) **en manos del** hijo, **-para** el
lunes, **-por** aburrimiento, **-sin**
restaurar.
dejarse de escribir.
delatar a la policía.
delegar al consejero, **-en** Alfonso.
deleitarse con el oído, **-de** oír,
-en contemplación del paisaje.
deliberar en Consejo, **-entre** socios,
-sobre la venta.
delirar en la enfermedad,
-por la fiebre.
demandar ante el juzgado,
-de, por calumnia, **-en** juicio.
demorarse en el pago.
demostrar con pruebas.
departir con el amigo,
-de, sobre la actualidad.
depender del Capitán.
deponer ante el juez, **-contra** el
criminal, -(a alguno) **de** su puesto,
-en juicio.
deportar (a alguien) **a** Canarias,
-(a alguien) **de** su tierra.
depositar bajo custodia, **-en** el cajón,
-(al reo) **en manos del, en poder del**
juez, **-sobre** la mesa.
derivar (una palabra) **de** otra,
-hacia temas íntimos.
derramar (agua) **al, en** el suelo,
-encima del vestido, **-por** la
alfombra,
-sobre el sofá.
derretirse de calor.
derribar al suelo, **-de** la cumbre,
-en, por tierra.
derrocar al suelo, **-del** acantilado,
-por tierra.
desabrirse con alguno.
desacertar en la elección del tema.
desacostumbrarse al frío,
-de la siesta.
desacreditar a la empresa,
ante la competencia, **-con** los

clientes, **-en** su fama, **-entre** la
profesión.
desafiar (a alguien) **al** ajedrez.
desaguar (un río) **en** otro,
-(un pantano) **por** las esclusas.
desaguarse por un tubo.
desahogarse con su amigo,
-de su aflicción, **-en** gritos.
desairar (a alguien) **en** sus
pretensiones.
desalojar del piso.
desaparecer del pueblo,
-para siempre.
desapoderar (a alguien) **de** sus
atribuciones.
desarraigar del campo.
desasirse de las cuerdas.
desatarse de un árbol, **-en** insultos.
desavenirse con su novia, **-entre** sí.
desayunar con café.
desayunarse de alguna noticia,
-con café.
desbancar (a alguien) **de** su puesto.
desbordarse (el vino) **del** vaso,
-(el río) **en** la vega, **-por** la ciudad.
descabalarse con, en, por alguna cosa.
descabalgar del mulo.
descabezarse con un disgusto,
-en una dificultad.
descalabrar a pedradas,
-con un guijarro.
descansar del esfuerzo,
-en el colaborador, **-sobre** las armas.
descararse a pedir, **-con** el superior.
descargar contra el débil, -(los sacos)
del camión, -(la tormenta) **en** la
Sierra, **-sobre** la mujer.
descargarse con el ausente,
-contra él, **-del** secreto, **-en** el suelo,
-sobre la era.
descarriarse del buen camino.
descartarse de un compromiso.
descender al sótano, **-de** buena
familia, **-desde** la cúspide, **-en** el
favor, **-hacia** el valle, **-por** grados.
desclavar (un cuadro) **de** la pared.
descolgarse al huerto,
-con una petición, **-de, desde** la
ventana, **-hasta** la terraza, **-por** la
cañería.
descollar en física, **-entre, sobre** otros,
-por su ciencia.
descomponerse con alguno,

-en tres partes,
desconfiar de algo o alguien.
descontar de un préstamo.
descubrir al ladrón.
descubrirse a, con su amiga,
-ante el valor, -por respeto.
descuidarse de, en su obligación.
desdecir de su origen, -con el otro.
desdecirse de lo prometido.
desdeñarse de hablar con los demás.
desdoblarse (una imagen) en tres.
desechar (a una persona) del
pensamiento.
desembarazarse de dificultades.
desembarcar del barco,
-en el muelle.
desembocar en el mar.
desempeñar de sus deudas.
desenfrenarse en los vicios.
desengañarse de ilusiones.
desenredarse del nudo.
desentenderse de su responsabilidad.
desenterrar del carbón,
-de entre la arena.
desentonar (un color) con otro.
desertar al campo enemigo,
-de su deber.
desesperar de obtener un premio.
desfallecer de hambre.
desfogar (la cólera) con, en su amigo.
desgajarse del tronco.
deshacerse a trabajar, -del reloj,
en excusas, por los mujeres.
designar (a alguien) con su nombre,
-para el puesto, -(una cosa) por tal
palabra.
desimpresionarse de una idea.
desinterarse de la conversación.
desistir del proyecto.
desleír en zumo.
deslizarse al pecado, -en los vicios,
-entre las piernas, -por la montaña,
-sobre el hielo.
deslucirse al sol.
desmentir a uno, -bajo juramento,
-(una cosa) de otra.
desmerecer (una cosa) de otra.
desmontarse de la moto.
desnudarse desde, hasta la cintura,
-por la cabeza.
desorientarse en sus investigaciones.
despacharse con, contra, su jefe.
desparramarse en el suelo,

-entre los muebles, -por la mesa,
-por entre los árboles.
despedirse de la familia.
despegarse de los vicios, -por arriba.
despeñarse al, en el vacío,
-de la cúspide, -por la pendiente.
desperecerse por algo.
despepitarse por ir al cine.
desperdigarse entre los trigales, -por
el valle, -por entre los árboles.
despertar al niño, -de un mal sueño,
-entre las olas, -sobre el agua.
despertarse con sed.
despoblarse de gente.
despojar o despojarse de la falda.
desposarse ante el juez,
-con una viuda, -por poderes.
desposeer de su fortuna.
despotricar contra el jefe.
desprenderse de un peso.
despreocuparse de negocio.
desproveer (a alguien) de recursos.
despuntar de inteligente,
-en los estudios, -entre sus amigos,
-por su saber.
desquitarse de la pérdida.
destacar (un color) de los otros,
-en matemáticas, -entre los amigos,
-por su simpatía.
desternillarse de risa.
desterrar a una isla, -de su patria,
-por traidor.
destinar a la escuela, -(un regalo)
para la novia.
destituir de un cargo,
-por incompetente.
desunir (a un amigo) de otro.
desvelarse por su trabajo.
desvergonzarse a pedir una
recomendación, -con su amigo.
desvestirse de los hábitos.
desviarse con la niebla, -del camino,
-hacia el norte.
desvivirse con ella, -por el bienestar.
detenerse a comer, -con, en los
obstáculos.
determinarse a partir, -a favor de,
en favor de uno, -por el más joven.
detestar del pecado.
devolver a su propietario,
-(mal) por bien.
diferenciarse (un hombre) de otro,
-en el acento, -por el modo de moverse.

223

diferir (algo) **a, hasta, para** septiembre, **-de** hoy **a** mañana, **-en** sus ideas, **-entre** ellos, **-por** una semana.

difundirse (la leche) **en** el café, -(la noticia) **entre** la gente, -(la nube) **hasta** desaparecer.

dignarse de saludarle.

dilatar (una cosa) **a, para** otra vez, **-de** día **en** día, **-hasta** el lunes.

dilatarse en razones, **-hacia** la montaña, **-hasta** el mar.

diluir en un líquido.

dimanar (una cosa) **de** otra.

dimitir del cargo.

diptongar la o **en** ue.

diputar para un cargo.

dirigir a, hacia Barcelona, -(a alguien) **en** sus estudios, **-para** un fin, **-por** una senda.

discernir (una cosa) **de** otra, **-con** claridad, **-entre** todos.

discordar del profesor, **-en** opiniones, **-sobre** la solución.

discrepar de Carlos, **-con** su amiga, **-en** parecer.

disculpar al alumno, **-con** el maestro.

disculparse ante el grupo, **-con** el director, **-del** retraso, **-por** no asistir, **-sin** motivos.

discurrir de un punto **a** otro, **-en** varios asuntos, -(el río) **entre** praderas, **-por** lugares montañosos, **-sobre** matemáticas.

discutir (una orden) **al** jefe, **-con** alguien, **-de, sobre** política, **-por** sus intereses.

diseminar en todas direcciones, **-entre, por entre** los árboles, **-por** el bosque.

disentir del adversario.

disertar con el público, **-sobre** arte.

disfrazar con promesas.

disfrazarse bajo un hábito de monja, **-de** gitana, **-con, en** traje de labriego.

disfrutar con un amigo, **-de** buena salud, **-en** el cine.

disgregarse en fragmentos.

disgustarse con, de su respuesta, **-por** su comportamiento.

disimular con bigote y gafas.

disipar (el dinero) **en** juergas.

disolver con aceite, **-en** aguardiente.

disonar (un color) **de** los otros, -(alguien) **en** una reunión.

disparar contra el enemigo.

dispensar bajo condición, **-de** asistir, **-tras** la caída.

dispersarse en fragmentos, **-entre, por entre** los árboles, **-por** América.

disponer a bien morir, **-de** los bienes, **-en** hileras, **-por** secciones.

disponerse a, para caminar.

disputar con su padre, **-de, por, sobre** alguna materia.

distanciarse de su familia.

distar (una ciudad) **de** otra.

distinguir con un premio, **-entre** los demás, **-por** leal.

distinguirse de sus asociados, **-en** el estudio, **-entre** sus compañeros, **-por** su talla.

distraerse con la música, **-de** sus ocupaciones, **-en** el trabajo, **-por** la conversación.

distribuir a domicilio, **-en** trozos, **-entre** los sobrinos.

disuadir de su proyecto.

divagar del tema.

divertirse a costa de, con su amiga, **-en** dibujar.

dividir con las amigas, -(una cosa) **de** otra, **-en** dos partes, **-entre** los asociados, **-por** la mitad.

dividirse en regiones.

divorciarse de su mujer.

doblar (el salario) **al** trabajador, **-a** muerto, **-de** un golpe, **-hacia** la izquierda, **-hasta** la cintura, **-por** un difunto.

doblarse del esfuerzo, **-hasta** el suelo, **-por** el trabajo.

dolerse con un íntimo, **-de** las injusticias.

domiciliarse en Granada.

dominar en Europa.

dormir a pierna suelta, **-bajo** el árbol, **-con** el niño, **-en** paz, **-hacia** medianoche, **-sobre** ello.

dotar con dinero, **-de** ropa, **-en** diez millones.

dudar acerca de, sobre su honestidad, **-de** su amor, **-en** salir, **-entre** esto y aquello, **-hasta** estar seguro.

durar en el mismo puesto, **-para** todo, **-por** mucho tiempo.

e

echar a perder,-**de** casa,-**detrás** del, tras el fugitivo,-**en** falta -(las ramas) entre los árboles,-**hacia** el valle, -**sobre** sí la carga,-**por** la senda.

echarse al campo,-**bajo** un árbol, -**de** comer,-**detrás** del,tras el fugitivo,-**entre** los árboles,-**hacia** la izquierda,-**para** la pared,-**por** el suelo,-**sobre** el contrario.

educar en el buen camino, -**para** reina.

ejercitarse en el deporte.

elegir (el mejor)**de** los concursantes, -**contra** otro,-**entre** muchos,-**por** marido

elevarse al ,**hasta** el cielo, de la tierra, -**en** éxtasis, -**por** las nubes, -**sobre** los demás.

eliminar (a un jugador)**de** la selección nacional, -(toxinas)**por** el sudor.

emanar (simpatía)**de** su persona.

emanciparse de la tutela.

embadurnar con pintura,-**de** rojo.

embarazarse con tanto paquete.

embarcarse con un socio, -**de** pasajero,-**para** Cuba.

embebecerse en mirar.

embeberse con la música, -**del** espíritu de Platón,-**en** la lectura.

embelesarse con la niña, -**en** ver la película.

embestir al torero,-**con** la espada, -**contra** el enemigo.

embobarse con ,**de** ,**en** algo.

emborracharse con vino, -**de** cerveza.

emboscarse en la sierra, -**entre** los árboles.

embozarse con la capa,-**en** el abrigo, -**hasta** las cejas.

embravecerse con ,**contra** los débiles.

embriagarse con aguardiente, -**de** alegría.

embutir de algodón, -(una cosa)**en** otra.

emerger del agua.

emigrar a Francia,-**de** España.

emocionarse con el canto, -**en** la boda de la hija,-**por** la desgracia.

empacharse con el hornazo, -**de** comer,-**por** poco.

empalagarse con dulces, -**de** chocolate.

empalmar (un remolque)**con** ,**en** el camión.

empapar con una esponja,-**de** ,**en** leche.

empaparse bajo la lluvia,-**de** ciencia, -**en** la piscina.

empapuzarse de comida.

emparejar (un buey)**con** otro.

emparentar con buena familia.

empatar a dos goles, -**con** el Real Madrid.

empedrar con ,**de** adoquines.

empeñarse con ,**por** alguno, -**en** deudas,-**para** la boda,-**por** la enfermedad.

emperrarse con el juego, -**en** comprarse un coche.

empezar a brotar,-**con** bien,-**desde** la primera página,-**en** malos términos, -**por** el principio.

emplear (a alguien)**para** trabajar.

emplearse como criado, -**de** camarero,-**en** una tienda.

empotrar en el muro.

emprender a golpes, **con** su socio, -(un trabajo)**por** sí solo.

empujar a ,**hacia** ,**hasta** un abismo, -**con** el pie,-**contra** el muro.

emular con alguien.

emulsionar con ,**en** gasolina.

enajenarse (la amistad)**de** Juan, -**por** el miedo.

enamorarse de alguien.

enamoricarse de Carmen.

enamoriscarse de María.

encajar (la puerta)**con** ,**en** el cerco.

encajarse en la reunión.

encalabrinarse con la secretaria.

encallar (el barco)**en** arena.

encaminarse al casino, -**con** su padre,-**hacia** el río.

encanecer en el taller.

encapricharse de un vestido, -**con** un chico,-**en** un tema.

encaramarse al tejado,-**en** un árbol, -**sobre** el muro.

encararse a, con su jefe.

encargar (a alguien) de un asunto.

encargarse de la tienda.

encariñarse con una chica.
encarnizarse con, en los vencidos.
encasillarse en un partido.
encastillarse en su idea.
encauzarse en su vida.
encenegarse en el barro.
encender a, en la lumbre.
encenderse de cólera, -en ira.
encerrar (algo) en una caja,
 -(la cita) entre paréntesis.
encerrarse en su casa,
 -entre cuatro paredes.
encogerse de hombros, -con el frío.
encomendar (el niño) a su abuela.
encomendarse a Dios,
 -en manos del médico.
enconarse con el vecino, -en insultos.
encontrar con un obstáculo,
 -bajo la cama, -entre Pinto y
 Valdemoro, -sobre la mesa, -tras la
 puerta.
encontrarse con un amigo,
 -en ideas contrarias, -entre amigos.
encuadernar a mano, -en rústica.
encuadrar (los reclutas) en, por
 unidades.
encuadrarse en un partido.
encumbrarse a, hasta el cielo,
 -sobre sus paisanos.
encharcarse en los vicios.
endurecerse al trabajo,
 -con, en, por el esfuerzo.
enemistar (a uno) con otro.
enfadarse con, contra alguno,
 -de la respuesta, -por tan poco.
enfermar con el trabajo, -del pulmón.
enfilar hacia el castillo.
enfocar con los faros,
 -(una cuestión) desde otro punto.
enfrascarse en la lectura.
enfrentarse al, con el enemigo.
enfurecerse con, contra el criado,
 -de ver injusticias, -por todo.
engalanar (los balcones) con banderas,
 -de colgaduras.
engalanarse con méritos ajenos,
 -de oro.
enganchar o engancharse
 (la camisa) con, en un clavo.
engañar a alguien.
engañarse con, por las apariencias,
 -en el precio.
engastar con perlas, -en oro.

engendrarse (un ser) con, de, en
 otro.
englobar (varias cantidades)
 en una sola.
engolfarse en los vicios.
engolosinarse con el premio.
engreírse con, de su dinero.
enjuagarse con agua.
enjugar (ropa) al fuego.
enlazar (una cuerda) a, con otra.
enloquecer de disgustos.
enmascararse de princesa.
enmendarse con, por el aviso,
 -de un error.
enojarse con, contra la familia,
 -de la mala noticia.
enorgullecerse de sus obras.
enraizar con fuerza, -de nuevo.
enredarse (una cosa) a, con, en otra,
 -de palabras, -entre los espinos,
 -por los cabellos.
enriquecer o enriquecerse
 con dádivas, -de virtudes, -en
 ciencia.
enrolarse en la marina.
ensangrentarse con, contra uno.
ensañarse con, en los vencidos.
ensayarse a cantar,
 -en la declamación, -para hablar en
 público.
enseñar a leer, -con el dedo, -por
 buen autor.
enseñorearse de una propiedad.
ensimismarse en sus pensamientos.
ensoberbecerse con, de su fortuna.
ensuciarse con lodo, -de grasa,
 -en el trabajo.
entapizar con, de ricos tejidos.
entender de mecánica, -en
 electrónica.
entenderse con la vecina, -en chino,
 -por señas.
enterarse del contenido, -de boca del,
 por boca del testigo, -en la calle.
enternecerse con algo.
enterrarse en vida.
entibiarse con un amigo.
entonar (un canto) a la libertad,
 -(un color) con otro.
entrar a, en la iglesia, -con buen pie,
 -de soldado, -hacia las nueve,
 -hasta el coro, -por la puerta
 principal.

entregar (algo) **a** alguien.
entregarse al estudio, **-del** negocio,
  -en manos del vencedor,
  -sin condiciones.
entremeterse con los mejores,
  -en asuntos ajenos, **-entre** los
  buenos.
entremezclar o **entremezclarse**
  con, en arena.
entrenarse con el equipo,
  -en el estadio.
entresacar (las plantas) **de** un campo.
entretenerse con una novela,
  -en oír música.
entrevistarse con el Ministro.
entristecerse con, de, por las malas
  noticias.
entrometerse en los asuntos ajenos,
  -entre marido y mujer.
entroncar (una cosa) **con** otra.
entronizar (a la amada) **en** su corazón.
entusiasmarse con algo.
envanecerse con, de, en, por el triunfo.
envejecer con, de, por el duro trabajo,
  -en el oficio.
envenenar al papá, **-con** cianuro.
envenenarse de comer setas.
enviar (a alguno)**al** pueblo, **-con** un
  regalo, **-de** embajador, **-por** fruta.
enviciarse con, en el juego.
envolver o **envolverse**
  con, en, entre mantas.
enzarzarse en una discusión.
equidistar de Sevilla y Granada.
equiparcon, de lo necesario.
equiparar (una cosa) **a, con** otra.
equivaler (veinte duros)**a** cien pesetas.
equivocar (una cosa)**con** otra.
equivocarse al hablar, **-con** otro,
  -de número, **-en** algo.
erigir en rey.
erigirse en juez.
errar en la vida, **-por** las calles.
escabullirse de la trampa,
  -entre, de entre, por entre la
  multitud.
escapar a la calle, **-con** vida, **-de** la
  cárcel, **-en** un coche, **-sobre** un
  caballo.
escarbar en los secretos.
escarmentar con la desgracia,
  en cabeza ajena.
escindirse en dos partes.

escoger del, en el montón,
  -entre todas, **-para, por** mujer.
esconderse a la persecución, **-de** la
  policía, **-en** el desván, **-entre** las
  matas.
escribir a máquina, **-de, sobre** filosofía,
  -desde Madrid, **-en** español, **-para** el
  cine, **-por** el correo.
escrupulizar en pequeñeces.
escuchar con recogimiento,
  -en silencio.
escudarse con fuerza, **-contra** el muro,
  -de la religión, **-en** la autoridad.
escudriñar (el mar) **en** busca de los
  barcos, **-entre** los libros.
esculpir a cincel, **-en** mármol.
escupir a la cara, **-en** el suelo,
  -por el colmillo.
escurrirse al suelo, **-de, de entre**,
  entre las piernas, **-en** la propina.
esforzarse a, en trabajar,
  -para no dormirse, **-por** ganar
  dinero.
esfumarse de la vista, **-en** la lejanía.
esmaltar con, de adornos.
esmerarse en alguna cosa,
  -por ser amable.
espantarse al, con, de, por el ruido.
especializarse en medicina.
especular con terrenos, **-en** bolsa.
esperar a que llegue,
  -de, en los amigos, **-para** cenar.
ecpolvoreor con ozúoor.
establecerse de médico, **-en** Sevilla.
estafar con, en la compra.
estampar a mano, **-contra** el muro,
  -en madera, **-sobre** seda.
estar a, bajo la orden de otro,
  -con, en ánimo de viajar, **-contra**
  todo, **-de** regreso, **-en** casa, **-entre**
  amigos, **-para** salir, **-por** el Rey, **-sin**
  calma, **-sobre** ello, **-tras** ella, **-tras de**
  ese asunto.
estimar (a alguien)**como** amigo,
  -en miles de pesetas.
estimular al trabajo, **-con** dádivas.
estirar de la cuerda.
estragarse con el alcohol,
  -por la mala comida.
estraperlear con las mercancías.
estrechar entre brazos.
estrecharse con alguno,
  -en las propinas.

estregar con el estropajo.
estregarse contra la pared.
estrellarse con alguno, -**contra** un
árbol, -**en** el suelo, -**sobre** la calzada.
estremecerse de miedo.
estrenarse con una obra maestra.
estribar (el pie) en el travesaño.
estudiar con los jesuitas, -**en** los
clásicos, -**para** médico, -**sin** profesor.
evadirse de la prisión.
evaluar (la herencia) en cinco millones.
exagerar con la bebida, -**en** la dosis.
examinar o **examinarse** a fin de curso,
-**de** gramática, -**en** Salamanca, -**por**
Navidad.
exceder (la realidad) a la ficción,
-**del** proyecto, -**en** autoridad.
excederse a sí mismo,
-**de** sus facultades, -**en** regalos.
exceptuar (a alguien) de la regla.
excitar a la violencia.
excluir (a alguien) de algún sitio.
exculpar (a alguien) de una falta.
excusarse con su amigo,
-**de** hacer algo, -**por** llegar tarde.
exhortar a cambiar de vida,
-**con** razones.
exhumar (algo) del olvido.
eximir o **eximirse** del servicio militar.
exonerar del impuesto.
expansionarse con el amigo.
expeler del reino, -**por** la boca.
explayarse con los amigos,
-**en** discursos.
exponerse a un desastre,
-**ante** el enemigo.
expresarse de palabra, -**en** francés,
-**por** escrito.
expulsar (a alguien) de algún sitio.
extender sobre la hierba.
extenderse a , hasta mil duros,
-**de** norte a sur, -**desde , hacia** el
Norte, -**en** digresiones, -**por** el suelo.
extraer de la mina.
extralimitarse en sus facultades.
extrañar de la patria.
extrañarse de su amigo.
extraviarse a otra cuestión,
-**del** camino, -**en** sus opiniones, -**para**
la sierra, -**por** el bosque.

f

faltar a la cita, -**de** Madrid, -**en** algo,
-(una peseta) **para** mil, -**por** saber.
fallar a favor del, contra, en contra del,
en favor del acusado, -**con**, **en** tono
magistral.
fallecer a manos del enemigo,
-**de** muerte violenta.
familiarizarse con las costumbres de
otro país, -**en** el manejo del nuevo
coche.
fastidiarse al andar,
-**con**, de la charla de alguno.
fatigarse de subir, -**en** disculpas,
-**por** atraer la atención.
favorecer a María, -**con** dinero.
favorecerse de alguien.
felicitarse del éxito de un amigo.
fiar (alço) a, de alguien, -**en** el contable.
fiarse a , de , en un amigo.
fichar por el Real Madrid.
figurar como,, de director,
-(mucho) **en** Madrid.
fijar a , en la pared, -**con** cola,
-**de** arriba abajo.
fijarse en un buen propósito.
firmar con sello, -**de** propia mano,
-**en** blanco, -**por** su principal.
fisgar en la maleta de otro.
flamear al viento, -**en** el aire.
flaquear en la virtud,
-**por** los cimientos.
flojear de las piernas, -**en** el esfuerzo.
florecer de sabiduría.
fluctuar entre , entre dudas.
fluir (el agua) de la fuente,
-**por** el caño.
forjar (el hierro) en barras.
formar (al alumno) con el buen ejemplo,
-(quejas) **de** un amigo, -**en** fila, -**entre**
los revolucionarios, -**por** secciones.
forrar de,, con,, en pieles.
fortificarse con barricadas,
-**contra** el enemigo, -**en** la muralla.
forzar a salir, -**con** algo.
fracasar como futbolista,
-**en** las oposiciones.
franquearse a , con alguien.
freír a preguntas, -**con** , **en** aceite.
frisar (una moldura) con,, en otra.
frotar (una cosa) con , contra otra.
fugarse de la cárcel.

fumar con boquilla, **-en** pipa.
fundarse en razón.
fundirse al sol, **-con** el calor.

g

ganar al ajedrez, **-con** el cambio,
-de oposición, **-en** nivel, **-para** vivir,
-por la mano.
gastar con gracia, **-de** su fortuna,
-en banquetes.
girar a, **hacia** la izquierda, -(una letra)
a cargo de alguien, **-alrededor del,**
sobre el eje, **-contra** otro, **-de** una
parte a otra, -(una cosa) **en torno a**
otra, **-por** tal parte.
gloriarse de alguna cosa,
-en el Señor.
gobernarse por consejos.
golpear con un bastón.
gotear (el agua) **del** tejado.
gozar o **gozarse con, en** el bien
público, **-del** bienestar.
grabar al aguafuerte, **-con** cincel,
-en cobre, **-sobre** madera.
graduar de bachiller.
graduarse de licenciado, **-en** ciencias.
granjear (la voluntad) a, **de** alguien,
-para sí.
gravar con impuestos, **-en** mucho.
gravitar sobre algo.
guardar bajo, con llave, -(la casa)
contra los ladrones, **-del** frio,
-en la memoria, **-entre** las mantas,
-para el invierno.
guardarse de los enemigos.
guarecerse bajo techo, **-del** frio,
-en una cabaña.
guarecerse (una cosa) **con, de** otra.
guasearse de alguien.
guerrear con, **contra** Francia.
guiar (a alguien) a la victoria,
a través de, **por** la selva, **-con** la
mano, **-en** las dificultades, **-hacia** el
acantilado, **-hasta** la puerta.
guiarse por el ejemplo,
-con un indigena.
gustar de chanzas.

h

haber de morir, -(dinero) **en** caja,
-(siete) **para** una, **por** plaza.
habilitar (a uno) **con** dineros,
-de ropa, -(la nave) **para el** hospital.
habitar bajo techo, **-con** su tía,
-en Avila, **-entre** animales.
whabituarse al calor.
hablar acerca de algo, **-al** jefe,
-con alguno, **-de, en, sobre** alguna
cosa, **-en nombre de** alguien, **-entre**
dientes, **-por** sí, **-sin** ton ni son.
hacendar (un hijo) **con** tierras.
hacendarse en Granada.
hacer a ambas manos, -(mucho) **con**
poco trabajo, **-de** héroe, -(algo) **en**
regla, **-para** sí, **-por** alguno.
hacerse a las armas, **-con, de** buenos
amigos, -(algo) **en** debida forma.
hallar (la solución) **al** problema,
-(una cartera) **en** la calle.
hallarse a, en la fiesta, **-con** una
pared, **-de** vacaciones.
hartar o **hartase** a insultos,
-de comer, **-con** jamón.
hastiarse al estudiar,
-con los estudios, **-de** todo.
helarse de frio.
henchir (el colchón) **con, de** lana.
heredar al padre, **-de** su abuelo,
-en, por linea directa.
herir de muerte, **-en** la estimación.
hermanar o **hermanarse** dos a dos,
-(una cosa) **con** otra, **-entre** sí.
herrar a fuego, **-en** frio.
hervir a fuego lento, **-con** agua,
-de gente, **-sobre** el fuego.
hincar (el pie) en en lodo.
hincarse de rodillas.
hincharse a comer,
-con las alabanzas, **-de** beber.
hipar por ir al cine.
hocicar con, **contra, en** alguna cosa.
holgarse con, **de** alguna cosa.
hombrearse con los mayores.
honrarse con la amistad,
-de, en complacer.
horrorizarse con, **de** todo.
huir al desierto, **-ante** los peligros,
-de la ciudad.
humanarse con los vencidos.
humedecer con, **en** agua.

humillarse al Rey, -ante Dios,
-con los fuertes.
hundirse en el agua.
hurgar en la herencia.
hurtar (el cuerpo) al trabajo,
-de la tela, -en el precio.
hurtarse a los ojos, -de otro.

i

identificar (una cosa) con otra.
igualar o **igualarse** a, con otro,
-en saberes.
imbuir (a uno) de, en ideas falsas.
imitar a alguien, -en la voz.
impeler (a uno) a una acción.
impetrar (algo) del Gobernador.
implicarse con alguno, -en un crimen.
imponer (una pena) al reo,
-(dinero) en el banco, -(un impuesto)
sobre el tabaco.
importar (mucho) a alguno,
-(mercancías) de América,
-a, en España.
importunar con las pretensiones.
impregnar con, de, en gasolina.
impregnarse de, en gasóleo.
imprimir con, de letra nueva,
-en el ánimo, -sobre papel.
incapacitar para el cargo.
incautarse de algo.
incidir en culpa.
incitar a la sublevación, -contra otro,
-para guerrear.
inclinar (a alguno) a la virtud,
-en favor.
inclinarse a la amistad,
-ante la amenaza, -hasta el suelo,
-por el estudio.
incluir en la lista, -entre los mejores.
incorporar (un asunto) a, con, en otro.
inculcar en su pensamiento.
inculpar de un crimen.
incumbir (una acción) a otra persona.
incurrir en infracción.
indemnizar (a una persona) con dinero,
-del accidente, -por el perjuicio.
independizarse de los padres,
-en el aspecto económico.
indigestarse con fruta,
-de comer pasteles.

indignarse con, contra alguien,
-de, por una mala acción.
indisponer (a uno) con, contra el jefe.
inducir (a uno) a pecar, -en error.
indultar (a alguno) de la pena,
-por Semana Santa.
infatuarse con el éxito.
inferir (una cosa) de, por otra.
infestar (un pueblo) con, de una
enfermedad.
inficionar con malos ejemplos.
infiltrarse en el campo enemigo,
-entre los enemigos.
inflamar o **inflamarse** de cólera,
-en ira.
influir ante el tribunal, -con el jefe,
-en la sentencia, -para el indulto,
-sobre el resultado.
informar (a alguno) de, en, sobre
alguna cosa.
infundir (fuerzas) a, en alguno.
ingeniarse a vivir, -con poco,
-en construir, -para ir viviendo.
ingerir de golpe, -por la boca.
ingerirse en cosas de otros.
ingresar en la Universidad.
inhabilitar (a alguno) de un oficio,
-para cargos.
inhibirse (el juez) de, en el
conocimiento de una causa.
iniciar o **iniciarse** a, en la ciencia.
injerir a púa, -de escudete,
-(una rama) en un árbol.
inmiscuirse en un asunto.
inmolar (el honor) a la riqueza,
-(la vida) en aras de la patria.
inquietarse con, de, por la salud.
inscribir o **inscribirse** en algún sitio.
insertar (un documento) en otro.
insinuarse a una mujer,
-con los poderosos, -en el ánimo del
rey.
insistir en la demanda,
-sobre el testigo.
insolentarse con, contra el jefe.
inspirar (una idea) a, en alguno.
inspirarse de Picasso.
instalar en su coche.
instar (a alguien) a obrar, -para el éxito,
-por un apoyo, -sobre el negocio.
instigar (a uno) a cometer un delito.
instruir del peligro, -en la virtud,
-sobre matemáticas.

insurreccionarse contra la República.
integrar o integrarse en un grupo.
intentar (una acusación) a, contra Juan.
intercalar (una frase) en la
conversación.
interceder con alguno,
-en favor de alguien, -por otro.
interesarse con algo, -en la empresa,
-por Ana.
interferirse en una emisión.
internarse en el bosque, -por la selva.
interpolar (unas cosas) con, entre otras.
interponer (su autoridad) con alguno,
-por otro.
interponerse entre adversarios.
interpretar del español al inglés,
-en castellano.
intervenir cerca del Presidente,
-con el juez, -en el reparto, -para el
ajuste, -por el reo.
intimar con Juana.
introducir o introducirse con mps
que mandan, -en, por alguna parte,
-entre los soldados.
inundar de agua, (el suelo) en sangre.
invernar en Málaga.
invertir en tierras.
in vestir (a alguien) con una dignidad,
-de doctor.
invitar a cenar, -con un gesto.
involucrar (asuntos extraños) en el
tema.
ir a, hacia Burgos, -bajo custodia, -con
su novio, -contra el adversario, -de
compras, -de un sitio a otro, -de mal
en peor, -de acápara allá, -desde un
sitio a otro, -desde un sitio hasta
otro, -en coche, -en busca de, en pos
de alguien, -entre fusiles, -hasta,
para Barcelona, -por mal camino,
-sobre el rio, -tras el fugitivo.
irritarse con, contra todos.
irrumpir en la reunión.

j

jactarse de rico.
jaspear (una pared) de negro, blanco
y verde.
jubilar del trabajo.
jugar a las carts, -(unos) con otros,

-contra los demás, -de manos,
-en la loteria, -(alguna cosa) por otra.
juntar (una cosa) a, con otra,
-(ovejas y cabras) en el rebaño,
-(varias cosas) por los extremos.
jurar en vano, -por Dios,
-sobre los evangelios.
justificarse ante el Director,
-con el jefe, -de algún cargo, -para
con el superior, -(la medida) por sí
misma.
juzgar a alguien, -como improcedente,
-de alguna cosa, -en derecho, -entre
las partes, -por, sobre las
apariencias, -según la costumbre.

l

laborar en beneficio de, en favor de la
humanidad, -por el bien del país.
labrar a cincel, -de mañana,
-on el alma.
ladear (el cuerpo) a, hacia la izquierda.
ladearse a la derecha, -con un amigo,
-por un partido.
ladrar a la Luna.
lamentarse de, por la infelicidad.
languidecer de pena.
lanzar (piedras) al, contra el adversario,
-de la torre.
lanzarse al agua, -contra el toro,
-en el mar, -hacia la izquierda,
-sobre la liebre.
lastimarse con una espina, -contra la
pared, -de la noticia, -en un clavo.
lavar con jabón, -en el baño.
leer a Baroja, -con calma, -de corrido,
-en voz alta, -entre líneas, -sobre
electrónica, -por encima.
legar (una obra) a la posteridad.
levantar al niño, -del suelo,
-en brazos, -por las nubes, -sobre la
cabeza.
levantarse con una cosa, -contra la
autoridad, -de la silla, -en armas,
-hasta arriba, -sobre la punta de los
pies.
liar con cuerdas.
liarse a palos, -con una mujer.
libertar al prisionero.
libertarse del peligro.
librar a cargo de, contra un banco,

-de riesgos, **-**(su esperanza) **en** Dios,
-sobre una plaza.
licenciarse del ejército,
-en Filosofía y Letras.
lidiar con la muleta,
-contra los animales, **-por** la fe.
ligar (una cosa) **a, con** otra.
ligarse con, por su promesa.
limitar con Portugal, **-por** el Norte.
limitarse a copiar.
limpiar con el pañuelo, **-de** sangre,
-en la blusa.
limpiarse con la toalla, **-de** pecado,
-en el paño.
lindar (una finca) **con** otra.
lisonjearse con, de esperanzas.
litigar con, contra su hermano,
-de, por pobre, **-sobre** una herencia.
loar (a alguien) **de** sabio, **-por**
sabiduría, **-**(una cosa) **en** su persona.
localizar (una epidemia) **a, en** una
región.
lograr (algo) **de** alguien.
lucir ante las gentes, **-bajo** el sol,
-sobre el corpiño, **-tras** la montaña.
lucirse en una prueba.
lucrarse a costa ajena.
luchar con, contra el enemigo,
-por la victoria.
ludir (una cosa) **con, por** otra.

ll

llamar a la puerta, **-con** la mano,
-de tú a otro, **-por** señas.
llamarse a engaño
llegar a casa, **-de** Francia, **-en** coche,
-hasta el Presidente, **-por** la rodilla.
llenar con, de trigo, **-hasta** la boca.
llevar a casa, **-con** paciencia,
-en coche, **-por** tema, **-sobre** el lomo.
llevarse (bien) **con** el vecino, **-de** la ira,
-por delante.
llorar de alegría, **-por** la desgracia.
llover a cántaros, **-sobre** el campo.

m

maldecir al enemigo, **-de** todo.
malearse con los amigotes.

malgastar (el dinero) **en** tonterías.
maliciar de cualquiera,
-en cualquier cosa.
malmeter (a uno) **a** hacer cosas malas,
-con otro.
malquistarse con un compañero.
maltratar al animal, **-de** palabra,
-hasta herirlo.
mamar (un vicio) **con, en** la leche.
manar (agua) **de** una fuente,
-en la riqueza.
mancomunarse con otros.
manchar (la ropa) **con** sangre,
-de grasa.
mandar (una carta) **al** correo, **-de**
emisario, **-**(a uno) **con** la música a
otra parte, **-en** su casa, **-por** dulces.
mangonear en todo.
manifestarse en política,
-por la ciudad.
manipular con cuidado,
-en la máquina.
mantener (correspondencia) **con**
alguno, **-en** buen estado.
mantenerse con, de fruta, **-en** forma.
maquinar contra alguno.
maravillarse con, de la noticia.
marcar a fuego, **-con** hierro, **-por**
suyo.
marchar o **marcharse a** Granada,
-de Madrid, **-de** Madrid **a** Sevilla,
-desde Sevilla **hasta** Granada,
-hacia Toledo, **-para** Valencia, **-por**
carretera, **-sin** despedirse.
matar (a alguien) **a** palos, **-con** un palo,
-contra la pared, **-de** un disgusto.
matarse a trabajar, **-con** otro, **-contra**
un muro, **-por** ganar dinero.
matizar con, de rojo y amarillo.
matricularse de oyente,
-en la Universidad, **-por** libre.
mecer al niño, **-con** fuerza, **-en** la cuna,
-sin ritmo.
mediar con alguno, **-en** una querella,
-entre los parientes, **-por** un
hermano.
medir a palmos, **-**(una cosa) **con** otra,
-por varas.
medirse con Marta, **-en** la pared.
meditar en solitario, **-entre** sí,
-sobre el asunto.
medrar en riqueza.
mejorar de, en condición.

merecer con, de, para con alguno,
-para conseguir.
mermar (el jamón) en medio kilo.
merodear por los alrededores.
mesurarse en las acusaciones.
meter (al hijo) a trabajar, -de camarero,
-en cintura, -(una cosa) entre otras
varias, -por vereda.
meterse a gobernar, -bajo un árbol,
-con los que mandan, -de chófer,
-de cabeza en el agua, -en casa, -en
la cama con fiebre, -entre gente ruin,
-por medio.
mezclar (sal) a la harina,
-(una cosa) con otra, -en vino.
mezclarse a la gente,
-con mala gente, -en varios
negocios, -entre el público.
mirar a la cara, -con buenos ojos,
-de reojo, -hacia el Sur, -por alguno,
-por encima del, sobre el hombro.
mirarse al espejo, -(bien) antes de
hacer algo, -en el agua.
moderarse en la expresión.
mofarse del público.
mojar en salsa.
moler a palos, -con impertinencias.
molerse a trabajar.
molestar con acciones.
molestarse en vigilar.
montar a, sobre el caballo, -en cólera.
morar en un castillo.
morir a manos del contrario, -de viejo,
-en la cama, -entre enemigos,
-para los amigos, -por nada.
morirse de frio, -por llegar pronto.
mortificarse con penitencias, -en algo.
motejar (a uno) de ignorante.
motivar (el decreto) con, en buenas
razones.
mover o **moverse** a piedad,
-con lo que dice, -de un sitio a otro,
-por egoísmo.
mudar a otro sitio, -de ropa,
-(el agua) en vino.
mudarse de casa, -(el favor) en desvío.
multiplicar (un númpero) por otro.
murmurar de la gente.

n

nacer al mundo del teatro, -con dinero,
-de buena familia, -en Granada,
-para músico.
nacionalizarse en España.
nadar a braza, -de espaldas,
-en la piscina, -entre dos aguas,
-hacia la costa.
navegar a, para Canarias, -con buen
viento, -contra el viento, -de bolina,
-en un yate, -entre dos aguas, -hacia
Vigo.
necesitar de auxilios, -para comer.
negarse al trato.
negociar con madera.
nivelarse a su vecino, -con los ricos.
nombrar para gobernador.
notar con esmero, -(a alguien) de
hablador, -(faltas) en obras ajenas.
nutrirse con carnes y frutas,
-de leche fresca, -en sabiduría.

o

obedecer al director, -con rapidez,
-sin dudarlo.
obligar a devolver, -con su actitud,
-por fuerza.
obrar a la ligera, -como conocedor,
-con maldad, -en poder de alguien,
-por amor.
obsequiar con flores.
obstar (una cosa) a, para otra.
obstinarse contra alguno,
-en su opinión.
obtener (un producto) con otro,
-(algún favor) de otro.
ocultar a alguien, -con una cortina,
-de la vista, -detrás de la casa,
-entre los árboles, -tras la montaña.
ocuparse con un megocio,
-de sus prades, -en trabajar.
ocurrir con rapidez.
odiar a, de muerte.
ofenderse con los insultos,
-de los agravios, -por todo.
ofrecerse a servir, -de acompañante,
-en holocausto, -para ayudar,
-por servidor.
ofrendar (la vida) a, por la patria.
oír bajo confesión, -con atención,
-del Juez, -en secreto, -por sí mismo.

oler a rosas.
olvidarse de María.
operarse del estómago.
opinar acerca de Luis, -con mi socio,
-(bien) de alguien, -en , sobre política.
oponer (una barrera) a , contra la nieve.
oponerse a la justicia, -con razón.
opositar a cátedra.
oprimir al pueblo, -bajo su poder,
-con impuestos.
optar a., por un empleo,
-entre varios candidatos.
orar en favor de , por los vivos.
ordenar u ordenarse de sacerdote,
-en columnas, -por asignaturas.
orientar u orientarse a , hacia Levante,
-por los estrellas.
orzar a popa, -de avante.

p

pactar con el enemigo, -entre sí,
-por bueno.
padecer con , de , en , por la injusticia.
pagar a los trabajadores, -en dinero,
-con palabras, -de su fortuna,
-para Navidad, -por otro.
paladearse con un dulce.
paliar (un problema) con ayuda.
palidecer ante , bajo , con los peligros,
-de cólera.
palpar con la mano, -entre las ropas,
-por sus manos.
parapetarse con sacos terrenos,
-de los tiros, -en su habitación, -tras
el secreto profesional.
parar a la puerta, -en casa, -de frente.
pararse a descansar, -ante la catedral,
-con su mujer, -de golpe, -en la calle,
-entre dos estaciones, -para comer,
-por algún sitio.
parecer ante el juez, -en alguna parte.
parecerse a su padre, -de cara,
-en los ojos.
participar del beneficio
-en el negocio.
particularizarse con el amigo,
-en el trato.
partir a, para Francia, -(la capa) con el
pobre, -de Portugal, -en trozos,
-entre amigos, -hacia Roma, -para
Milán, -por la mitad.
pasar a casa, -ante el juez, -bajo el

tiroteo, -de moda, -de Zaragoza a
Madrid, -(No) de ser un error, -en
silencio, -entre montañas, -por la
calle, -por entre los árboles, -sobre el
dibujo.
pasarse al enemigo, -con poco,
-de listo, -por casa, -sin 'dinero.
pasear a orilla del rio, -con Victoria,
-en barco, -por el parque,
-sobre el césped.
pasearse a caballo, -con otro,
-en, por el campo, -sobre el césped.
pasmarse con la nevada, -de frío.
pavonearse con , de su triunfo.
pecar con la mirada, -contra la ley,
-de ignorante, -en alguna cosa, -por
exceso.
pechar con un trabajo.
pedir al Ministro, -contra la ley,
-de derecho, -desde joven, -en
justicia, -para otro, -por Dios.
pegar a la puerta, -con cola, -contra ,
en la pared, -(golpes) sobre la mesa.
pelear a puñetazos, -con espada,
-contra la adversidad,
-en defensa de algo, -por la familia.
pelearse a muerte, -(uno) con otro,
-por la fortuna.
peligrar de muerte, -en el agua.
penar de amores, -en la cárcel,
-por sus hijos.
pender ante el tribunal, -de un hilo,
-en la cruz, -(una amenaza) sobre
nuestras vidas.
penetrar en casa, -entre, -por entre las
columnas, -hacia el corazón, -hasta
las entrañas, -por lo más espeso.
penetrarse de razón.
pensar (algo) de alguien, -en el novio,
-entre sí, -para consigo,
-sobre filosofía.
percatarse del peligro.
percibir al día, -como obsequio,
-de regalo, -por el trabajo.
perdez al ajedrez, -de vista, -en el juego.
perderse de vista, -en el bosque,
-entre la maleza, -por atrevido.
perecer a manos del enemigo,
-de sed, -en el accidente.
perecerse por una mujer.
peregrinar a Roma, -por los templos.
perfumar con incienso.
permanecer con su madre, -en Avila,

-hasta Junio, -por Navidad, -sin falta,
-tras la montaña.
permutar (un objeto) con, por otro.
perpetuar (el recuerdo) de los caídos,
-(su fama) en la posteridad.
perseguir a caballo, -(el bienestar) del
pueblo, -(un puesto) en un
ministerio, -entre los árboles, -por el
campo.
perseverar en el estudio.
persistir en una idea.
personarse ante la policía,
-en la comisaría.
persuadir a María, -con razones,
-de los hechos, -por su bondad.
pertenecer a un grupo.
pertrecharse con, de lo necesario.
piar por la comida.
picar de, en todo.
picarse con alguno, -de puntual,
-en el deporte, -por una broma.
pinchar con el palillo, -en hueso.
pintar al óleo, -con pintura, -de rojo,
-en el muro.
pirrarse por la música.
pisar con las botas, -en el cuello,
-por la calle, -sobre el barro.
pitorrearse de alguien.
plagarse de mosquitos.
plantar en la huerta.
plantarse en Málaga.
plasmar en alguien (algo).
pleitear con su socio,
-contra el vecino, -por pobre.
poblar con chopos, -de pinos,
-en buena tierra.
poblarse de gente.
poder a todos, -con el peso,
-de atracción, -para con alguno.
ponderar (algo) de grande.
poner a trabajar, -ante los hechos,
-bajo tutela, -como nuevo, -(bien)
con otro, -contra la pared, -de
alcalde, -(dos horas) de París a
Madrid, -en duda, -entre la espada y
la pared, -por las nubes, -sobre la
mesa.
ponerse a escribir, -ante la puerta,
-bajo un árbol, -como una sopa,
-contra la ley, -(bien) con Dios,
-de muestra, -en guardia, -entre los
contendientes, -por medio, -sobre el
tejado.

porfiar con su amigo, -contra alguno,
-en la calle, -hasta vencer,
-sobre lo mismo.
portarse como un hombre,
-con arrojo.
portear en hombros.
portearse con el camión, -por tren.
posar ante la cámara, -en una rama,
-para el pintor, -sobre la mesa.
posesionarse de la herencia.
posponer (el interés) a la honra.
postrarse a los pies, -ante el altar, -de
dolor, -en cama, -por suelo.
practicar en una escuela.
precaverse contra la enfermedad,
-del calor.
preceder en antigüedad.
preciarse de valiente.
precipitarse al vacío, -del balcón,
-desde el tejado, -por la borda.
predestinar (un hijo) al, para el
sacerdocio.
predisponer (a alguien) a hacer, a
favor de, en contra de, en favor de
algo, -para sentenciar.
predominar en casa, -sobre todos.
preferir a Pedro, -entre todos,
-para médico.
preguntar a Isabel, -con insistencia,
-para saber, -por el correo.
prendarse de una mujer.
prender (una cosa) a otra, -con alfileres,
-de un gancho, -en la tierra.
prenderse en un clavo.
preocuparse con, de, por algo.
prepararse a, para la lucha,
-con armas, -contra el frío.
preponderar (una cosa)
sobre otra.
prescindir de alguna cosa.
presentar para un cargo.
presentarse al general,
-bajo, con mal aspecto, -de, por
candidato, -en la estación.
preservar o preservarse contra el
peligro, -de la enfermedad.
presidir en un tribunal,
-por antigüedad.
prestar a un amigo, -(la dicta) para la
salud, -sobre garantía.
presumir de rico, -con todos.
presupuestar (los gastos) en diez mil
pesetas.

prevalecer entre todos,
-sobre la injusticia.
prevenir contra el mal, **-de** un peligro,
-en contra de, en favor de otro,
-sobre algo.
prevenirse al, contra el peligro,
-de, con lo necesario, **-en** la ocasión,
-para un viaje.
principiar con, en, por tales palabras.
pringarse con, de aceite,
-en una miseria.
privar con el monarca,
-(a alguno) **de** lo suyo.
probar a saltar, **-de** todo.
proceder a una elección, **-como** un
caballero, **-con,** sin acuerdo, **-con-**
tra los morosos, **-de** oficio, **-en** justicia, **-sin** orden.
procesar por ladrón.
procurar para, por sus hijos.
producir ante el juez, **-de** todo,
-en juicio.
producirse de, por todo,
-en forma violenta.
progresar en el trabajo.
prohibir bajo pena, **-de** nuevo.
prolongar (un plazo) **al** deudor.
prometer a la niña, **-en** casamiento,
-por esposa.
promover (a Juan) **a** Director,
-para gobernador.
pronunciarse en favor de Andrés,
-por Antonio.
propagar en, entre el pueblo,
-por la ciudad.
propagarse (el incendio) **al** piso
superior.
propasarse a murmurar,
-en la amistad.
properider a la confianza.
proponer (la paz) **al** enemigo, -(a uno)
en primer lugar, **-para** secretaria, -(a
uno) **por** árbitro.
proporcionar o **proporcionarse a**
las fuerzas, **-con, para** alguna cosa.
prorratear entre varios.
prorrogar por dos años.
prorrumpir en lágrimas.
proseguir con, en el trabajo.
prosternarse a, para pedir,
-ante el altar, **-en** tierra.

prostituir (el ingenio) **al** oro,
-en Barcelona, **-por** dinero.
proteger (a alguien) **en** sus designios.
protegerse con ropa de invierno,
-contra el frío, **-del** sol.
protestar contra la calumnia,
-de su inocencia, **-por** esas palabras.
proveer a la necesidad pública,
-(la plaza) **con, de** víveres, **-en**
justicia, **-entre** partes.
provenir de otra familia.
provocar a ira, **-con** insultos.
proyectar en, sobre la pantalla.
prudenciarse en los gastos.
pugnar con, contra el enemigo,
-en defensa de otro, **-para, por**
librarse.
pujar con, contra las dificultades,
-en, sobre el precio, **-por** alguna
cosa.
purgar (un libro) **de** errores,
-(una pena) **por** un crimen.
purgarse con aceite de ricino,
-de la culpa.
purificarse con agua, **-de** sus culpas.

q

quebrantar con, por el trabajo,
-de miedo.
quebrar (el corazón) **a** su amada,
-con un amigo, **-en** mil millones, **-por**
lo más fino.
quebrarse (el ánimo) **con, por** las
dificultades.
quedar a deber, **-con** Alberto
en tal cosa, **-de** pies, **-en** el paseo,
-para contarlo, **-por** valiente.
quedarse a oscuras, **-con** la casa,
-de pies, **-en** cama, **-entre** bastidores,
-para contarlo, **-por** amo, **-sin** blanca.
quejarse a, de Luis.
quemarse con el fuego,
-de la respuesta, **-por** la mala
gestión.
querellarse al alcalde, **-ante** el juez,
-contra, de su socio.
querer con locura.
quitar a alguien, **-del** medio.
quitarse de enredos.

r

rabiar con ,contra el jefe,-de hambre,
-por quedar bien.
radiar en ,por esta longitud.
radicar en el Escorial.
raer con fuerza,
-(la mancha)del escrito.
ratificarse en lo dicho.
rayar a gran altura,-con la frontera,
-en lo grandioso.
razonar con el profesor,
-sobre álgebra.
rebajar a cinco pesos,-con agua,
-(un precio)de otro.
rebajarse a disculparse,
-ante el público,-de rancho.
rebasar del límite.
rebatir (una razón)con otra,
-(una cantidad)de otra.
rebelarse contra el gobierno.
rebosar de alegría,-en agua,
-hasta el borde.
recabar (una cosa)con ,de Pedro.
recaer (la elección)en ,sobre el más
digno.
recapacitar sobre un asunto.
recargar (el café)de azúcar.
recatarse de las gentes.
recelar o **recelarse** del adversario.
recetar al enfermo,-con acierto,
-contra el mal.
recibir a,en cuenta, -(a uno)de ,como
criado,-por esposa.
reclamar a,de Ramón,-ante el juez,
-contra un pariente,-en juicio,-para
él,-por su bien.
reclinar (la cabeza)contra,en la
pared,-sobre la mano.
reclinarse en,sobre el respaldo.
recobrarse de la enfermedad.
recoger a,de mano real,
-con el cinturón,-en su casa.
recogerse a casa,-en sí mismo.
recompensar al trabajador, -con el
sueldo,-del esfuerzo,-en metálico,
-por su fidelidad,-tras la batalla.
reconcentrarse (el odio)en el
corazón.
reconciliar o **reconciliarse** con su
adversario.
reconocer a Luisa,-ante el público,

-(a uno)como ,por hijo, -(mérito)en
una obra,-entre ambos.
reconquistar (Granada)de los
moros.
reconvenir (a alguno)con ,de ,por ,
sobre algo.
reconvertir en dólares.
recorrer (España)de un extremo al
otro,-desde un extremo hasta el
otro.
recostarse en ,sobre la cama.
recrearse con la pintura,-en oír
música.
recubrir (la mesa)con un mantel,
-de flores.
recurrir a un amigo,
-contra ,de la sentencia.
reducir a la mitad,-de precio.
reducirse a lo más preciso,
-en los gastos.
redundar en beneficio.
reemplazar (a una persona)con ,por
otra, -(a Juan)en su trabajo.
reencarnarse en animal.
reengendrar (a alguien)en Cristo.
referirse a su negocio.
reflejar (la luz)en ,sobre un plano.
reflexionar en solitario,
-sobre el problema.
reformarse en el vestir.
refregarse con el estropajo,
-contra la esquina.
refrescarse con agua,-en el río,
refugiarse a,bajo,en sagrado,
-contra los tiros,-entre las ruinas.
refutar (una teoría)con hechos.
regalar (el oído)a alguien.
regalarse con buenas comidas,
-en dulces recuerdos.
regar a,ante la puerta,-con ,de llanto,
-por la tarde.
regir de vientre.
regocijarse con ,de la noticia,
-por Luisa.
regodearse con ,en alguna cosa.
regresar a Madrid, de París.
rehabilitar (a uno)a su antiguo cargo,
-en su puesto.
rehogar (la carne)a fuego lento,
-con aceite,-en manteca.
reinar en España, -(el terror)entre las
gentes,-sobre la población.
reincidir en el crimen.

reincorporar (a uno) **a** su destino.
reintegrar a su puesto, **-en** sus
bienes.
reintegrarse de lo suyo
reírse con Alfonso, **-de** Juan, **-en** las
barbas de uno, **-entre** dientes, **-por**
lo bajo, **-sin** parar.
relacionarse con otros, **-entre** sí.
relajar al brazo seglar.
relajarse del lado izquierdo,
-en la conducta.
relamerse de placer.
relevar (a uno) **del** cargo.
rematar al toro, **-con** una copla,
-en cruz.
remirarse al, en el espejo.
remitirse al original.
remontarse al, hasta el cielo,
-en alas de la fantasía, **-por** los aires,
-sobre los demás.
remover de su puesto.
renacer a la vida, **-con, por** la gracia,
-en Jesucristo.
rendirse a la razón, **-con** el peso,
-de fatiga.
renegar de la situación.
renunciar a un proyecto,
-(algo) en otro.
reñir al, con el novio, **-entre** amigos,
-por la herencia.
reparar (perjuicios) **con** favores,
-en cualquier cosa.
repararse del daño.
repartir (alguna cosa) **a, entre** algunos,
-en porciones iguales.
repasar por un camino.
repercutir (la subida del dólar) **en** los
precios.
representar al rey, **-(su dolor) con**
ademanes, **-en** el contrato, **-para** los
jóvenes, **-sobre** un asunto.
representarse (una cosa) **a, en** la
imaginación.
reprimirse de hablar.
reputar (a alguno) **de** inteligente,
-(la honra) en mucho, **-por** honrado.
requerir de amores.
requerirse (tacto) **en, para** un negocio.
resaltar (un color) **de** otro.
resarcirse con maquinaria,
-de una pérdida.
resbalar con la grasa, **-en, sobre** el
hielo.

resbalarse de, de entre, entre las
manos, **-por** la pendiente.
rescatar al olvido, **-(la plaza) del**
enemigo, **-por** el mar.
resentirse con, contra alguno,
-de, por lo dicho, **-en** el costado.
reservar para sí.
reservarse al comienzo, **-(el juicio)**
acerca de algo, **-en** el combate,
-para el final.
resfriarse con alguno, **-en** la amistad.
resguardarse con, contra la pared,
-de los tiros.
residir en la ciudad, **-entre** salvajes.
resignarse a los sufrimientos,
-con su suerte, **-en** la desgracia.
resistir a la violencia.
resolverse a salir, **-(el agua) en** vapor,
-por unanimidad.
resonar (la ciudad) **con, en** cánticos
de gozo, **-entre** montañas,
-hacia el Sur.
respaldarse con, contra la tapia,
-en la silla.
resplandecer a, con el sol, **-contra** el
fondo, **-de** alegría, **-en** sabiduría,
-entre los demás, **-por** la luz.
responder a la pregunta, **-con** la
fianza, **-del** préstamo, **-por** otro.
restar (fuerzas) **al** enemigo,
-(una cantidad) de otra.
restituir a Juan, **-bajo** confesión,
-con dinero, **-en** tierras, **-(una cosa)**
por entero.
restregar (una cosa) **con, contra** otra.
resucitar de entre los muertos.
resultar (un kilo) **a** cien pesetas,
-contra su opinión, **-(una cosa) de**
otra, **-en** beneficio de todos.
resumir o **resumirse en** dos palabras.
resurgir de la derrota.
retar a muerte, **-con** espada,
-de traidor.
retener en la memoria.
retirarse a la sombra, **-con** éxito,
-de la circulación.
retorcerse de dolor.
retornar a casa, **-con** sus hijos,
-de lejos, **-(uno) en** sí.
retractarse de la acusación.
retraerse a alguna parte,
-de alguna cosa.
retrasar en los estudios.

retratarse con su mujer,
-en traje de baño.
retroceder a, de, hacia tal parte,
-de un sitio a otro, -en el camino.
reunir a todos.
reunirse con amigos.
reventar de risa, -por hablar.
revertir en su provecho.
revestir o **revestirse** con, de
facultades.
revolcarse en el barro, -por el suelo,
-sobre el polvo.
revolver en el armario,
-con un tenedor, -entre las sábanas.
revolverse al, contra, sobre el
enemigo.
rezar a Dios, -con su madre,
-en la ermita, -por los difuntos.
rimar (un verso) con otro.
rivalizar con América, -en hermosura,
-por el número uno.
rodar de lo alto, -bajo los caballos,
-por el suelo.
rodear (una ciudad) con, de murallas,
-por el bosque.
roer para agujerear.
rogar a Dios, -por los pecadores.
romper a cantar, -con la novia,
-en lágrimas, -por medio.
rozarse (una cosa) con otra,
-contra el árbol, -en las palabras.

S

saber a leche, -de dificultades, -para
sí, -por cierto.
saborearse con el chocolate.
sacar a la luz, -con bien, -de alguna
parte, -de entre infieles, -en limpio,
-por consecuencia.
saciar de viandas.
saciarse con poco, -de bebida.
sacrificarse a no gastar,
-para mejorar, -por alguno.
sacudir (algo) de sí.
sacudirse de importunos.
salir a la calle, -con dirección a
Granada, -contra alguno, -de
Cartagena, -en los periódicos, -para
Sevilla, -por fiador.
salirse con la suya, -de la norma.
salpicar con, de aceite.

saltar a tierra, -con una simpleza,
-de gozo, -de mata en mata, -en el
aire, -por la pared.
salvar al enfermo, -con cuidados,
-de la muerte.
salvarse a nado, -con una balsa,
-en el barco, -por pies.
sanar a María, -con hierbas,
-de la enfermedad, -por ensalmo.
satisfacer a su novia,
-con la condena, -por las culpas.
satisfacerse con algo, -de la deuda.
saturarse de ciencia.
secar al aire, -bajo el sol, -con un paño,
-en el prado, -sobre la hierba.
secarse con, en la toalla, -de sed.
secundar (a uno) en sus proyectos.
segar a destajo, -con la hoz, -de sol a sol,
-desde la carretera, -hacia el río,
-hasta la tarde.
segregar (una cosa) a, de otra.
seguir con la empresa, -de cerca,
-en el intento, -para Cádiz.
seguirse (una cosa) a, de otra.
sembrar (el camino) con, de flores,
-en el huerto, -entre piedras, -por
Abril.
semejar o **semejarse** (una cosa)
a otra, -en algo.
sentarse a la mesa, -bajo el rosal,
-de cabecera de mesa, -en un sillón,
-junto al huésped, -sobre un cojín.
sentenciar a destierro, -en justicia,
-por robo, -según la ley.
sentir con otro, -en el alma,
-por un hombre.
sentirse con ánimos, -de la cabeza,
-sin la pierna.
señalar con el dedo.
señalarse en la guerra, -por discreto.
señorearse de la ciudad.
separar (una cosa) de otra.
sepultar (a alguien) bajo tierra,
-en el olvido.
ser (una cosa) a gusto de todos,
-con usted, -de Soria, -(el mejor)
entre los mejores, -para mí.
servir al Rey, -con armas, -de criado,
-en palacio, -para criada,
-por la comida, -sin sueldo.
servirse de la amistad,
-en, para un lance, -por la escalera
falsa.

239

simpatizar con Felipe.
simultanear (una cosa) **con** otra.
sincerarse ante el juez, **-con** el amigo,
   -del error, **-desde** el comienzo,
   -hasta el final.
sincronizarse con las imágenes.
singularizarse con alguno, **-en** todo,
   -entre los suyos, **-por** su traje.
sisar al alma, **-de** la tela,
   -en la compra.
sitiar por tierra, mar y aire.
situarse en alguna parte,
   -entre dos ríos.
sobrenadar (el petróleo) **en** el mar.
sobrepasar (el gasto) **al** presupuesto,
   -en estatura.
sobreponerse a sus sentimientos.
sobrepujar en precio.
sobresalir (una piedra) **del** suelo,
   -en mérito, **-entre** todos, **-por** su
   ciencia.
sobresaltarse con, de, por la
   información.
sobreseer en la causa.
sobrevivir a alguien.
socorrer con comida, **-de** víveres.
solazarse con fiestas, **-en** el prado,
   -entre mujeres.
solicitar al presidente,
   -con el ministro, **-del** gobernador,
   -para , por sus padres.
soltar o **soltarse** (un niño) **a** andar,
   -con una tontería, **-de** la mano,
   -desde arriba abajo.
someterse a , bajo la autoridad.
sonar a hueco, **-en , hacia** tal parte,
   -para el Norte.
sonreír con sonrisa feliz, **-de** la idea,
   -por dentro.
soñar con las vacaciones,
   -en un mundo feliz.
sorprender al ladrón, **-con** la vista,
   -en la cama.
sospechar de , en alguien.
sostener al candidato, **-con** razones,
   -en el debate.
subdividir con justicia, **-en** partes.
subir a la torre, **-del** sótano,
   -desde el primer piso, **-en** ascensor,
   -hacia la cumbre, **-hasta** Sierra
   Nevada, **-por** la escalera, **-sobre** la
   mesa.
subordinar al mando.

subrogar (una cosa) **con, en lugar de,
   para, por** otra.
subsistir con, del dinero ajeno.
substituir a, por alguno, **-**(una cosa)
   con otra, **-**(un poder) **en** alguno.
substraerse a, de la obediencia.
subvenir a las necesidades.
suceder a José, **-con** Juan lo que **con**
   Luis, **-**(a alguno) **en** el empleo.
sucumbir a un nuevo ataque,
   -ante, bajo el enemigo.
sufrir a, de Juan lo que no se sufre **a,**
   de Luis, **-bajo** el cautiverio, **-con**
   paciencia, **-por** amor de Dios.
sujetar al niño, **-con** habilidad,
   -por los pies.
sujetarse a la norma, **-con** una mano.
sumarse a la manifestación.
sumergirse bajo, en el agua.
supeditar (los gastos) **a** los ingresos.
suplicar a la reina, **-ante** el Consejo,
   -(al tribunal) **de** la sentencia,
   -en recurso, **-por** el condenado.
suplir (una cosa) **a , con** otra,
   -en el puesto, **-por** otro.
surgir de la niebla, **-en** el horizonte,
   -entre los árboles.
surtir a la población, **-de** víveres.
suspender de una cuerda,
   -en las asignaturas, **-hasta** Navidad,
   -por la cintura.
suspirar de amor, **-por** el poder.
sustentarse con frutas, **-de** ilusiones.
sustituir a , por alguno, **-**(una cosa)
   con otra. **-**(un poder) **en** alguno.
sustraerse a , de la obediencia.

t

tachar (a alguien) **de** frívolo,
   -por su comportamiento.
tachonar de estrellas,
   -con florones de oro.
tallar (una piedra) **a** bisel, **-en** rombos.
tañer con fuerza.
tapar con una manta.
tardar en venir.
tarifar con el director.
tejer con lana, **-de** seda.
televisar en directo.
temblar con el susto, **-de** frío,
   -por su vida.

temer de otro, -**por** su familia.
templarse con dos copas, -**en**
  beber.
tender a hacer algo.
tenderse en, por el suelo.
tener a mano, -**ante** los ojos, -**con**
  cuidado, -**de**, por criada, -**en**
  menos, -**entre** manos, -**para**
  sí, -(algo) **que** hacer, -**sin** sosiego,
  -**sobre** la conciencia.
tenerse a lo escrito, -**de**, en pie,
  -**por** válido, -**sobre** el borde.
tentar (a uno) a fumar, -**con** una copa.
teñir con, **de**, **en** rojo.
terciar con el jefe, -**en** la lucha,
  -**entre** ellos.
terminar de, en punta, -**por** llegar.
testimoniar con alguien, -**de** oídas,
  -**sobre** el robo.
tirar a la derecha, -**con** fuerza,
  -**contra** el enemigo, -**de** la capa,
  -**hacia** la izquierda, -**para** León, -**por**
  medio, -**sobre** la liebre.
tirarse al suelo, -**entre** las ortigas.
tiritar de frío.
titubear ante, en la decisión.
tocar a misa, -**con** la punta de los dedos,
  -**de** oído, -**en** la ventana.
tomar a broma, -**bajo** su protección,
  -**con**, entre sus manos, -**de** la
  bandeja, -**en** el suelo, -**hacia** el Sur,
  -**para** sí, -**por** la ventana, -**sobre** el
  hombro.
topar con, contra, en el muro.
torcer a, **hacia** la izquierda.
tornar a las andadas, -**de** Asturias,
  -(la defensa) **en** acusación, -**por** el
  Oeste.
tornarse contra el jefe, -**hacia** su
  padre, -**tras** sus pasos.
tostarse al, **bajo** el sol, -**con** crema.
trabajar a destajo, -**de** obrero, -**en** tal
  materia, -**para** vivir, -**por**
  distinguirse.
trabar (una cosa) con, de, en otra.
trabarse con, de, en palabras.
trabucarse en la disputa.
traducir al, en francés, -**del** inglés.
traer a casa, -**ante** el juez,
  -**con** uno mismo, -**consigo**, -**de**
  Londres, -**en**, entre manos, -**hacia**,
  sobre sí, -**por** divisa.
traficar con armas, -**en** drogas.

transbordar a otro vagón,
  -**de** un barco a otro.
transferir (alguna cosa) a, en otra
  persona, -**de** una parte a otra.
transfigurarse con el disfraz, -**en**
  otro.
transformar o **transformarse** (una
  cosa) en otra.
transitar por la Plaza Mayor.
transmutar (una cosa) en otra.
transpirar con el calor,
  -**por** todos los poros.
transportar a lomos, -**de** una parte a
  otra, -**en** camión, -**sobre** una silla.
transportarse de júbilo.
trasegar (el vino) de una cuba a otra.
trasladar a alguien, -**al**, en castellano,
  -**de** Granada a Málaga, -**del** alemán.
traspasar (la herencia) a los huérfanos.
traspasarse en el trato.
trasplantar de una parte a, -**de** una
  parte en otra.
tratar a los vecinos, -**acerca de** un
  problema, -**con** Antonio, -**de**
  valiente, -**en** lanas, -(el óxido) **por**
  una pintura, -**sobre** una cuestión.
travesear con su amigo, -**por** el parque.
trepar a un árbol, -**por** la cuerda.
triunfar con sus aliados, -**de**, sobre los
  enemigos, -**en** el encuentro.
trocar (una cosa) con, en, por otra.
tronar con José, -**contra** el vicio.
tropezar con, contra, en la mesa.
turbar o **turbarse** en el examen,
  -**por** la pasión.

U

ufanarse con la victoria, -**del** triunfo.
ultrajar con insultos, -**de** palabra,
  -**en** su honor.
uncir (la yunta) al carro, -(vaca) **con**
  buey.
ungir con bálsamo, -**por** sacerdote.
uniformar a los voluntarios,
  -**con** los veteranos, -**del** mismo color.
unir (una cosa) a, con otra.
unirse a, con los compañeros,
  -**en** el grupo, -**entre** todos.
untar al funcionario, -**con**, de grasa.
usar de malas artes.

utilizar a Juan, **-con** Alonso,
-de prueba, **-en** la pelea.

V

vacar a sus quehaceres.
vaciar del contenido, **-en** yeso.
vaciarse de agua, **-por** la compuerta.
vacilar en la elección, **-entre** una
solución y otra.
vagabundear de un lado **a** otro,
-de un lado **para** otro.
vagar por la ciudad.
valer (una cosa) **a** millón, **-ante** el juez,
-con creces, **-(tanto) como** su
hermano, **-para** soldado, **-por** dos.
valerse de alguno o alguna cosa.
vanagloriarse de, por su familia.
varar en la arena.
variar de opinión, **-en** tamaño.
velar a los muertos, **-en** defensa de los
intereses del país, **-por** el bien
público, **-sobre** la salud.
vencer a, con, por traición,
-en la batalla, **-por** superioridad.
vender a Juan, **-con** pérdida, **-de**
contrabando, **-en** un millón, **-por**
diez millones
venderse a alguno, **-en** tanto,
-por dinero.
vengarse de una ofensa,
-en el mismo lugar, **-por** el crimen.
venir o **venirse a** casa, **-con** coche,
-(el enemigo) **contra** nosotros,
-de Sevilla, **-desde** Valencia,
-en decretar, **-hacia, hasta** aquí,
-para las vacaciones, **-por** buen
camino, **-sobre** alguien una
desgracia.
ver al enfermo, **-con** sus propios ojos,
-de hacer algo, **-por** un agujero.
veranear en la Costa del Sol.
verse con Andrés, **-en** el espejo,
-entre los suyos, **-sin** dinero.
verter al suelo, **-del** cántaro, **-en**
español, **-hacia** el río.
vestir a la, **de** moda.
vestirse con lo ajeno, **-de** seda.
viajar a caballo, **-de** noche,
-en segunda, **-hacia, hasta** Granada,
-por avión.

viciarse con el, **del** trato de alguno.
vigilar al preso, **-del** castillo,
-en defensa de la ciudad, **-por** el bien
común, **-sobre** el río.
vincular (la gloria) **a, en** la virtud,
-sobre una hacienda.
vindicar o **vindicarse del** insulto.
violentarse a contestar,
-en responder.
virar a, hacia la costa, **-de** borda,
-en redondo, **-hasta** inclinar la barca,
-por avante, **-sobre** el ancla.
vivir a gusto, **-con** poco, **-de** rentas,
-desde años, **-en** paz, **-entre** salvajes,
-hacia los años veinte, **-hasta** cien
años, **-para** ver, **-por** milagro, **-sin**
pena ni gloria, **-sobre** la haz de tierra.
volar al cielo, **-con** sus propias alas,
-de rama **en** rama, **-en** avión, **-por**
muy alto, **-sobre** España.
volver a casa, **-de** la aldea, **-en, sobre** sí,
-hacia tal parte, **-por** el camino, **-para**
el pueblo, **-sin** retorno.
votar al candidato, **-con** la mayoría,
-en el pleito, **-por** el concejal.

Y

yacer con la amante, **-ante, contra,**
sobre las flores, **-tras** el seto, **-sin**
vida.

Z

zafarse de la pregunta,
-con su cómplice, **-de** responder,
-por la ventana.
zaherir con palabras.
zambullir o **zambullirse en, bajo** el
agua.
zamparse en la sala.
zampuzar o **zampuzarse en** el agua.
zarpar del puerto.
zozobrar con, en la tormenta.
zurcir con hilo, **-de** seda, **-entre** mallas.

7. Apéndices

1. Verbos impersonales

Los verbos impersonales, que se refieren casi siempre a fenómenos atmosféricos, sólo se emplean en las terceras personas del singular de las formas personales de los tiempos simples y compuestos del modo indicativo y subjuntivo, y en las formas no personales de los tiempos simples y compuestos del modo infinitivo y gerundio. Ejemplo: **LLOVER.**

FORMAS PERSONALES

MODO INDICATIVO

Tiempos simples	Tiempos compuestos
Presente (Bello: Presente)	Pretérito perfecto compuesto (Bello: Antepresente)
llueve	ha llovido
Pretérito imperfecto (Bello: Copretérito)	Pretérito pluscuamperfecto (Bello: Antecopretérito)
llov ía	había llovido
Pretérito perfecto simple (Bello: Pretérito)	Pretérito anterior (Bello: Antepretérito)
llov ió	hubo llovido
Futuro (Bello: Futuro)	Futuro perfecto (Bello: Antefuturo)
llover á	habrá llovido
Condicional (Bello: Pospretérito)	Condicional perfecto (Bello: Antepospretérito)
llover ía	habría llovido

MODO SUBJUNTIVO

Tiempos simples	Tiempos compuestos
Presente (Bello: Presente)	Pretérito perfecto (Bello: Antepresente)
llueva	haya llovido
Pretérito imperfecto (Bello: Pretérito)	Pretérito pluscuamperfecto (Bello: Antepretérito)
llov ie *ra* **llov** ie *se*	hubiera llovido hubiese llovido
Futuro (Bello: Futuro)	Futuro perfecto (Bello: Antefuturo)
llov ie *re*	hubiere llovido

FORMAS NO PERSONALES

Tiempos simples	Tiempos compuestos
Infinitivo: **llover**	Infinitivo compuesto haber llovido
Gerundio: **llov** iendo	Gerundio compuesto habiendo llovido
Participio: **llov** ido	

244

Se usan como impersonales los siguientes verbos:

acaecer	chispear	mayear	rielar
acantalear	chubasquear	mollinear	rociar
acontecer	descampar	molliznar	rosar
alborear	deshelar	molliznear	rugir
algaracear	desnevar	neblinear	rumorar
amanecer	diluviar	nevar	rumorear
amollinar	escampar	neviscar	runrunearse
anochecer	escarchar	obscurecer	rutilar
apedrear	escarchillar	obstar	suceder
argayar	fucilar	orvallar	tardecer
atardecer	garuar	orvayar	tempestear
atenebrarse	garugar	oscurecer	tonar
atronar	gotear	paramar	trapear
babujar	goterear	paramear	tronar
cascarrinar	granizar	parecer	urgir
cellisquear	haber	pasar	ventar
centellar	hacer	pesar	ventear
centellear	harinear	pintear	ventiscar
cercear	helar	poder	venticquear
clarear	lanchar	pringar	zaracear
clarecer	lobreguecer	refocilar	
coruscar	llover	relampaguear	
chaparrear	lloviznar	resultar	
chirapear	marcear	retronar	

Para ser conjugados, estos verbos toman las irregularidades propias del grupo al que pertenecen.

2. Verbos defectivos

Son defectivos los verbos que no se usan en todos los modos, tiempos o personas, y que carecen de alguna forma de la conjugación. Estos verbos son los siguientes:

se usa en:

abarse : infinitivo.
imperativo: en las segundas personas.
formas no personales.

abolir : formas cuya desinencia empieza por *i.*
indicativo: la primera y segunda personas del plural en el presente, todos los otros tiempos simples y compuestos.

(Ver la conjugación en el cuadro 8).

		subjuntivo: todos los tiempos excepto en el presente. imperativo: sólo la segunda persona del plural. formas no personales.
acaecer	:	las terceras personas del singular y del plural de todos los tiempos. formas no personales.
acontecer	:	las terceras personas del singular y del plural de todos los tiempos. formas no personales.
adir	:	infinitivo. formas no personales, con referencia a *herencia*.
agredir	:	igual que **abolir**.
aguerrir	:	igual que **abolir**.
aplacer	:	indicativo: las terceras personas del singular y del plural del presente y del pretérito imperfecto. formas no personales.
arrecir	:	igual que **abolir**.
atañer	:	las terceras personas del sinqular y del plural de todos los tiempos. formas no personales.
aterir	:	igual que **abolir**.
balbucir	:	formas cuya desinencia empieza por *i*. indicativo: todos los tiempos excepto la primera persona del singular del presente. subjuntivo: todos los tiempos excepto en el presente. imperativo: sólo en la segunda persona del singular y del plural. formas no personales.
blandir	:	igual que **abolir**.
cernir	:	indicativo: la tercera persona del singular y del plural del presente y del pretérito imperfecto. subjuntivo: la tercera persona del plural y del singular del presente. formas no personales.
colorir	:	igual que **abolir**.
concernir	:	igual que **cernir**.
desabrir	:	sólo el participio, *desabrido*.
denegrir	:	sólo en las formas no personales.
descolorir	:	sólo el participio y el infinitivo.
despavorir	:	igual que **descolorir**.
embaír	:	igual que **abolir**, ver la conjugación en el cuadro 28.
empecer	:	sólo en las terceras personas del singular y del plural.
empedernir	:	igual que **abolir**.
garantir	:	igual que **abolir**. (En América no es defectivo).
guarnir	:	igual que **abolir**.
incoar	:	igual que **abolir**, pero se conjuga como **cortar**.

incumbir	:	las terceras personas del singular y del plural de todos los tiempos.
		formas no personales.
manir	:	igual que **abolir.**
preterir	:	igual que **descolorir.**
soler	:	indicativo: presente, pretérito imperfecto, pretérito perfecto simple y pretérito perfecto compuesto.
		subjuntivo: presente y pretérito imperfecto.
transgredir:		igual que **abolir.**
trasgredir	:	igual que **abolir.**
usucapir	:	sólo en las formas no personales.

3. Verbos regulares con participio pasivo irregular

Cuando el participio pasivo es regular, se acaba en -*ado* en los verbos de la primera conjugación, y en -*ido* en los de la segunda y tercera. Algunos verbos que coinciden con una conjugación regular, tienen un participio pasivo irregular. Estos verbos son los siguientes:

abrir	abierto	**proscribir**	proscrito
adscribir	adscrito	**reabrir**	reabierto
circunscribir	circunscrito	**recubrir**	recubierto
cubrir	cubierto	**reinscribir**	reinscrito
describir	descrito	**rescribir**	rescrito
descubrir	descubierto	**romper**	roto
encubrir	encubierto	**sobrescribir**	sobrescrito
entreabrir	entreabierto	**subscribir**	subscrito
escribir	escrito	**suscribir**	suscrito
inscribir	inscrito	**transcribir**	transcrito
manuscribir	manuscrito	**trascribir**	trascrito
prescribir	prescrito		

En ciertos verbos irregulares, dicha irregularidad se ve reflejada en los participios pasivos de éstos:

absolver	absuelto	**pudrir**	podrido
decir	dicho	**rarefacer**	rarefacto
disolver	disuelto	**resolver**	resuelto
hacer	hecho	**satisfacer**	satisfecho
licuefacer	licuefacto	**tumefacer**	tumefacto
morir	muerto	**ver**	visto
poner	puesto	**volver**	vuelto

Las mismas características se encuentran en los verbos derivados correspondientes (**anteponer, contradecir, desenvolver, deshacer, devolver, disponer, entrever, envolver, exponer, imponer, oponer, posponer, prever, proponer, rehacer, reponer, revolver, superponer, suponer, yuxtaponer,** etc.) y se exceptúan **bendecir** y **maldecir** que pertenecen al grupo de verbos con dos participios, regular e irregular, que sigue a continuación.

4. Verbos con dos participios

absorber	absorbido	absorto
abstraer	abstraído	abstracto
afligir	afligido	aflicto
ahitar	ahitado	ahíto
atender	atendido	atento
bendecir	bendecido	bendito
bienquerer	bienquerido	bienquisto
circuncidar	circuncidado	circunciso
compeler	compelido	compulso
comprender	comprendido	comprenso
comprimir	comprimido	compreso
concluir	concluido	concluso
confesar	confesado	confeso
confundir	confundido	confuso
consumir	consumido	consunto
contundir	contundido	contuso
convencer	convencido	convicto
corregir	corregido	correcto
corromper	corrompido	corrupto
despertar	despertado	despierto
desproveer	desproveído	desprovisto
difundir	difundido	difuso
dividir	dividido	diviso
elegir	elegido	electo
enjugar	enjugado	enjuto
excluir	excluido	excluso
eximir	eximido	exento
expeler	expelido	expulso
expresar	expresado	expreso
extender	extendido	extenso
extinguir	extinguido	extinto
fijar	fijado	fijo
freír	freído	frito
hartar	hartado	harto
imprimir	imprimido	impreso

incluir	incluido	incluso
incurrir	incurrido	incurso
infundir	infundido	infuso
ingerir	ingerido	ingerto
injertar	injertado	injerto
insertar	insertado	inserto
invertir	invertido	inverso
juntar	juntado	junto
maldecir	maldecido	maldito
malquerer	malquerido	malquisto
manifestar	manifestado	manifiesto
manumitir	manumitido	manumiso
marchitar	marchitado	marchito
nacer	nacido	nato
omitir	omitido	omiso
oprimir	oprimido	opreso
pasar	pasado	paso
poseer	poseído	poseso
prender	prendido	preso
presumir	presumido	presunto
pretender	pretendido	pretenso
propender	propendido	propenso
proveer	proveído	provisto
recluir	recluido	recluso
reimprimir	reimprimido	reimpreso
retorcer	retorcido	retuerto
salpresar	salpresado	salpreso
salvar	salvado	salvo
sepultar	sepultado	sepulto
sofreír	sofreído	sofrito
soltar	soltado	suelto
substituir	substituido	substituto
sujetar	sujetado	sujeto
suprimir	suprimido	supreso
suspender	suspendido	suspenso
sustituir	sustituido	sustituto
teñir	teñido	tinto
torcer	torcido	tuerto
torrefactar	torrefactado	torrefacto

En los verbos **freír, imprimir, prender** y **proveer,** los dos participios, regular o irregular, se usan indistintamente; no obstante, en los demás verbos el participio irregular sólo se usa como adjetivo y no para formar los tiempos compuestos.

Índice